KB235124

교육방법론

에듀윌 14

실제 교육현장에서 곧바로 활용 가능한 지침서가 될 ________

교육방법론

김은주 지음

이담 Books

머리말

책을 쓴다는 것은 망설임이 전제조건이다. 내가 과연 책을 쓸 만큼 충분히 지식을 축적하고 있는가? 어느 수준으로 써야 유용할까? 어떻게 쓰면 보다 쉽게 이해할 수 있게 될까? 등이 집필을 두렵게 하는 요인으로 떠오른다. 하지만 그동안의 강단경험과 깨달음이 나를 컴퓨터 앞에 앉게 했다. 나름대로 가르쳐 오면서 고민했던 부분들을 보다 적절한 내용으로 다듬어 보려고 노력했다. 그리고 보다 쉽게 이해할 수 있는 방법들을 수록하려고 애를 썼다.

이 책은 교사를 꿈꾸는 예비교사와 현직교사들이 고민하게 되는 '어떻게 가르칠 것인가?'라는 교육방법적 측면에 비중을 두었다. 실제의 교육현장에서 곧바로 활용이 가능한 지침서가 될 것이다.

하지만 앞에서도 언급한 바와 같이 경력과 경험을 앞세운 집필이기에 부족한 부분이 적지 않을 것이며, 학문적 내용이 설익은 부분도 있으리라 생각된다. 아무쪼록 시작에 큰 의미를 부여하며, 앞으로도 겸허한 태도로 미진한 부분의 보충을 게을리하지 않을 것이다. 아울러 기꺼이 출판을 허락해 주시고 좋은 책이 나올 수 있도록 출판을 맡아 주신 (주)한국학술정보 사장님을 비롯한 관계직원 여러분에게 감사드리는 바이다.

2010. 2.
서 원

목 차

머리말 _ 5

제1장 교육방법 및 교육공학의 개요 _ 11

제1절 교육방법의 개념 및 유형 _ 12

제2절 교육공학의 개념 _ 17

제2장 교수-학습의 이해 _ 23

제1절 교수-학습이론 _ 24

제2절 수업과 수업계획 _ 44

제3장 교육방법의 유형 _ 63

제1절 강의식 수업과 토의식 수업 _ 64

제2절 발견학습과 탐구학습 _ 78

제3절 협동학습과 프로젝트 학습 _ 96

제4절 구성주의적 수업방법 _ 116

제4장 컴퓨터와 멀티미디어 _ 141

제1절 컴퓨터의 교육적 활용 _ 142

제2절 멀티미디어 교육적 활용 _ 149

제3절 멀티미디어 학습과 관련된 인지이론 _ 182

제5장 교수-학습매체의 활용 _ 191

제1절 교수매체의 개념 _ 192

제2절 미디어 리터러시와 미디어 교육 _ 196

제3절 교수매체의 선정 _ 202

제4절 교수매체의 유형 _ 204

제6상 시·공간을 초월한 학습 환경 _ 231

제1절 원격교육(Distance Education)의 이해 _ 232

제2절 디지털 온라인 매체의 교육적 활용 _ 247

제3절 e-학습 _ 256

제7장 에듀테인먼트의 이해와 활용 _ 275

제1절 에듀테인먼트의 어원 _ 276

제2절 에듀테인먼트 활용배경과 전략 _ 277

제8장 유능한 교사 _ 285

제1절 유능한 교사와 ICT 활용 _ 286

제2절 ICT를 잘 활용하는 교사 되기 _ 290

제3절 자기수업평가를 위한 체크리스트 _ 304

제9장 지적 능력의 향상을 위한 교육방법 _ 307

제1절 지적 능력의 개념 _ 308

제2절 지능에 대한 접근방법 _ 311

제3절 지능의 발달과 환경과의 관계 _ 313

제4절 다중지능이론 _ 317

제5절 지적인 능력의 향상을 위한 지도방법 _ 321

제10장 감성능력과 인간관계론 _ 331

제1절 감성지능의 배경 _ 332

제2절 감성능력의 의미와 중요성 _ 334

제3절 감성능력의 구성요인 _ 337

제4절 감성지능과 교육 _ 344

제5절 감성지수의 측정방법 및 문제점 _ 348

제6절 인간관계론 _ 352

제11장 창의력 향상을 위한 교육방법 _ 357

제1절 창의력의 의미와 중요성 _ 358

제2절 창의성의 구성요소 _ 361

제3절 창의성의 유형 _ 365

제4절 지능과 창의성과의 관계 _ 367

제5절 창의적인 사람의 정의적 특징 _ 369

제6절 창의력을 높이기 위한 교육방법 _ 371

제12장 직업환경의 변화와 진로지도 _ 379

제1절 직업환경의 변화 _ 380

제2절 직업세계의 변화와 전망 _ 384

제3절 진로교육의 필요성 _ 390

제4절 진로선택이론(Holland의 직업흥미이론) _ 392

제5절 진로지도의 방향 _ 395

참고문헌 _ 401

부록 _ 417

제1장

교육방법 및 교육공학의 개요

제1절 교육방법의 개념 및 유형

1. 교육방법의 개념

교육방법이란 쉽게 풀면 '교육을 하는 방법'이다. 그러나 이 정의는 교육이라는 말 자체가 광범위하고 종합적일 뿐만 아니라, 방법이라는 말 또한 매우 포괄적이어서 '교육방법이란 무엇인가?'라는 질문의 답으로는 충분하지 않다. 좀 더 구체적인 교육방법의 정의를 내리기 위해서는 교육이라는 말과 방법이라는 말의 의미를 새겨 보아야 한다.

1) 방법의 정의

방법이라는 말의 사전적 정의는 "어떤 일을 이루거나 해결하기 위해 사용하는 기술이나 요령"이다(paran 국어사전). 그러면 방법이라는 말을 우리는 일상생활에서 어떻게 사용하고 있는가? '방법'이라는 말은 보통 '~을 하는 방법을 ~한다.'라는 형태로 사용되는데 '문제를 푸는 방법을 모른다.'든지 '다른 방법을 찾아야 한다.' 또는 '떡볶이 만드는 방법을 안다.' 등이 그 예다. 이러한 예를 살펴보면 방법이라는 말의 두 가지 특성을 알 수 있다.

첫째, 방법이라는 말은 어떤 '목적'을 염두에 두고 있으며, 다시 '목적'은 반드시 목적에 도달하지 못한 '현재의 상태'를 전제로 하고 있다. '다른 방법을 찾아야 하는 현재'나, '떡볶이를 만들어야 할 필요' 등이 그 예다.

둘째, 방법이라는 말은 목적에 도달하기 위한 '이론적 지식'과 이를 실현시킬 수 있는 '실행력'을 포함한다. 예를 들어 '떡볶이 만드는 방법을 안다'는 것은 떡볶이 만드는 절차를 말로 설명하거나 글로 써서 보일 수 있는 이론적 지식과 이 지식에 더하여 떡볶이를 만들 수 있는 실행력을 포함한다.

2) 교육방법의 정의

교육방법은 교육목표를 성공적으로 달성하기 위하여 선정된 교육내용을 학습자에게 효과적으로 전달하는 수단이다. 교육방법은 맥락에 따라서 수업방법, 교수방법, 교수모형, 수업전략, 교수기법 등의 다양한 용어로 사용된다(Borich, 2004; Davies, 1981; Joyce, Weil, & Calhoun, 2004). 교육목적이 무엇이냐에 따라서 교육방법은 달라질 수밖에 없다. 교육방법은 선정된 학습목표 달성을 위하여 전개되는 하나의 종합예술이다.

교육방법을 분류하는 방법은 다양하며, 수업의 형태는 교수-학습이 전개되는 상황에 따라서 달라진다. 깊이 생각하는 사고력을 기르는 수업과 어떤 기술을 반복·연습하는 수업은 그 형태가 달라진다. 언어학습을 위하여 인쇄교재나 시청각교재를 사용하는 경우와 실험을 하여야 하는

과학시간의 수업형태도 다르게 진행되어야 한다. 학습자의 심리발달 단계
는 물론이지만, 학습자가 생활하는 환경에 따라서도 수업방법은 다르게
진행될 수 있다. 그리고 학급의 정원, 시설, 교육행정 등의 외적 환경과
교사의 교육철학에 따라서도 수업형태는 달라질 수 있다.

2. 교육방법의 유형

서양역사를 보면 기원전 5~4세기의 소피스트가 최초로 가르치는 일을
업으로 삼았다고 할 수 있다(Saettler, 1990). 소피스트는 준비된 강연, 즉
흥적 강연, 자유토론 등 세 가지 방법을 주 교수법으로 사용하였다. 당시
큰 비중을 차지한 것은 수사법의 학습으로, 소피스트들은 수사법을 가르
치는 데 이론과 실제를 접목시켰다. 이들은 우선 수사의 원칙과 이론을
가르친 이후, 모범 사례를 제시함으로써 학생이 이를 모방·분석·토론
하고 실제로 연습해 볼 수 있게 하였다. 그 후 학습목표를 효과적으로 달
성하는 여러 방법이 탄생하고 발전하게 되어 오늘에 이르렀다고 할 수
있다.

조이스 등(Joyce, Weil, & Calhoun, 2000)은 교수방법을 사회형, 정보처
리형, 개인형, 행동체제형 등 4가지 유형으로 분류하였다.

1) 사회형

여러 명이 모여 학습 공동체를 건설하고 집단의 시너지 효과를 얻을
수 있는 방법이다. 여기에는 학습파트너(partners in learning), 집단조사

(group investigation), 역할극(role playing), 법률조사(jurisprudential inquiry) 등이 있다.

2) 정보처리형

데이터를 수집 및 조직하고, 문제를 파악하여 해결책을 제시하며, 이를 전달하기 위해 개념과 언어를 개발하는 등 세계를 이해하기 위한 인간의 원초적 욕구를 증진시키는 방안을 강조한다. 이 방법에는 귀납적 사고(inductive thinking), 개념획득(concept attainment), 과학적 탐구(scientific inquiry), 탐구 훈련(inquiry teaching), 암기법(memonics), 창조공학(synectics), 선행 조직자(advance organizer), 지력계발(developing intellect) 등이 있다.

3) 개인형

개인형은 학습자가 자기 자신을 보다 잘 이해하고 자신의 미래에 대해 스스로 책임을 져, 보다 질 높은 삶을 살도록 하는 데 그 목적이 있다. 비지시적 교수(nondirective teaching)와 자아존중감 향상(enhancing self-esteem) 등이 있다.

4) 행동체제형

사회학습이론 또는 행동수정, 행동치료, 자동제어학(cybernetics)으로 알려진 이 모델군은 학습자가 자신의 학습수행에 대한 정보를 바탕으로 스스로 행동을 개선해 나갈 수 있다는 입장에 서 있다. 완전학습(mastery learning)과 프로그램학습(programed instruction), 직접교수(direct instruction), 시뮬레이션(simulation)을 들 수 있다.

5) 다른 분류법

커뮤니케이션의 유형에 따라 강의형, 토의형, 실험형, 독립형, 개인교수형으로 나누기도 한다(나일주, 정인성, 2000).

- 강의형: 가장 많이 사용되는 형태로 교수자가 학습자에게 일방적으로 정보를 전달하는 형태를 말한다. 앞에서 언급한 직접교수(direct instruction)에 해당한다.
- 토의형: 어떤 주제에 대해 학습자 간에 의견 교환을 통해 그 주제에 대해 심도 있는 지식을 습득하거나 태도를 형성하게 한다.
- 실험형: 시뮬레이션, 게임, 역할극, 과학실험, 견학 등 과거에는 교육용으로 분류되지 않은 교수자료를 통해 학습하는 형태를 말한다.
- 독립형: 컴퓨터 보조학습이나 프로그램 학습 등과 같이 전문가에 의해 개발된 교수자료와 상호작용하면서 교수자의 직접적인 도움 없이 학습하는 방식을 말한다.
- 개인교수형: 중·고등학생 과외처럼 교수자와 학습자가 1대1로 만나 정보를 교환하는 형태를 말한다.

교육방법은 다양하기 때문에 일정한 분류 기준 없이 나열식으로 소개되기도 한다(Reigeluth, 1999). 사례분석, 협동학습, 발견학습, 문제해결학습 등을 추가로 생각해 볼 수 있다.

1. 교육공학의 개념

교육공학(Educational Technology)이란 용어가 언제 최초로 사용되었는
지는 확실치 않으나 기록에 의하면 Bobbit와 Charters가 유사한 개념으로
교육엔지니어링(Exucational Engineering)이라는 말을 1920년대에 사용한
것으로 되어 있다. 또한 교수공학(Educational Technology)이란 용어는 오
늘날의 교육공학보다는 시청각교육 지향적이기는 하나 1963년에 Finn이
미국교육연합회(NEA)의 Technological Development Project의 보고서에서
처음으로 사용한 것으로 되어 있다(Saettler, 1990: Seels & Richey, 1994).
따라서 교육공학은 최근에 시작된 분야이며 교육에의 테크놀로지 적용이
불가피하게 됨에 따라 교육공학이 대두되었다고 보고 있다(AECT, 1977).

1) 자연과학·매체 개념의 교육공학

자연과학(physical science)·매체(media) 개념의 교육공학이란 영사기,
녹음기, TV, 비디오디스크, 컴퓨터 등의 기계적인 장치와 이공학의 기술
을 교수-학습과정에서 사용하는 자료와 프로그램을 제시하기 위해 활용
하는 것을 의미한다. 매체 개념에서는 다양한 매체를 교수 보조물로 간주
하고 있으며 교수기기와 절차를 중시하고 개별학습자의 차이나 교수내용

의 선정 혹은 설계는 간과하고 있다(Saettler, 1990). 이것은 하드웨어 중심의 교육공학이며 좁은 의미의 교육공학을 말한다. 이 개념은 20세기 초기에 나온 것이며 1950년대에 교육공학의 전신이 시각교육과 시청각교육 분야의 실천가들에 의해 지지되었고 슬라이드, 영화 등을 제작하는 상업적 제작자들에 의해서 번영하였다. 자연과학·매체개념은 시청각교육 운동을 지휘해 왔던 많은 지도자들이 매체 관점에 대해 불만을 갖게 됨에 따라 1960년대에 쇠퇴하기 시작하였다. 이를 계기로 자연과학·매체개념은 커뮤니케이션과 체제개념으로 전환되었다.

2) 커뮤니케이션과 체제개념의 교육공학

커뮤니케이션의 개념은 교수-학습장에 송신자와 수신자의 통신방식이 일방적인 형태가 아니라 쌍방적인 형식을 취하고 있다는 것을 의미한다. 이것은 시청각 교재를 중심으로 한 일원적 교수과정에 치우친 시청각교육의 관점에 비해 포괄적이다.

체제개념은 체제 내에서는 구성요소 간에 상호 관련성이 있고 이를 토대로 요소 간의 통합이 이루어진다는 점과 이를 통해서 체제의 효율성이 증가될 수 있다는 점을 포함하고 있다. 커뮤니케이션과 체제개념을 통합한 새로운 패러다임이 시청각 커뮤니케이션이다. 시청각 커뮤니케이션은 시청각교재를 커뮤니케이션 전체과정에 통합적으로 적용하는 교수체제를 추구하고 있으며 사물(things), 산물(product)로 지칭되는 시청각교재의 개념에서 전환하여 커뮤니케이션 이론에 있어서 과정(process)의 개념을 기본개념으로 수용하였다.

커뮤니케이션과 체제개념은 체제접근의 개념을 적용한 교수개발이 기대했던 것보다 교수개발의 문제라든가 교수체제의 활용과 보급 등을 진술하는 측면에서 적절한 정의를 제시하지 못했고 커뮤니케이션의 개념과 실제와의 관련이 미약하여 1960년대와 1970년대의 교육공학에 막대한 영향을 미친 행동주의 과학에 의해 약화되었다(Saettler, 1990).

3) 행동과학 개념의 교육공학

행동과학 개념(behavioral science concept)의 교육공학은 세계 2차 대전 중 발전된 개념으로 교육실제는 심리학, 사회학, 인류학, 경제학 등의 분야를 위시해서 학습, 언어학, 커뮤니케이션, 사이버네틱스, 지각 등의 분야에서 행동과학자에 의해서 개발된 과학적 방법에 그 바탕을 두어야 한다는 입장이다(Saettler, 1990). 행동과학 개념의 교육공학이란 교수-학습에 있어서 학습효과를 증진시키기 위해서 교수법을 연구하는 한편, 기타 여러 교육문제를 해결하기 위해서 행동과학 분야의 지식과 방안을 조직적이고 과학적으로 적용하는 것을 의미한다(Saettler, 1990).

인간학습에 적용하는 경우, 행동주의 개념의 교육공학은 낮은 수준의 인지과정에 관심을 두었다. 따라서 행동주의적 관점은 즉각적으로 관찰할 수 있고 측정할 수 있는 것에 초점을 두고 교육과정을 삭은 단계에 의해 프로그램화하도록 한다. 행동주의적 개념이 학습자를 수동적인 존재로 간주하고 학습자의 내적 인지과정을 다루지 않고 있다는 비판과 함께 인지과학 개념의 교육공학이 대두되었다.

4) 인지과학 개념의 교육공학

인지주의적 접근의 교육공학은 행동의 내적 과정을 이해하려고 시도하였고 반응보다는 지식을 강조하였다. 인지과학 개념의 교육공학에 의하면 학습자는 능동적이고 구성적인 존재로서 지식을 습득하고 사용하는 과정에 능동적으로 참여한다. 1980년대 초기 교육공학 분야에 대한 행동주의적 접근은 인지주의적 접근으로 특히 교수설계 영역을 중심으로 대치되었다. 인지주의적 관점은 교수설계 모형에 있어서 학습자에 의해 정보가 조직되고, 처리되고 저장되는 것은 교수개발의 결정적 요소가 된다고 보았다. 이러한 관점에서 인지과학 개념의 교육공학은 학습전략, 즉 학습자가 정보에 주의 집중하고 지각하고 기호화하여 정보를 인출하는 자신의 내적 과정을 통제하기 위해서 사용하는 지적 기능의 개념을 발달시켰다 (Saettler, 1990). 인지주의적 관점에서 교육공학은 학습자가 교수-학습과정에서 적절한 학습전략을 활성화하는 데 초점을 두어서 '학습자에 의한, 학습자를 위한 학습'이 되도록 도모하는 것이어야 한다.

2. 교육방법과 교육공학의 관계

흔히 교육방법 및 교육공학이 쌍둥이처럼 붙어 다니는 이유는 우리나라 사범대학 교직과정에 명시되어 있기 때문이다. 학자에 따라서는 교육공학과 방법을 굳이 구별하지 않고 설명하는 경우도 있고, 별도로 정의하는 경우도 있다. 변영계 등(2000)은 교육방법을 '교사 및 기타 교수자가 학습을 발생시키기 위한 목적으로 설계·개발·적용·관리·평가하기 위한 지식과 실행력이다.'고 정의하고 있다.

외국의 교육공학자는 수업전략이나 교수방법을 교수설계와 개발의 하위범주로 인식하여 이를 굳이 정의하지 않는다(Joyce, Weil, & Calhoun, 2000; Reigeluth, 1999; Leshin, Pollock, Reigeluth, 1992). 이렇듯 교육방법과 교육공학을 엄격히 구분하는 것은 우리나라만의 풍토인 듯하다. 교육공학이 교수와 학습을 설계하고 실행하는 포괄적인 영역과 문제를 고려하는 체제적 접근을 취하고 있기 때문에 교육방법과 교육공학은 불가분의 관계라 할 수 있다.

제2장

교수 – 학습의 이해

제1절 교수 – 학습이론

1. 행동주의 학습이론

1) 학습관

행동주의 이론에서는 학습을 '경험의 결과로 나타나는 행동의 비교적 영속적인 변화'로 정의하고 있다. 따라서 관찰 가능한 행동에 초점을 맞춘다. 이러한 행동주의 학습에 대한 정의는 다음의 몇 가지 의미를 내포한다.

- 행동의 변화는 행동 잠재력의 변화다. 따라서 학습과 수행이 반드시 같은 것은 아니다.
- 학습은 비교적 영속적인 행동의 변화다. 그래서 신체적 피로, 약물에 의한 일시적 변화는 학습이라 할 수 없다.
- 경험의 결과로 나타나는 행동의 변화다. 여기에서 경험은 반복 연습에 의한 경험을 의미한다. 즉 학습은 반복 연습에 의해 일어나는 것이다.

　　행동주의이론의 근본원리는 자극(stimulation)과 반응(response) 간의 연합에 있다. 자극이란 학습자에게 제시되는 모든 환경을 의미하며, 반응은 자극에 의해 발생하는 학습자의 행동을 의미한다. 이들 자극과 반응 간의 연합이 곧 학습이라고 보는 것이다.

2) 학습이론

(1) 고전적 조건형성이론(Classical conditioning)

　　고전적 조건형성이론은 소련의 대뇌 생리학자 파블로프(Ivan Pavlov)의 실험을 기초로 주창되었다. 그는 굶주린 개의 타액분비선을 수술하여 침의 분비를 외부에서 알 수 있도록 장치를 한 후 실험을 하였다. 실험 초기 고기를 보고 침을 흘렸던 개는 종소리와 함께 고기가 주어졌을 때에도 역시 침을 흘렸다. 일정한 시간에 종소리와 고기가 거의 동시에 주어졌을 때에도 역시 침을 흘렸다. 일정한 시간에 종소리와 고기가 거의 동시에 주어지는 훈련이 반복된 후 개는 종소리만 듣고도 침을 흘리게 되었다.

　　파블로프는 자신의 실험 결과를 설명하기 위해 몇 가지 개념을 설정하였다. 즉 실험에서 고기에 대해 개가 침을 흘리는 것은 선천적인 반사이기 때문에 음식물(고기)을 무조건자극(Unconditioned Stimulus: US)이라 하며, 침을 무조건반응(Unconditioned Response: UR)이라 하였다. 또 개가 침을 흘리는 것과는 전혀 상관이 없는 종소리를 중성자극(Neutral Stimuls: NS)이라 하였다. 이 중성자극인 종소리와 고기를 결합하여 반복적으로 제시하였을 때 개는 종소리만 듣고도 침을 흘리게 된다. 이때 종소리를 조건자극(Conditioned Stimulus: CS)이라 하고, 조건자극에 의한 반사인 침을 조건반응(Conditioned Response: CR)이라 하였으며, 이러한 일련의 과정을 '조건형성'이라 하였다.

파블로프의 고전적 조건형성과정은 [그림 1]과 같다. 무조건자극에 대하여 무조건반응만 보인다면 이것은 학습이 일어났다고 볼 수 없다. 무조건자극과 조건자극이 반복적으로 제시되어 조건반응을 이끌어 낼 때 이것을 조건이 형성되었다고 하며, 곧 학습한 것이라 할 수 있다.

고전적 조건화 이론은 학습이 매우 체계적이고 과학적인 방법으로 외부의 사건에 의해 유도될 수 있고, 그 결과는 예측 가능하며, 학습이 일어나는 환경의 속성을 변화시킴으로써 학습의 양과 가능성을 변화시킬 수 있음을 보여 주었다. 예컨대, 교사가 학습자를 평소 무서운 벌로 다스린다면 교사에 대한 학습자의 두려움은 학교에 대한 두려움으로 발전하여 학교를 싫어하게 된다. 이것은 반대로 학습자가 학교에 대한 긍정적인 태도를 갖도록 조건화할 수도 있다는 것을 의미한다.

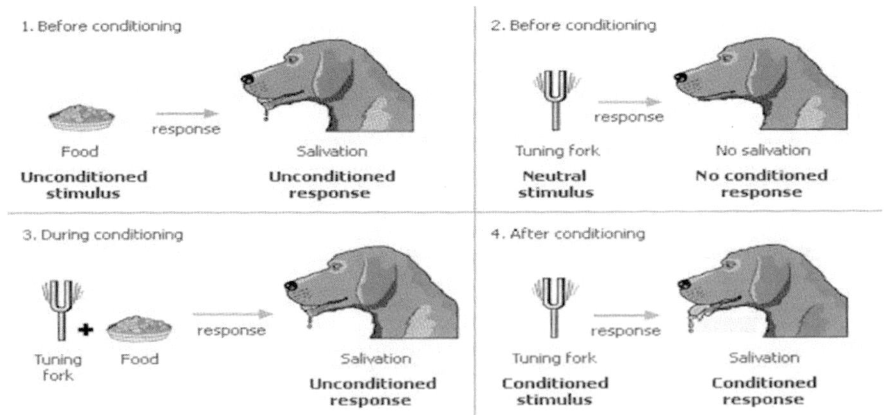

[그림 1] 고전적 조건형성과정

(2) 시행착오설(Trial – and – error – learning)

‘자극 – 반응 결합설’이라고도 하는 시행착오설은 손다이크(Edward Tho-rndike)에 의해 정립된 것이다. 손다이크는 굶주린 고양이를 문제상자 안에 넣고, 고양이가 페달을 밟거나 줄을 당겨 상자 문을 열고 상자 밖의 고기를 먹도록 하였다. 실험 초기 고양이는 창살문을 할퀴는 등의 행동을 보이다가 우연히 페달을 밟고 먹이를 먹었으며, 실험의 횟수가 증가함에 따라 페달을 밟고 상자를 탈출하는 시간이 짧아져 결국에는 즉각적으로 상자를 빠져나오게 되었다. 이 실험을 통하여 손다이크는 학습을 시행과 착오의 과정을 통해 특정한 자극과 반응이 결합됨으로써 발생하는 것으로 보았다. [그림 2]는 손다이크의 시행착오 학습과정을 나타낸다.

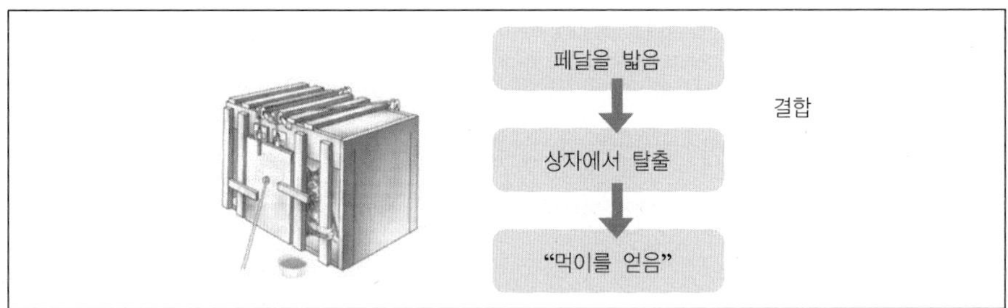

[그림 2] 손다이크의 시행착오 학습과정

(3) 조작적 조건형성이론(Operant conditioning theory)

스키너(Skinner)는 알려져 있는 자극에 의하여 인출되는 대응적 행동(respondent behavior)과 알려져 있는 자극에 의하여 인출된 것은 아니고 단순히 유기체에 의하여 반사된 조작적 행동(operant behavior)을 구분하였다. 고전적 조건형성이론에서 조건반사는 동물이 의도적으로 하는 것이 아니라 실험자의 조작에 의해 기계적으로 일어나는 행동으로 대응적 행동에 속한다. 이에 반하여 조작적 행동은 외부의 자극 없이 자발적 또는 의식적으로 일어나는 것을 말한다. 스키너는 이러한 조작적 행동에 의한 조건형성과정에 초점을 맞추었다.

스키너는 동물이 지렛대를 밟으면 먹이가 나올 수 있도록 고안된 스키너 상자를 사용하여 실험하였다. 일정한 시간 동안 음식을 주지 않은 쥐를 넣고 쥐가 지렛대를 눌러 먹이를 먹는 과정을 관찰한 결과, 쥐는 처음 3분에서 20여 분까지는 지렛대에 대해 반응 없이 탐색적인 반응만 보였지만 우연히 지렛대 반응으로 먹이를 얻게 된 후에 반응은 빠른 속도로 학습되어 계속적인 누가기록을 나타냈다.

스키너의 실험에서 먹이는 쥐가 지렛대를 밟는 행동을 강화시켰다. 즉 지렛대를 밟는 반응은 먹이라는 것에 의해 강화를 받았기 때문에 반복되는 것이다. 쥐의 이러한 행동은 환경에 스스로 작용함으로써 어떤 결과를 만들어 낸 것이며, 이와 같은 절차로 학습되는 과정이 곧 조작적 조건형성이다.

조작적 조건형성은 여러 측면에서 고전적 조건형성과 다른데, 가장 큰 차이점은 고전적 조건형성이 행동을 유발하기 위해 자극에 관심을 두는 반면, 조작적 조건화는 자극보다는 유발된 행동의 결과에 관심을 둔다. 또한 고전적 조건형성에서는 자극이 반응을 추출하지만, 조작적 조건형성에서는 반응이 방출된다.

조작적 조건형성은 다양한 과정을 내포하고 있는데, 그중에서 가장 중요한 것이 강화(reinforcement)다. 강화는 어떤 특수한 반응이 일어날 확률을 증가시키는 모든 사건을 말한다. 이러한 강화는 특징에 따라 긍정적인 반응을 보일 때 보상을 주어 그 반응이 다시 일어날 확률을 증가시키는 정적강화와 혐오적 상황을 제거 또는 면제하여 반응의 빈도를 증가시키는 부적 강화로 분류된다.

3) 학습원리

(1) 고전적 조건화이론

강화의 원리: 조건자극과 무조건자극이 반복 제시될 때 무조건자극은 조건자극에 대한 강화의 기능을 갖게 된다. 이들 간의 연합 횟수가 증가됨에 따라 연합강도는 커지며, 일정 횟수 이상 증가하면 연합의 강도는 일정하게 된다.

간격의 원리: 조건자극과 무조건자극 간의 시간 간격이 조건반응에 영향을 준다. 조건자극과 무조건자극이 거의 동시에 결합될 때 조건형성이 가장 효과적으로 이루어진다. 무조건자극이 조건자극보다 선행하는 경우는 조건반응이 성립하지 않는다.

일반화 및 변별의 원리: 조건형성은 자극일반화와 변별의 과정을 거친다. 자극일반화는 조건화과정의 조건자극과 유사한 자극에 대해 조건반응이 일어나는 현상을 말한다. 예컨대, 실험에서 개는 조건자극인 종소리와 유사한 종소리에 대하여 침을 흘린다. 변별은 훈련 시 사용되었던 자극이나 어떤 한정된 범위의 자극에만 반응하는 경향성을 말한다. 예컨대, 개에게 종소리 대신 차임벨을 울려 주면 개는 침을 흘리지 않는다.

(2) 시행착오설

효과의 원리: 어떤 일을 실천하였을 때 만족스러운 상태에 이르면 더욱 그 일을 계속하려는 의욕이 생긴다. 그러나 연습의 효과가 없다면 의욕은 상실되고, 결국 포기하게 된다.

연습의 원리: 모든 학습은 단번에 성과를 거두기보다는 꾸준히 반복적인 연습의 결과로 목표에 도달되고 성공하게 되며, 연습을 통해 향상되고 바람직한 행동의 변화를 가져온다.

준비성의 원리: 사전에 충분히 준비된 학습활동은 학습이 만족스럽게 잘되지만, 준비가 되어 있지 않을 때에는 학습의 결과가 만족스럽게 되지 않고 실패하기 쉽다.

(3) 조작적 조건화이론

강화의 원리: 강화적 자극이 따르는 반응은 반복되는 경향이 있으며, 조작적 반응이 일어나는 비율을 증가시키는 것은 강화적 자극이다. 즉 행동은 그 행동의 결과에 의해 지배를 받게 되어 유기체가 한 행동이 만족스러운 결과를 가져올 때 더욱 강한 행동의 반복을 가져온다.

소거의 원리: 일정한 반응 뒤에 강화가 주어지지 않으면 반응은 사라진다. 예컨대, 학습자가 공손하게 인사를 해도 윗사람이 인사를 받아 주지 않고 무시해 버린다면 인사하는 빈도는 줄어들게 되고 마침내 인사 행동

은 사라지게 될 것이다.

조형의 원리: 조형이란 실험자 또는 치료자가 원하는 방향 안에서 일어나는 다양한 반응만을 강화하여 원하는 방향의 행동을 습득하도록 하고, 원하지 않는 방향의 행동에 대해서는 강화를 받지 못하도록 하여 결국 원하는 방향의 행동을 할 수 있도록 하는 것을 가리킨다. 조형은 스키너의 이론에서 중요한 기법인 행동수정의 근거가 되는 개념이다.

자발적 회복의 원리: 일단 습득된 행동은 만족스러운 결과가 주어지지 않는다고 하여 즉시 그 행동이 소거되지는 않는다. 즉 한 번 습득된 행동은 보상이 주어지지 않더라도 똑같은 상황에 직면하게 되면 다시 나타난다.

변별의 원리: 변별이란 보다 정교하게 학습이 이루어지는 것으로 유사한 자극에서 나타나는 조그만 차이에 따라 반응을 보이는 것이다. 예컨대, 어려서 어른에게 인사하는 법과 친구에게 인사하는 법을 구별하게 되는 것은 변별행동이다. 이것은 친구와 인사하는 방식으로 어른에게 인사하였을 때 그 결과가 달랐기 때문에 변별학습된 것이다.

강화계획: 스키너는 소거에 저항을 높이기 위하여 적합한 반응의 일정 비율만을 강화하는 부분강화계획을 제시하고 있다.

2. 인지주의 학습이론

1) 학습관

인지주의 학습이론은 행동주의 학습이론에 저항하여 생겨난 인간학습 이론이다. 이는 우리 눈으로 직접 관찰할 수 없지만 우리의 두뇌 속에서 벌어지는 외부 감각적 자극의 변형, 기호화 또는 부호화(encoding), 파지(retention), 재생 또는 인출(recall)이라는 일련의 정보처리과정을 연구한다. 즉 인지주의 학습이론은 외적 행동을 불러일으키는 내적 과정에서 학습의 의미를 구명한다.

행동주의 학습이론에서 학습을 상황에 대한 반응으로 보는 반면, 인지주의 학습이론에서는 문제해결과 같은 방법으로 정보를 조직하고 재정비하는 과정으로 본다. 이에 따라 수업의 과정적 측면과 학습자의 인지활동, 사고의 측면을 중요시한다.

- 행동주의와는 달리 자극과 반응의 중간과정인 인간의 내적 과정을 연구 대상으로 한다. 내적 과정 중에서도 이해나 창조적 사고와 같은 고등정신 과정을 연구 대상으로 한다.
- 학습단위를 '요소 간의 관계'로 보고 이러한 관계는 통찰에 의해 발견된다고 가정한다. 이것은 행동주의에서 학습단위를 '자극 – 반응 연합'으로 보고 주로 시행착오에 의해 일어난다고 보는 것과는 다르다.
- 인간의 학습과 동물의 학습 간에는 질적인 차이가 있다고 가정한다. 인간은 기계적·수동적으로 반응하지 않으며, 외부의 반응을 능동

적 · 적극적으로 지각하고 해석하며, 판단하는 사고과정을 통해 행동한다고 본다.

- 전체는 부분의 합 이상의 의미를 갖는다. 인간은 낱낱의 부분으로 지각하는 것이 아니라 요소 간의 관계로 지각한다.

2) 학습이론

(1) 형태주의 심리학(Gestalt psychology)

1920년~1940년대에 전성기였던 형태주의 심리학은 인간의 지적 현상을 연구함으로써 학습의 의미를 규명하려고 노력한다. 형태주의 심리학에서는 학습자가 상황을 지각할 때 낱낱으로 보는 것이 아니라 여러 부분을 조직하고 연결하여 조직된 형태(gestalt)로 지각한다. 즉 학습자는 현상을 단편적으로 지각하는 것이 아니라 조직된 형태로 지각하려는 경향을 갖는다. 여기서 형태란 어떤 부분은 부분과 관련되어 전체를 이루며, 전체는 부분의 총화 이상의 성질을 지니고 있는 것을 말한다. 그래서 형태주의 심리학에서는 학습이 점진적으로 연합에 의해 일어나는 것이 아니라, 어느 순간 문제 상황 속의 관계 구조(형태)를 파악하는 것, 즉 '통찰'에 의해 일어나는 것으로 본다.

워싸이머의 이론 워싸이머(Wertheimer)는 체제화가 모든 정신활동의 기초고, 인간은 자신이 지각하는 장이 체계화되어 있지 못하면 이를 하나의 형태로 체제화하려는 보편적이며 생득적인 경향성을 갖고 있다고 보았다. 이러한 지각 경향성을 지각의 법칙(law of perception)이라 한다. 다음은 지각의 법칙에 대한 내용이다.

- 유사성의 법칙: 개개의 부분이 비슷한 것끼리 연결되어 하나의 형태나 색깔의 성질로 지각되는 경향을 말한다. 예컨대, 유사한 동질의 한 쌍은 유사하지 않은 이질의 한 쌍보다 훨씬 쉽게 학습된다.
- 근접성의 법칙: 개개의 부분을 근접되어 있는 것끼리 하나의 의미 있는 형태를 이루고 있는 것으로 지각하는 현상을 말한다. 즉 부분 간의 거리가 근접할 수 있도록 체제화가 쉽게 일어나며, 학습되기 쉽고 파지와 재생이 쉽게 이루어진다.
- 폐쇄성의 법칙: 불완전하거나 떨어져 있는 부분을 연결하여 완전한 것으로 지각하는 현상을 말한다. 예컨대, 우리는 한 면이 끊어진 불완전한 사각형 모양을 완전한 사각형으로 지각하는 경향이 있다.
- 연속성의 법칙: 처음 시작한 것을 동일한 형태로 계속해서 완성해 가는 현상을 말한다.
- 욕구의 작용: 사물에 대한 어떤 기대나 마음이 동일한 사물을 다른 각도에서 볼 수 없게 한다. 예컨대, 똑같은 크기의 원 안에 숫자 '100'과 '500'을 써 놓았을 때, 우리는 그것을 동전으로 지각하여 '500'이 새겨진 원을 선호하는 경향이 있다.
- 의미 부여에 따른 지각: 사물 자체는 무의미한 것이나 보는 사람이 어떤 의미를 가지고 사물을 보기 때문에 생각한 바와 같이 지각하는 현상을 말한다.

쾰러의 통찰이론 쾰러는 침팬지의 지적인 재능에 대한 광범위한 연구를 통하여 동물도 지적인 행동을 할 수 있다고 믿었다. 쾰러의 실험은 우회로 실험, 도구 사용 실험, 도구 조합 실험 등으로 대별할 수 있는데, 여기서는 침팬지를 대상으로 한 간단한 실험을 예로 든다.

쾰러는 침팬지를 폐쇄된 놀이터에 가두어 놓고 손이 닿지 않는 곳에 바나나를 매달아 놓았다. 침팬지는 바나나를 먹기 위해 손을 뻗거나 발돋움을 하거나 뛰어오르는 행동을 하였다. 이러한 시도가 실패하자 침팬지는 주변을 주의 깊게 살폈으며, 결국 막대기를 이용하여 바나나를 따거나 상자를 발판으로 삼아 바나나를 땄다. 가끔 침팬지는 주변의 나뭇가지를 부러뜨려 도구로 사용하거나 나무를 연결하여 사용하는 등의 도구를 제작하기도 하였다.

(2) 정보처리이론

1960년대에 발달하기 시작한 정보처리이론은 인간의 사고에 연구의 초점을 맞추고 있다. 즉 인간이 외부세계에서 획득한 정보를 어떻게 지각하고 이해하고 기억하는가에 대한 이론이다. 정보처리이론에서는 이러한 인간의 일련의 기억과정을 컴퓨터에 '정보투입→정보처리→결과산출'과정에 비유한다. 즉 컴퓨터는 부호화과정을 통해 유입된 정보를 사용 가능한 형식으로 변화시켜 기억장지에 저장하고 저장된 정보를 다시 유출하는 정보처리체계를 갖고 있는데, 인간의 기억과정 역시 이와 같다는 깃이다.

정보처리이론의 기본 가정은 인간의 학습이 학습자 외부에서 정보를 획득하여 저장하는 과정이다. 즉 인간에게는 보고, 듣고, 느끼는 감각기관이 있는데, 이들 감각기관을 통해 들어온 정보를 체계적으로 정리하여 두뇌라는 저장고에 보관하고 필요한 경우마다 이를 재생하여 원하는 곳에

활용한다고 본 것이다. 이러한 과정은 감각등록기→단기기억→장기기억
의 단계를 거친다.

- 감각등록기(sensory register): 학습자가 환경에서 감각수용기관을 통해
  정보를 최초로 저장하는 곳이다. 4초 이내의 매우 짧은 시간 동안만
  아주 정확하게 기억한다.
- 단기기억(short-term memory): 단기기억 장치는 약 20~30초 정도
  동안 약 7개의 정보 단위를 저장할 수 있다. 이 능력을 확장할 수 있
  는 방법으로는 정보 분할과 시연이 있다. 책을 읽거나 생각하고 문제
  를 풀 때 새로운 정보와 학습된 정보가 섞이는 장소이므로 작동기억
  이라고도 한다.
- 장기기억(long-term memory): 장기기억 장치는 무한한 정보를 영구
  적으로 기억할 수 있는 곳이다. 이 장기기억에 저장되는 과정을 의미
  적 부호화라고 부른다. 장기기억은 정보를 유의미하고 목적지향적으
  로 연결된 의미망으로 변형하여 저장할 수 있다.

3) 학습원리

일단 단기기억에 저장된 정보는 쉽게 손실되기 때문에 기억을 위해 계
속적으로 활성화하여야 한다. 단기기억 장소의 기억 활성화에 영향을 미
치는 요소는 다음과 같은 것이 있다.

- 유의미화(meaningfulness): 정보가 유의미할수록 기억하기 쉬워지며

학습자가 가진 지식의 구조, 경험, 준비도와 연결하였을 때 더욱 효과적인 학습이 된다.

- 순서적 위치(serial position): 순서적 위치는 목록에서 항목이 놓인 위치에 의해 발생한다. 다른 정보 때문에 간섭을 덜 받는 처음과 끝의 항목을 더 많이 기억하게 된다.

- 연습(practice)을 많이 할수록 더 많이 기억한다. 연습에는 밀집된 연습과 분산된 연습 두 가지가 있는데, 분산된 연습이 반복학습 효과가 있어 더 효과적이다.

- 정보의 조직(organization): 단기기억 장치에서는 7단위의 정보만 수용할 수 있지만 여러 조각의 정보가 정보 분할과 같은 기술에 의해 하나의 단위로 조직될 수 있다면 더 많은 정보를 기억하게 된다.

- 전이와 간섭(transfer & interference): 전이는 이전의 학습이 새로운 학습에 영향을 주는 것을 말하며, 정적 전이와 부정적 전이로 나누어 볼 수 있다. 간섭은 새로운 것이 이전의 것을 기억하는 데 부정적인 영향을 주는 것을 말하며, 소급적 간섭과 순서적 간섭으로 나누어 볼 수 있다. 부정적 전이와 간섭효과를 최소화하기 위해서는 간헐적인 연습을 사용하고 단순암기보다는 유의미 학습에 초점을 두면서 기억전략을 사용해야 한다.

- 기억술(mnemonic devices): 의미가 없는 자료를 유의미하고 기억하기 쉬운 이미지나 단어, 어구 등과 연결함으로써 기억을 도울 수 있다.

3. 구성주의 학습이론

1) 학습관

21세기 지식기반사회에서 요구하는 인간 육성을 위해서는 기존의 학교교육 체제가 아닌 새로운 패러다임의 학교교육 체제가 필요하다. 지식정보화 시대를 살아가고 있는 학습자에게는 다양하고 무수히 많은 정보 중에서 자신이 당면한 문제를 해결하는 데 필요한 정보를 신속하게 찾아내어 활용할 수 있는 능력이 필요하다.

구성주의 학습이론은 1980년대 이후 교육현장에서 나타나는 문제점을 해결하기 위한 대안적 교수-학습체제로 제기되었다. 구성주의 학습이론은 행동주의나 인지주의 학습이론과는 다른 학습관을 갖고 있다. 행동주의와 인지주의는 학습할 가치가 있다고 객관적으로 검증된 학습내용을 학습하기 위해 각 이론의 방법에 따라 학습한 후 그 성취 여부를 평가하는 공통점을 갖고 있다. 그러나 구성주의는 객관적인 지식의 존재를 부정하는 상대주의적 인식론에 근거한다. 즉 구성주의에서 학습은 개인적 경험과 흥미에 따라 지식의 가치가 판단된다.

구성주의의 기본 가정은 학자에 따라 약간의 차이가 있으나 대체로 다음의 세 가지를 바탕으로 하고 있다(박인우, 1998).

- 지식은 인식 주체에 의해 구성된다. 개인이 지식을 구성한다는 가정에는 인식주체의 능동성을 포함한다. 즉 지식은 개인이 수동적으로 구성하는 것이 아니라 스스로의 경험을 바탕으로 능동적으로 구성한다.

- 지식은 맥락적이다. 지식은 인식 주체에 의해 구성되고 항상 상황 내에서 이루어지며, 그것이 습득된 상황과 관련된다. 따라서 우리가 습득하는 지식은 지식습득의 맥락과 개인의 선수 지식, 경험 등에 따라 다르게 학습되며, 전이도 그 상황에 좌우된다. 이것을 '상황적 인지(situated cognition)'라 한다.
- 지식은 사회적 협상을 통해 이루어진다. 인식 주체에 의해 주관적으로 구성되고 상황에 따라 상이하게 구성되는 지식은 타인과의 상호작용 속에서 그 타당성이 검토되어 지식으로 형성된다.

2) 학습이론

(1) 인지적 도제이론

인지적 도제이론(Cognitive apprenticeship)은 전문가와 초심자 간의 특정한 관계 속에서 실제적 과제를 해결해 나가는 과정을 통하여 새로운 지식을 구성함으로써 개념을 발전시켜 나간다. 여기서 전문가는 초심자의 지식 구성과정을 도와주는 역할을 한다. 초심자는 전문가와의 토론이나 초심자 간의 토론을 통하여 사회적 학습행동을 습득하고, 자신의 인지적 활동을 통제하면서 인지능력을 개발하는 네 강조를 둔다.

이 이론에서는 학습방법으로 여섯 가지를 절차적으로 제시하는네, 이러한 절차적 방법은 다음의 세 단계로 구분된다.

- 1단계 모델링(modeling), 코칭(coaching), 인지적 기반구축(scaffolding)

  인지적 도제학습활동의 핵심과정으로 관찰, 안내, 지원이 제공되는 실제 수행을 통해 인지와 메타인지가 통합된 기술을 획득하는 데 도움을 줄 수 있도록 설계한다.

- 2단계: 명료화(articulation), 반영(reflection)

전문가의 문제해결과정에 대한 관찰에 초점을 두고, 학습자는 이 과정을 통해 자신의 문제해결전략을 조절할 수 있도록 설계한다.

- 3단계: 탐색(exploration)

학습자 스스로 문제해결을 위한 가설의 수립과 해결을 위한 탐색을 격려하는 독립적인 학습을 제공하도록 설계한다.

(2) 상황적 교수-학습이론

앵커드 수업모형(Anchored instruction model)이라고도 부르는 상황적 교수-학습이론은 CTGV(The Cognition and Technology Group of Vanderbilt University)에 의해서 개발된 수업모형이다. 이 이론은 수업에서 실제 문제 상황을 교수매체(비디오, 컴퓨터 등)를 활용하여 학생에게 제시한 다음 가능한 대안을 찾아보도록 한다. 학생은 스스로 소집단별 또는 개별적으로 문제를 해결할 수 있는 방안을 실험해 본 다음 그 해결방안을 찾는다. 이 수업에서 중요한 것은 문제 상황을 제시할 때 거시적 상황(macro context)을 앵커(anchor)로 사용한다는 점이다.

상황적 교수-학습이론은 다양한 교수매체를 활용하여 실제와 유사한 학습 환경을 제공하고, 이를 통하여 학습자에게 단순한 사실적 지식을 제공하기보다 현실 상황에서 활용 가능한 지식을 제공해 주어 문제해결력이 증진되도록 도움을 주는 데 목적이 있다. 이러한 상황적 교수-학습이론에서는 학습자의 관심을 집중시키고 문제를 파악하도록 하기 위해 문제를 이해하는 데 필요한 핵심요소를 활용한다. 이때 효과적인 핵심 상황이란 문제 상황을 학습자가 인식할 수 있도록 도울 수 있는 것이어야 한다. 이러한 상황적 교수-학습이론의 수업모형은 다음과 같다(허형, 1997).

- 비디오 상영을 통하여 학습 동기를 촉진하고 문제 상황을 제시한다.
- 수학적 개념의 문제를 실제적 과제를 통해 이해하기 쉽게 이야기식으로 제시하여 문제해결을 위한 상황을 창안한다.
- 문제를 해결하기 위하여 아동의 적극적 참여를 유도하고 아동중심의 창안학습 환경을 조성한다.
- 여러 가지 사실적 학습 자료를 함축적으로 제시한다.
- 아동이 복잡한 문제를 해결하고 활용할 수 있는 기회를 제공한다.
- 학습하고자 하는 개념이 어떻게 구체적인 상황에서 활용될 수 있는지를 제고 여러 가지 유사한 문제를 해결하여 학습의 전이효과를 높인다.
- 다른 과목과 통합된 복합적인 문제를 제시하여 교육과정과 연계한다.

(3) 인지적 유연성이론

인지적 유연성이란 여러 지식의 범주를 넘나들며 다양한 방법으로 연결하는, 급격하게 변화해 가는 상황적 요구에 대해 서응력 있는 내저능력이라고 할 수 있다. 인지적 유연성이론(Cognitive Flexibility)은 지식의 재현과 그 재현과정을 중시한다. 따라서 이 이론의 기본전제는 지식의 특성과 지식의 구성과정에 있다. 이는 전통적 교수-학습 원칙에 의거한 단순한 지식의 습득을 지양한다. 대신에 비정형화된 성격의 지식을 습득하여 복잡성과 비규칙성의 특성을 지닌 고급지식 단계에서도 순조로운 학습이 다루어지도록, 특정 학문 분야의 가장 초보적인 단계부터 지식의 복잡성과 비규칙성을 포함한 과제와 학습 환경을 제공해야 한다고 본다.

인지적 유연성이론의 학습원리는 다음과 같다.

- 주제중심의 학습을 한다.
- 학습자가 충분히 다룰 수 있는 정도의 복잡성을 지닌 과제로 작게 세분화한다.
- 다양한 소규모의 예를 제시하는 것이다.

또한 이 모형에서 인지적 유연성은 과정기술의 유연성을 발달시켜 유연한 인지과정을 도울 수 있는 내용지식의 구조를 습득할 수 있도록 하기 위하여 유연한 학습 환경이 필요하다. 이때 같은 내용을 다양한 방법 및 목적으로 학습할 수 있도록 한다.

3) 학습원리

구성주의는 그 기본전제를 학습자중심의 교육환경에 두고 있으며, 지식은 전수되는 것이 아니라 구성되는 것으로 본다. 지식 구성은 인지활동의 결과며, 의미 있는 지식의 구성은 질문, 혼돈, 불일치, 부조화 등에 의해 촉진된다. 그리고 우리가 만드는 세계, 즉 실재는 우리 마음속, 인지구조 내에 있다고 보므로 세계 또는 실재에 관한 다양한 관점을 인정한다. 따라서 구성주의적 교수–학습 활동에서는 다음과 같은 점이 요구된다.

- 실제적 활동이 포함되는 복잡한 학습 환경을 제공한다.
- 학습과정에 사회적 협상을 제공한다.
- 학습자의 다양한 관점이 고려된 표상모델을 사용한다.
- 학습자 자신의 사고와 학습과정의 반성과 인식 기회를 제공한다.
- 학습자의 학습요구와 그 요구에 부응할 수 있는 방법 등을 제공할 수 있는 학습 환경을 조성한다(Driscoll, 1994).

학습자가 학습과정에서 능동적이고 적극적인 학습활동을 수행하기 위해서는 교사가 학습의 역동성을 이해하고 존중해 주어야 한다. 또한 학교교육이 학습자에게 탐구활동의 시간이 될 수 있도록 교실환경을 구성해 주어야 학습자중심의 교육이 이루어질 수 있다. 성인의 모델과 환경조건은 학습자의 자기 주도적 문제구성과 문제해결에 중요한 기초가 된다. 학습자가 해결하지 못한 과제에 대해 질문하고 학습자와 학습자 간의 상호작용이 이루어지고, 협동적 학습이 인정되면, 학습자의 아이디어가 충분히 발휘될 수 있기 때문에 학습자중심의 교육이 이루어질 수 있다. ASCD(1995)에서 주장하고 있는 구성주의의 지도원리는 다음과 같다.

- 학습문제는 학습자에게 적합해야 한다.
- 기본 개념 중심의 학습활동으로 구성한다.
- 학습자의 관점을 추구하고 존중한다.
- 교육과정 내용은 학습자의 수준에 적합한 교육과정으로 운영한다.
- 교수 – 학습과정에서 평가 실시를 제시한다.

1. 수업과 수업계획을 위한 원리

좋은 수업을 하기 위해 필요한 많은 수업설계원리가 있지만 여기서는 교직과목의 특성상 가장 대표적인 것을 위주로 교수－학습의 과정에 따라 알아보도록 한다. 교수－학습의 과정은 대개 수업목표의 제시, 동기유발, 학습결손의 발견과 처치, 학습내용의 제시, 연습 및 응용, 학습과정의 확인과 피드백, 전이 및 일반화 등으로 나뉜다.

1) 명확한 학습목표의 제시

원리 1: 도입단계에서 학습자에게 학습목표를 명확히 알려 준다.

원리 2: 학습자에게 학습목표를 획득하는 절차를 알려 준다.

원리 3: 학습목표가 성취되었을 때 만들어지는 작품 또는 우수과제를 학습자에게 보여 주고 장단점을 설명해 준다.

2) 학습 동기의 유발

원리 4: 학습자가 학습자극에 주의를 기울이게 한 후 그 주의를 유지하게 한다.

원리 5: 학습자가 학습목표와 자신과의 관련성을 깨닫게 한다.

원리 6: 학습자가 학습목표에 대해 자신감을 갖도록 지도한다.

원리 7: 학습자가 본인의 노력의 결과에 만족할 경우 학습 동기는 유지
되며 다음 학습에도 긍정적인 영향을 준다.

3) 학습결손의 발견과 처치

원리 8: 학습자가 선수학습능력에 대한 자신의 결손을 명확히 알 수 있
을 때, 보충학습이 효율적으로 이루어진다.

4) 학습활동과 수업내용의 제시

원리 9: 학습자의 학습능력수준에 알맞게 학습활동을 개별화시켜 주면
학습목표의 달성은 촉진된다.

원리 10: 학습자가 학습활동에 적극적으로 참여하게 되면 학습자의 학
습은 촉진된다.

원리 11: 학습목표의 하위구성요소를 계열적으로 순서화하여 그 순서
대로 가르치면, 학습자는 좀 더 용이하게 학습을 하게 된다.

원리 12: 새로운 개념이나 원리의 학습에서 학습자에게 선행조직자를
형성시켜 주면 더욱 유의미한 학습이 될 수 있다.

5) 연습 및 응용

원리 13: 연습은 학습을 확고하게 해 주고 망각을 방지시켜 준다.

원리 14: 학습자의 개인차를 고려하여 개인의 능력에 알맞은 연습량을

제공하면 연습의 효과는 높아진다.

원리 15: 동일과제를 여러 번 반복하여 연습할 수 있는 기회를 제공하면 연습의 효과는 높아진다.

6) 형성평가와 피드백

원리 16: 학습결과에 대한 정보가 즉각적으로 학습자에게 주어지고 그에 따른 강화가 있을 때 학습은 효율적으로 이루어진다.

원리 17: 학습자 자신이 학습결과를 평가할 수 있는 기회가 많으면 학습효과는 높아진다.

7) 전이와 일반화

원리 18: 단순한 암기나 공식에 의한 학습보다는 이해가 확실하게 되는 학습을 할 때 학습의 파지와 전이는 높아진다.

원리 19: 학습한 행동을 익숙한 생활 주변의 문제에 적용해 보는 경험이 많을수록 학습의 전이와 일반화는 높아진다.

원리 20: 학습 직후에 학습한 내용을 정리하면 학습의 파지·전이 및 일반화 수준은 높아진다.

2. 수업계획

1) 수업계획의 필요성

수업계획의 필요성은 다음과 같다.

- 수업계획이 없이는 수업의 효과성, 효율성, 매력성, 안전성을 보장하기 매우 힘들다.
- 교직은 전문성을 가지고 있으므로 수업은 교사의 책임이며 교사는 전문인으로서 자신의 활동을 미리 계획하여야 한다.
- 최근 수업에 대한 교사의 재량권이 증가하고 있는데 이런 재량권을 적절히 활용하기 위해서 교사는 미리 수업을 준비하여야 한다.
- 최근 수업에 활용되는 매체나 체제 등은 갈수록 복잡해지고 있으며 수업의 목표 역시 질과 양이 변화하고 있다. 또한 학습자의 요구나 개인차도 크게 벌어지고 있는 실정이다. 이런 수업환경에 맞는 수업을 위해서는 반드시 수업계획이 필요하다.

2) 수업계획의 일반원리 및 고려요소

수업계획을 위한 일반적 원리는 다음과 같다.

- 수업계획은 수업과 학습의 효과가 발생할 수 있어야 한다.
- 수업자의 특성이나 수업방법에 따라 변경할 수 있는 융통성이 있어야 한다.

- 계획은 수행과 평가를 통해 검증될 수 있어야 한다.
- 단원의 계획과 맞는 일관성이 있어야 한다.
- 실제 적용단계에서 예상치 못한 환경이나 요구에 접하게 되었을 때를 대비한 변경 가능성이 있어야 한다.
- 생활지도나 각종 학교의 교육행사 등도 고려해서 연계될 수 있는 포괄성이 있어야 한다.

또한 좋은 수업계획을 위해서 고려해야 할 요소는 다음과 같다.

- 수업목표나 내용에 적합한 수업방법은 무엇인지 분석하고 선택해야 한다.
- 수업은 여러 가지 학습활동이 포함되기에 학습활동에 대한 계획이 수립되어야 한다. 즉 동기유발을 위한 활동 등 다양한 형태의 활동을 고려해야 한다.
- 수업의 대상, 즉 학습자를 분석하고 이들에 맞는 수업방법을 계획해야 한다.
- 수업계획은 수업자 자신의 자질, 능력, 선호하는 수업방법 등을 고려하여 이루어져야 한다.
- 수업에 관련된 현실적인 제 여건이 고려되어야 한다. 여기에는 허용된 수업시간의 양, 학습활동을 할 공간과 장소, 교수－학습 자료, 시설, 예산, 안전, 이동의 문제, 부모의 동참이나 허락 등이 있다.

3) 수업계획의 수준

수업계획은 대체로 장기계획과 단기계획으로 구분할 수 있다. 장기계획은 학습의 연간계획·월간계획·단원계획이 포함되는 것으로서, 모든 학교활동·생활지도·행사교육과 일과·평가 및 진도 등에 관한 세부적인 계획이 배경을 이루고 있는 예정 설계다.

단기계획으로는 주안, 일안, 시안 등을 생각할 수 있는데, 주안은 모든 장기계획을 바탕으로 1주일을 단위로 구체적인 지도 계획을 세우는 것이다. 일안은 그날그날의 학습지도 계획이고, 시안은 매시간 학습내용에 따라 효과적인 학습지도를 하기 위한 계획이다.

이 외에도 수업계획을 단원전개 계획과 차시별 계획으로 나누기도 한다. 단원전개 계획은 교과목별로 정해져 있는 각 단원을 어떠한 방법으로 가르칠 것인가에 대한 총체적이며 개략적인 계획이다. 그리고 차시별 계획은 단원의 계획에서 세분화된 매 수업시간별로 한 시간 수업을 어떻게 시작해서 어떠한 활동을 시키고 매듭지을 것인가에 대한 좀 더 치밀한 계획이다. 단원전개 계획은 단원의 설계 또는 단원지도 계획이라 부르기도 한다. 그리고 차시별 수업안은 그 계획의 세분화 정도에 따라 아주 자세하고 친절하게 작성하는 경우를 세안이라 부르고, 이와 반대로 아주 간략하게 작성하는 경우를 약안이라고 한다.

3. 수업의 단계와 주요 활동계획

수업활동은 도입, 전개, 정리라는 세 단계로 구분할 수 있다. 한 수업시간에 제공될 주요한 교수-학습활동을 도입, 전개, 정리의 세 단계로 나누어 요약·제시하면 <표 1>과 같다.

<표 1> 교수-학습과정의 단계별 주요 활동

지도단계	도입	전개	정리
주요활동	동기유발 목표인지 선수학습 관련짓기	학습내용의 제시 학습 자료의 제시 학습자의 참여 다양한 수업기법의 활용 시간과 자료의 관리	요약정리 강화 일반화의 유도 보충 및 예고

1) 도입단계의 성격과 주요 활동계획

도입단계는 본 수업이 시작되는 단계로 비교적 짧은 시간 안에 이루어지는데 대략 5~10분 정도가 적절하다. 이 시간에는 학습자의 주의를 집중시키고, 도달해야 할 학습목표를 제시해야 하며, 본 수업과 관련된 과거의 학습내용을 회상시켜 관련지어 주어야 한다.

(1) 학습자의 동기유발

수업 자체가 재미있고 흥미롭다면 학습자는 관심을 갖고 주의 집중할 것이다. 교사는 수업에 대한 학습자의 동기유발을 위해 다음과 같은 다양한 방법을 사용할 수 있다.

첫째, 학습자에게 주어진 수업목표를 달성했을 때 그들이 할 수 있게 되는 것이 무엇인지 설명한다. 학생은 수업의 도달단계에서 자신이 그 수업을 성공적으로 참여했을 때 무엇을 할 수 있게 되는가를 분명히 알아야만 성취동기가 생긴다.

둘째, 학습과제와 관련이 있는 예화나 경험담을 들려주어 학습자의 관심을 유도하는 방법이다. 최근에 뉴스 보도와 신문을 통해서 알려진 사건이나 일상생활에서 경험한 내용을 언급함으로써 학습자의 관심을 불러일으킨 다음, 이것이 학습과제와 어떻게 관련이 있으며 왜 중요한지에 대해서 설명한다.

셋째, 학습해야 할 문제 사태를 담고 있는 사진, 필름, 테이프, 멀티미디어나 인터넷 자료 등을 보여 줌으로써 학습과제에 대한 학습자의 호기심을 자극한다. 예를 들어 수질오염의 심각성에 대해 학습할 경우, 교사가 이를 단순히 설명하는 것보다는 슬라이드와 비디오를 통해 문제 장면을 보여 주는 것이 학습자의 동기유발에 훨씬 더 효과적이다.

(2) 학습목표의 제시

학습목표 제시를 위한 주요 수업활동 계획은 다음과 같다.

첫째, 학습목표는 학습자가 수업활동을 통해서 성취할 수 있는 것으로서, 가능한 한 행동적 수준에서 구체적으로 제시한다. 이러한 학습목표는 수업의 성공 여부를 판단하는 평가기준이 되며 학습자의 학습활동을 촉진시키는 요인이 될 수 있다.

둘째, 학습목표를 학습자에게 분명히 인지시킨 다음에 수업에 임해야 한다. 그러면 교사와 학습자가 학습목표를 의식하면서 이에 초점을 맞춘 수업을 전개할 수 있기 때문이다. 이를 위해 학습목표의 중점사항을 강조해서 설명하거나 이에 도달할 수 있는 절차를 학습자에게 이해시키는 것은 효과적인 수업을 위해서 필요하다.

(3) 선수학습과 관련짓기

본시 수업에서 다룰 학습과제와 관련이 있는 과거의 학습경험을 회상시키거나 재생시켜 주는 일도 도입단계에서 이루어져야 한다. 선수학습과 현재 학습해야 할 과제를 연결시켜서 학습자로 하여금 그 관계를 분명히 이해하게 하면 새로운 학습과제의 해결이 매우 쉬워질 수 있다.

2) 전개단계의 성격과 주요 활동계획

전개단계는 수업의 중심활동으로 도입과 정리단계의 활동을 연결한다. 실제 본시 수업의 대부분은 주로 이 단계에 해당된다. 전개에서는 학습과제의 내용을 학생에게 제시하고 다양한 수업방법을 사용하여 수업의 목표달성을 위한 교수－학습활동을 하게 된다.

(1) 학습내용의 제시

학습내용을 학습자에게 제시하기 위해서 교사가 생각해야 할 일은 어떤 순서로 제시할 것인가 하는 문제다. 여기에는 몇 가지 방법이 있다.

첫째, 학습과제의 분석표를 기초로 하여 가장 기본적인 학습과제부터 시작하여 점차 일반적인 학습과제에 이르기까지 순차적으로 제시하는 것이다. 즉 먼저 단순하고 쉬운 학습과제부터 학습하고, 그다음 이를 토대로 점차 복잡하고 어려운 학습과제를 학습하도록 제시하는 것이다.

둘째, 한 시간에 가르칠 학습내용을 학습자의 수준과 특성, 수업의 조건과 활동상황 등을 고려하여 적당한 크기로 묶는 것이다. 예를 들어, 수준이 낮은 학습자를 위한 한 단위의 학습활동의 묶음은 수준이 높은 학습자의 그것에 비해 비교적 작아야 하며, 수업상황의 변화도 자주 일어나야 한다. 따라서 학습내용을 적절한 크기로 분할하여 가르칠 때 수업은 효과적으로 이루어질 수 있다.

셋째, 주어진 학습목표를 성취하기 위해 학습해야 할 내용과 예를 선정하여 계획하는 일이다. 학습자가 학습내용을 좀 더 쉽게 이해하도록 하기 위해 가르칠 개념이나 원리에 해당하는 예를 선정하여 적당한 때에 제시해 주어야 한다.

(2) 학습 자료의 제시

학습 자료는 학습목표를 달성하는 데 도움이 되는 다양한 프로그램이나 매체를 말한다. 여기에는 인쇄된 자료, 멀티미디어 자료, 컴퓨터 보조수업 자료 및 웹 자료 등 여러 가지가 있다. 과거의 학습 자료는 단순히 수업을 보조하는 수단으로 사용되었으나, 최근에는 학습 자료 그 자체가 수업을 주도할 수 있도록 개발되고 있다. 학습 자료의 계열성을 고려하지 않은 수업전개는 자칫 잘못하면 산만해지기 쉬우며, 때로는 수업의 역효과를 초래할 수도 있다는 점에 주의한다.

학습 자료 및 매체를 선정하고 활용할 때에는 학습자의 특성을 고려하여야 한다. 예를 들어, 학습자의 독서능력이 부족한 경우라면 교과서나 책을 읽는 것보다는 설명이나 대화를 듣는 것, 도표나 모형을 통한 학습이 더 효과적이다. 또한 어린 아동이라면 보고, 듣고, 조작하는 실제직이고 직접적인 활동을 함으로써 더 효과적인 학습을 할 수 있으며, 성장한 학생이나 성인은 언어적 방법에 의하여 좀 더 잘 학습할 가능성이 높다.

(3) 학습자의 참여유도

전개단계에서는 많은 질문과 응답이 오고 가며, 실제 어떤 행동을 보여 주기도 한다. 따라서 학습자의 적극적인 학습활동은 필수적이다. 그러므로 교사가 수업의 전 과정을 주도해서는 안 된다. 집단이나 개인별로 학습자의 참여를 유도해야 하며, 충분한 시간을 할애해 주어야 한다. 학습자를 수업에 좀 더 능동적으로 참여시키는 학습자 참여 방법을 제시하면 다음과 같다.

- 학습자가 그들이 학습한 지식, 기술, 경험, 태도 등을 구두로 표현할 수 있도록 질문한다.
- 학습자의 생각과 의견을 교환하는 방식으로 토론의 기회를 마련한다.
- 학습자에게 학습과제를 부과하는 방식이다.
- 학습자가 수업시간 동안 노트 필기를 함으로써 핵심적인 학습내용에 주의를 기울이게 되며, 이는 학습을 강화시키는 결과를 가져온다.

(4) 다양한 수업방법의 사용

주어진 학습목표를 달성시키기 위해서는 다양한 수업방법이 요구된다. 가르칠 수업목표, 수업상황, 수업자료의 특성, 학습자의 수준 등에 따라서 토론학습, 협동학습, 문제중심학습, 탐구학습, 강의식 수업 등 다양한 수업방법을 사용하는 것이 좋다.

(5) 시간과 자원의 관리

전개단계는 도입과 정리단계에 비해서 시간 비중이 높은 편으로 한 시간 수업의 60~70%를 차지한다. 따라서 몇 개의 하위단계 또는 활동으로 구분하여 시간과 자원을 관리하는 것이 효율적인 수업전개를 위해서는 유용하다. 이런 하위단계는 학습과제와 학습자 특성 및 수준에 따라서 여러 단계로 나눌 수 있지만 대체로 세 단계로 구분된다(Davies, 1981). 탐색활동단계, 해석활동단계, 응용단계는 수업의 전개단계 내에서 이루어지는 세 가지 주요 활동으로 나눈 것이며, 이 세 가지는 한 시간 수업 중에 한 번으로 끝날 수도 있지만 몇 번씩 반복할 수 있음에 유의해야 한다.

3) 정리단계의 성격과 주요 활동계획

정리단계는 학습지도의 결론 부분이다. 여기서는 학습한 내용을 요약정리하고 강화시키며 일반화할 수 있도록 지도한다. 사실 이 단계는 수업에서 매우 중요한 단계이므로 사전에 철저한 준비와 함께 반드시 실행되어야 한다.

(1) 학습과제에 대한 요약과 종합

학습내용을 살펴보면서 중요한 사항을 요약하고 종합해 준다. 요약이란 중요한 하나하나의 지식을 정리해 주는 것이며, 종합이란 학습자가 부분적으로 파악하고 있는 학습내용을 전체적인 맥락에서 이해시켜 하나의 완성된 학습과제로서 이해하거나 수행하게 하는 것이다.

(2) 연습과 피드백을 통한 강화

학습지도를 통해 학습한 내용을 학습자가 실제 상황이나 이와 유사한 상황에서 적용시킬 수 있도록 연습의 기회를 제공해야 한다. 중요한 개념이나 일반적인 원리, 그리고 새로 학습한 기술과 운동능력 등은 몇 번의 반복만으로는 숙달되지 않는다. 그러므로 학습한 내용을 새롭고 다양한 상황에 직접 적용시켜 보는 연습을 해야 한다. 연습은 학습한 것을 더욱 분명하게 이해시켜 주며 쉽게 망각하지 않도록 해 준다. 피드백은 정오답에 대한 정보와 칭찬이나 격려가 함께 제시되어야 한다.

(3) 일반화

학습자가 학습한 내용을 주변의 생활문제에 적용해서 그 문제를 해결해 보는 경험은 학습의 일반화 및 전이의 효과를 가져온다. 이것은 연습의 효과와도 밀접한 관련이 있기 때문에 상호 작용하는 가운데서 일반화의 수준을 높일 수 있다. 일반화를 위한 방법을 제시하면 다음과 같다.

(4) 보충자료 제시 및 차시예고

수업시간 동안 충분히 다루지 못했던 학습내용이나 학습자가 더 알고 싶어 하는 주제에 관한 보충자료나 참고도서를 언급해서 학습자의 지적 욕구를 충족시켜 주어야 한다. 또 수업시간에 깊이 있게 다루지 못한 학습부분을 학습자가 스스로 보완하고 심화시키는 것이 필요하다. 한편 다음 시간에 학습할 내용이나 주제를 이번 수업시간에 배운 것과 관련지어 제시한다. 이렇게 함으로써 학습의 계열성을 유지시키고, 차시 수업에 대한 학습자의 준비와 기대효과도 유도할 수 있는 것이다.

4. 교수 – 학습계획안의 작성

교수 – 학습 계획안은 과목의 특성, 학교급별 또는 학습목표나 내용에 따라서 다양하지만 대개의 수업안은 몇 가지 묵시적인 약속 속에서 작성되고 있다.

- 단원의 지도 계획을 먼저 작성하고 그다음에 매 수업시간별 지도 계획을 작성하게 된다.
- 매 수업시간별로 계획을 세운 교수-학습이 제대로 이루어지면 그 결과는 단원의 수업목표를 달성할 수 있도록 계획되어야 한다.
- 교수-학습 계획안은 세안 또는 약안으로 작성하게 되는데, 초임교사나 특별한 경우를 제외하고는 약안의 형식으로 작성해도 무방하다. 이때 약안으로 작성하더라도 교재연구는 세안을 작성할 때와 같은 사고와 탐색의 과정을 거쳐야 한다. 다만 문서상으로 작성하지 않을 따름이다.

1) 단원의 지도 계획

단원지도에 관련된 내용은 교사용 지도서에 상세하게 진술되어 있으나 지역이나 학교의 특성, 그리고 학생의 능력 등에 따라 차이가 있으므로 교사가 교과서, 교사용 지도서, 기타 관련 전문서적을 토대로 단원지도 계획을 재구성하는 것이 바람직하다. 교과나 단원의 특성에 따라 차이는 있겠지만 모든 교과의 공통적인 단원지도의 구성요소로 첫째, 단원명, 둘째, 단원의 개관, 셋째, 단원의 목표, 넷째, 지도상의 유의점, 다섯째, 학습 과제분석, 여섯째, 출발점 행동의 진단과 처치, 일곱째, 단원의 전개 등이 있다.

(1) 단원명

단원명은 교과서나 교사용 지침서에 있지만 학교나 학생의 특성에 맞게 재구성되어야 한다. 단원명을 정할 때 첫째, 일반적이고 대표적인 주요한 제목, 둘째, 중요한 원리나 개념 또는 사실을 대표하는 문구, 셋째, 학생의 중요한 문제를 표시하는 의문문, 넷째, 중요한 사회문제를 표시하는 의문문으로 나타낼 수 있으나, 우리의 경우는 교과서에 제시된 단원명을 그대로 옮겨 쓰는 것이 좋다.

(2) 단원의 개관

단원의 개관에는 첫째, 단원이 학생의 어떠한 필요나 흥미에 의한 것인지, 둘째, 단원이 사회적으로 어떠한 의의와 가치가 있는지, 셋째, 단원이 교육과정의 내용상의 범위와 계열에서 어떠한 위치에 있는지를 기술하여야 한다. 단원의 개관에는 그 단원을 학생들에게 왜 가르쳐야 하는지의 필요성을 근거로 정당성을 논리적으로 기술하여야 한다. 학습자 측면, 사회적 요구 측면 그리고 교과의 특성 측면에서 정당성을 찾아야 할 것이다. 정당성이 약하면 그 단원을 꼭 가르쳐야 할 필요는 없다.

(3) 단원의 목표

단원목표는 단원지도 후에 학습자가 성취해야 할 행동이어야 하는데, 단원의 주요 내용과 그 내용에 대하여 학생들이 어떤 행동으로 성취되기를 바라는지가 분명하게 진술되어 있어야 한다. 단원목표는 교사용 지도서에 상세히 기술되어 있으나 학교나 학생의 특성에 맞게 조정해야 한다. 즉 단원목표는 주요한 내용의 영역과 그 내용을 다룸으로써 달성될 것으로 기대되는 행동의 양자를 포함하여 진술되어야 한다. 예를 들면, 영양에 관한 원의 이해, 지도를 해독하는 기능 등이다. 그리고 지식, 태도, 기능이 골고루 뽑혀서 진술되어야 한다. 단원의 목표는 차시별 수업목표에 비하여 상대적으로 포괄적이고 종합적이다.

(4) 지도상의 유의점

해당 단원 학습을 지도하기 위해서는 교사용 지도서에 기록되어 있는 지도상의 유의점을 살펴보고, 각 학습과제별 지도상의 유의점에 관심을 두어 지도 계획을 세우고, 실제 수업에 임해야 한다. 그러나 교사용 지도서에 나타난 내용은 학생의 특성, 학교의 특성을 전부 고려하였다고 볼 수 없기 때문에 교사용 지도서를 참고로 하되 교사 자신이 본 단원 학습 내용을 분석하여 지도상의 유의점을 찾아내야 한다. 특히, 발견학습, 탐구학습, 토의식 학습이 강조되는 단원에서는 그 단원을 처음부터 어떻게 이끌어 나갈지에 관하여 수업이론이나 모형을 참조하여 지도방법을 탐색하고 구체적 지도방법을 선택해서 진술한다.

(5) 학습과제의 분석

단원목표를 명확하게 제시하여 지도함으로써 학습자의 학습력을 높이며, 가르칠 학습내용을 객관적이고 타당하게 평가하기 위해서 맨 먼저 해야 할 일이 학습과제를 분석하는 일이다. 어떤 내용을 가르쳐야 하는가에 대한 학습과제가 구체적으로 분석되어야 그것을 기초로 해서 학습목표가 상세화되고 가르칠 학습요소, 학습요소 간의 관련성, 학습순서 등을 밝혀 낼 수가 있다.

학습과제는 해당 단원의 성격에 따라 여러 가지 방법으로 분석힐 수 있다. 그러나 대개는 학습위계별 분석, 학습단계별 분석, 시간·기능별 분석법을 사용한다.

(6) 단원의 전개계획

① 수업계열의 결정

단원목표에 따라 학습과제를 분석하고 그 요소를 추출한 후에는 이를 토대로 단원의 목표를 달성하기 위하여 몇 시간이 필요한지, 어떤 순서로 단원을 전개할 것인지를 결정해야 한다.

② 수업전략의 수립과 수업방법 선정

수업계열의 결정에 따라 한 단원을 몇 시간 동안 가르치도록 할 것인가가 결정되고, 가르치게 될 수업목표가 결정되었다면, 단원의 첫째 시간부터 그 단원의 끝나는 마지막 시간까지 어떠한 전략에 따라 어떤 방법으로 가르쳐야 할 것인가를 결정해야 한다.

③ 수업매체의 선정

수업매체의 선정에서 가장 중요한 원칙은 수업목표 달성의 적합성 여부다. 그다음으로 경제성이나 현실성, 안정성, 수업자의 조작능력 등이 고려되어야 한다.

④ 평가계획의 수립

진단평가, 형성평가, 총괄평가 등을 언제 어떠한 방법으로 실시할 것인가를 결정해야 한다. 진단평가는 단원을 시작하는 첫째 시간에 해야 한다. 형성평가는 대개 3~4시간의 수업을 한 후에 실시하는 것이 좋다. 총괄평가는 단원의 끝 시간에 배정해야 할 것이다. 가능한 한 평가도구는 단원전개계획을 수립하는 단계에서 제작하는 것이 좋다.

2) 교수-학습 계획안 작성

교수-학습 계획안은 단원의 전개계획에 따라 한 시간 단위 수업을 어떻게 전개시킬 것인가에 관한 좀 더 구체적이고 상세한 지도 계획이다. 따라서 한 시간 50분의 수업을 어떻게 시작하여, 어떠한 교수-학습활동을 통하여 그 수업시간의 수업목표를 달성시킬 수 있을 것인가에 대한 치밀한 계획이 만들어져야 한다. 이 교수-학습 계획안에 반드시 들어가야 할 요소는 수업목표, 주요 수업절차, 학습내용, 교수-학습활동, 수업매체, 시간계획 등이다. 지도안의 양식은 정해진 것이 있을 수 없으며, 수업활동이나 활용의 간편성 등을 감안하여 융통성 있게 만들어 쓸 수 있다.

다음에 제시한 것은 교수-학습 계획안을 세부적으로 작성할 경우 활용될 수 있다.

(1) 단원명

단원명은 교과에 따라 소단원, 중단원, 대단원명을 기입한다. 대단원의 지도 시수가 많지 않을 경우에는 일반적으로 대단원명을 기입하고 있으나, 학습지도 시간이 너무 많은 경우에는 중단원이나 소단원을 기입하는 것이 좋다.

(2) 지도대상

지도 학급 또는 학년

(3) 차시

차시는 사선 윗부분에는 본시의 차시를, 그리고 아랫부분에는 단원지도에 소요되는 총 시수를 숫자로 기입한다. 예를 들면, 3/10이란 단원지도 소요 시간이 10시간인데 본시가 3차시란 뜻이다.

(4) 수업목표

본시의 수업목표는 학습자가 학습 후에 도달해야 할 성취행동으로 진술하되, 명시적 동사를 사용하여 성취결과를 명확하게 알 수 있도록 해야 한다. 즉 단원의 목표와 달리 단시 수업의 목표는 암시적 동사(예: 이해한다, 감상한다, 인식한다, 깨닫는다)가 아닌 명시적 동사(예: 진술할 수 있다. 구별할 수 있다. 비교 설명할 수 있다. 문제를 풀어 그 정답을 구할 수 있다)를 사용하여 행동적 용어로 진술해야 한다.

제3장

교육방법의 유형

제1절 강의식 수업과 토의식 수업

1. 강의식 수업

강의의 가치는 한 시간 동안에 얼마나 많은 양의 정보를 학습자에게 주입시켰느냐? 또는 얼마나 중요한 정보를 언급하였느냐? 아니면 그 강의는 얼마나 많은 영역을 완전히 다루었느냐? 등으로는 측정, 판단될 수 없다. 명강의를 했는가는 그 강의를 들은 학습자가 집에 돌아가 저녁 식탁에서 부모님에게 낮에 들었던 강의 내용을 어느 정도나 자기의 말로 다시 들려줄 수 있느냐로 따져 보아야 한다.

1) 강의법의 개념과 특성

강의법은 가장 전통적인 교수법으로 지식이나 기능을 교사중심의 설명을 통해서 학습자에게 전달하고 이해시키는 교수법이다. 이 방법은 고대 희랍시대에는 철학자가 웅변이나 강연에 사용하였고, 중세에는 대학에서 주로 사용하였다. 그러나 17세기에 등장한 경험주의 교육철학과 노작교육이 강조되면서 일방적 강의나 암송에 대한 비판이 나왔다. Comenius(1952 ~1670)가 『세계도회』를 만들어 언어중심의 학습방법을 타파하려 애썼고, Pestalozzi(1746~1827)가 노작중심 교수방법을 제창하여 교육방법을 개선하려고 노력한 것도 이때다.

그 후 19세기에 Herbart가 체계적이고 과학적인 교수 5단계설(준비, 제시, 결합, 체계화, 적용)을 제시하여 오늘에 이르고 있다. 하지만 예전에는 교사가 주로 말로 설명했지만 요즘에는 강의법에도 각종 매체를 활용하는 것이 보편화되어 있다.

강의법은 교사중심의 교수법이기 때문에 학습자가 능동적으로 학습활동에 참여할 수 없고, 학습자의 주의를 집중시키기 어렵다는 등의 비판을 받고 있다. 하지만 강의법은 아직도 잘만 사용하면 장소와 여건을 불문하고 많은 학습자를 대상으로 교육할 수 있는 장점이 있다.

강의법이 가장 잘 활용될 수 있는 경우는 다음과 같다.

- 강의법은 교육목적상 어떠한 특정한 태도나 가치를 고취하기 위하여 설득력 있는 웅변형의 수업이 필요할 때 효과적이다. 요즘 종교단체에서 강론시간에 파워포인트를 쓰는 곳도 많지만 아직도 대부분의 강론을 강의법 위주로 하는 이유가 바로 이것이다.
- 강의법은 논쟁의 여지가 없는 사실적 정보나 개념을 논리적이며 객관적으로 분명하게 짧은 시간에 효율적으로 전달하고자 할 때 좋다.
- 강의법은 아직 논리적으로 정리되어 있지 않은 새로운 정보나 지식, 또는 아주 복잡하기 때문에 차근차근 요소를 풀어서 설명해야 할 내용을 체계직으로 정리하여 전달할 때 좋다.

- 강의법은 다음과 같은 특성을 가진 학습자에게 적절한 교수법이다. 첫째, 언제나 교수자가 명확하게 설명해 주어야만 심리적으로 편안함을 느끼는 학습자, 둘째, 경직되고 융통성이 없으며 걱정이 많은 학습자, 셋째, 맹종형 또는 순응형 학습자에게 효과적이다.
- 강의법은 그 특성상 유의미한 학습과 함께 기계적인 학습도 시킬 필요가 있을 때 적절하게 활용될 수 있다.

2) 강의법의 장단점

강의법의 장점은 다음과 같다.

- 정해진 시간 내에 다양한 지식을 많은 학습자에게 교육할 수 있다.
- 교과서의 내용을 교사재량으로 보충, 첨가, 삭제할 수 있다.
- 상황이 적절하고 수업자가 달변일 경우 짧은 시간에 학습자의 동기를 높이기 쉽다.
- 수업자의 설명력이 뛰어날 경우 다른 보조자료 없이도 사건이나 사실을 눈으로 보는 것처럼 설명할 수 있다.
- 학생이 수업자의 설명에 집중할 수 있는 조건이라면 장소에 크게 구애를 받지 않고 야외나 버스 등과 같은 여러 가지 장소에서 수업할 수 있다.

강의법은 다음과 같은 단점도 갖고 있다.

- 수업의 질이 수업자의 능력과 준비에 따라 많이 달라진다.
- 설명이 지루할 경우 학습자의 주의집중과 동기가 떨어진다.
- 준비가 덜 되었거나 능력이 낮은 학습자에게는 불리하다.
- 주의가 산만한 학습자는 요점을 파악하기 힘든 경우가 많다.
- 일방적 전달 때문에 학습결과의 개별화나 사회화가 어렵다.
- 학습자의 학습 동기유발이 어렵고 수동적 학습자가 되기 쉽다.

2. 시범

시범(Demonstration)이란 기능에 관련된 학습목표의 도달을 위해 교수자가 바람직한 행동양식이나 절차를 보여 주면서 교수하는 방법이다. 시범의 효과적인 수행을 위해서는 목적하는 기능과 관련된 지식, 수행절차 그리고 기능에 대한 태도와 함께 수반되어야 한다. 시범은 새로운 과정이나 기구 등을 소개하고 나서 그 사용법을 가르치거나 학습자가 어떤 조작을 쉽게 할 수 있다는 자신감을 심어 주고자 할 때 많이 사용할 수 있다.

1) 시범의 장단점

시범의 장단점은 다음과 같다.

- 말이나 글에 비해 직접 보여 주기 때문에 학습이 효과적이다. 하지만 시범활동을 하기 위한 장소와 설비를 갖추어야 하는 문제가 있다.

- 기능의 수행을 위한 장소와 설비를 갖추어야 하는 문제가 있다. 하지만 추상적인 것을 가르치기가 어려워 실제 보여 줄 수 있는 것만 가르칠 수 있다.
- 시범이 끝난 후 학습자가 바로 실습을 해 볼 수 있어서 즉각적인 피드백이 가능하다. 하지만 학습자가 혼자서 하고자 할 때에는 시설이 없어서 곤란한 경우가 많다.
- 학습자가 관찰과 함께 직접 해 보고 느낌의 공유와 성찰을 할 경우 폭넓은 체험이 가능하다. 단, 교수자가 시범을 할 수 없을 때에는 유능한 조교나 다른 전문가를 구해야 한다.

2) 시범의 사용 시 유의해야 할 사항

시범을 사용할 때에는 다음 사항을 유의해야 한다.

- 교수자는 시범 전에 시범 사실, 활동, 자료에 대해 분명한 이해를 갖고 있어야 한다.
- 교수자는 시범 전에 필요한 기구나 자료가 잘 작동하는지, 안전한지, 학습자의 실습이나 연습에 충분한 질과 양을 갖추고 있는지 확인한다.
- 시범 시작 전에 학습자에게 시범의 목적과 내용을 명확하게 인식시킨다.
- 시범은 학습자가 모두 정확히 관찰할 수 있는 조건하에서 한다.
- 시범 도중에는 학습자의 반응, 문제점, 개선점 등을 관찰한다.
- 시범 후에는 학습자가 연습하게 하고 피드백을 주어야 한다.

- 학습자가 충분한 피드백을 받은 후에는 스스로 충분히 연습할 수 있는 시간과 여건을 만들어 준다.

3. 문답법

문답법(Questioning)은 여러 가지 형태의 수업에서 사용할 수 있는 방법으로 교수자와 학습자가 상호적인 질의응답을 통해 학습에 주의를 집중시키고 학습자의 탐구능력과 추상적 사고작용, 비판적 태도, 표현력 등을 기를 수 있는 방법이다. 또한 문답법의 적절한 사용은 수업을 생기 있게 하고 학습자가 적극적으로 참여하게 되어 교수자가 학습자의 능력이나 이해의 정도 등에 대해 파악하기 쉽게 해 준다.

1) 발문의 목적

학습자의 능력이나 수준에 따른 수업자의 적절한 발문은 학습자의 적극적 참여를 이끌어 내고 학습에 대한 동기를 불러일으키며 능동적 사고를 유도해 낸다.

발문의 목적에 대해 살펴보면 다음과 같다.

- 학생이 알고 있는 지식과 알지 못한 지식을 파악하기 위해
- 학습자의 사고력을 개발하기 위해
- 학습의 동기화를 위해

- 수업내용은 숙달하고 연습의 기회를 제공하기 위해
- 학습자가 학습 자료를 조직하고 해석하는 것을 돕기 위해
- 수업내용의 중요한 요점을 강조하기 위해
- 사건의 원인과 결과관계를 알게 하기 위해
- 산만한 학습자의 주의와 관심을 돌리기 위해
- 수업내용의 원만한 이해를 돕기 위해
- 학습내용을 복습하고 점검하기 위해
- 학습자와 함께하는 공감대를 형성하기 위해
- 학습한 내용을 말하고 표현하는 연습을 시키기 위해
- 진단하고 평가하기 위해

수업의 도입 시 선수학습 상기에서부터 수업내용 정리단계에 이르기까지 발문은 그야말로 다양하게 이용할 수 있는 수업기법 중 하나다. 더구나 강의식 수업에서는 발문을 통하여 학습자의 주의를 한곳으로 모은다든지, 강의내용 중 중요한 부분을 발문을 통하여 강조한다든지 함으로써 강의의 효율을 높일 수 있다.

2) 문답법의 적절한 사용법

그렇다면 발문은 어떻게 하는 것이 바람직한가? 발문의 적절한 사용을 위해서 고려해야 할 방법은 다음과 같다.

첫째, 먼저 학습자가 수업에 참여하는 비율을 높이려면 학습자와 학습의욕을 불러일으키는 발문이 되어야 한다. 그러기 위해서는 학습자가 겪

은 내용을 중심으로 발문을 한다든가, 이전에 학습한 내용 가운데 학습자가 흥미 있어 하는 부분을 조직한다든가, 매스컴을 통해서 익히 알고 있는 뉴스나 화젯거리를 중심으로 발문을 시도해 보는 것도 좋을 것이다. 다시 말하면 학급의 모든 학습자가 공통적으로 경험하고 있는 것이나 생활 속에서 각자 나름대로 보고 들어서 알고 있는 내용을 수용해서 발문으로 제시하는 것이 좋다.

둘째, 너무 추상적이거나 막연한 발문은 피하고 구체적인 발문을 해야한다. 추상적이거나 막연한 발문은 학습자가 생각하고 사고할 방향을 잡지 못하고 당황하게 만드는 경우가 많다. 예를 들면 '빵을 훔친 장발장을 어떻게 생각합니까?'라는 발문보다 '장발장은 왜 빵을 훔치게 되었을까요?'라는 발문이 더 구체적이다.

셋째, 묻는 발문에 대한 답이 바로 '예' 혹은 '아니요'로 나타나는 식의 단순한 기억 재생적 발문은 피하고, 가능한 한 학습자의 사고를 자극하는 개방적 발문을 하는 것이 좋다. 단순한 지식을 학습하거나 기억한 것을 다시 되묻는 발문은 학습자의 창의적인 사고를 가로막는다. 학습자 스스로 사고하지 않고 수업자가 묻는 말에 단순하게 반응만 하면 되기 때문이다. 따리서 학습자에게서 창의적 결론을 이끌어 내려면 수업자는 가능한 한 학습자의 사고를 자극하고 생각을 밖으로 이끌어 낼 수 있는 발문을 하여야 한다. 예를 들어 학습자의 의견이나 해석을 구하는 발문을 한다든지, 학습자의 가치나 판단을 묻는다든지, 어떤 사건에 대한 원인이나 결과를 묻는 발문은 모두 여기에 해당된다.

넷째, 발문을 한 다음에는 생각할 시간을 주어야 한다. 발문을 한 후 시간을 주지 않고 다른 내용으로 넘어가 버리면 극소수의 학습자에게만 반응의 기회가 돌아가고 응답의 속도가 느린 학습자는 반응할 기회를 전혀 얻지 못한다.

다섯째, 질문은 학습자가 이해하기 쉽고 간결하고 명확하게 제시한다.

여섯째, 질문은 학습목표와 연계된 것으로 어떤 관점을 키울 것인지 목적이 명확해야 한다.

일곱째, 교재내용이나 강의 내용을 반복하는 질문은 삼가고 학습자의 지적 사고활동을 자극할 수 있는 것이어야 한다.

여덟째, 질문은 대상의 수준과 흥미에 맞아야 한다.

아홉째, 질문은 난이도와 복잡성이 적절해야 학업성취에 가장 좋은 효과가 나기 때문에 난이도와 복잡성의 수준을 미리 고려하여 준비한다.

열째, 질문에 대한 답이 맞지 않더라도 학습자가 위축되지 않도록 피드백을 하고 답을 찾는 과정에 계속 참여하도록 격려한다.

열한째, 학습자는 종종 자신이 모르는 것이 무엇인지, 또는 자신이 알고 싶은 것이 무엇인지를 명확하게 모르거나 그것을 설명할 능력이 부족하여 질문이 성립하지 않는 경우가 있다. 이럴 경우 교수자는 학습자를 격려하면서 질문의 핵심 키워드를 찾게 도와주어야 한다. 일정 시간 노력해도 질문이 제대로 성립되지 않은 경우에는 수업 후에 충분히 생각해 보고 웹의 토론방이나 이메일을 통해 질문하도록 권해 주는 것이 좋다.

4. 토의식 수업

1) 토의의 목적

토의의 목적은 학습자의 참여를 유도하고, 학습문제를 비판적으로 분석하며, 창의적인 능력과 협동적인 기술을 개발하는 한편, 특정 문제 상황에 대한 해결책을 탐색하거나 태도 변화를 유도하는 것이다. 이런 목적달성을 위해 토의는 일정한 규칙과 단계에 따라 이루어져야 하며, 개방적인 의사소통과 협조적인 분위기 그리고 민주적인 태도가 필요하다. 이때 학습자의 적극적인 참여와 수업자의 적절한 관여는 토의의 흐름을 촉진시키기도 한다.

토의와 유사한 것으로 토론이 있는데, 이 둘은 복수의 멤버가 문제를 해결하기 위해 함께 노력한다는 점에서는 공통점을 가진다. 차이점을 살펴보면 토의는 모두가 협력하여 주어진 문제에 대해 최선의 해답을 찾는데 반해 토론은 문제에 대해 찬성과 반대의 입장을 먼저 가진 다음 합의점을 찾기보다는 자신의 주장을 상대에게 설득하여 인정시키려는 점에서 다르다.

2) 토의의 장단점

(1) 토의식 수업의 장점
- 사회적 기능 및 태도를 형성시킬 수 있다.
- 집단의식과 공유능력을 향상시킨다.

- 선입견과 편견은 집단구성원의 비판적 탐색에 의해 수정될 수 있다.
- 학습자의 자율성을 향상시킬 수 있다.

(2) 토의식 수업의 단점

- 시간이 많이 소요된다.
- 철저한 사전준비와 체계적인 관리에도 불구하고 예측하지 못한 상황이 발생할 수 있다.
- 토의의 허용적 특성은 학습자의 이탈을 자극할 수 있다.
- 알려지지 않거나 어느 정도 완전하게 이해하지 못한 사실과 개념을 효과적으로 토의하기란 어렵다.

3) 토의의 유형

토의는 집단의 규모와 활동방식에 따라서 다양하게 제시될 수 있다. 다양한 방법 중 대표적인 몇 가지를 뽑아 그 특성과 진행방법을 간략하게 제시하면 다음과 같다.

(1) 원탁토의

토의의 가장 기본적인 형태로, 참가인원은 보통 5∼10명 정도로 소규모 집단구성을 이룬다. 참가자 전원이 상호 대등한 관계 속에서 정해진 주제에 대해 자유롭게 서로의 의견을 교환하는 좌담형식이다.

원탁토의는 충분한 경험을 지닌 사회자와 기록자, 그리고 전문지식을 가진 청중 또는 관찰자와 함께 대화하는 비형식적 집단의 성격을 띤다.

원탁토의에서 가장 주의해야 할 것은 참가자 모두가 발언할 수 있도록 기회를 적절히 제공해야 한다는 점이다. 원활한 토의를 위해서는 집단구성원 간에 충분한 협조와 개방적인 자세, 그리고 공동체 의식이 형성되어야 하는데, 만약 그렇지 못할 경우 토의를 위한 토의 내지는 심각한 언쟁이나 반목의 상태로 악화될 우려가 있다.

(2) 배심토의

배심토의(panel)는 토의에 참가하는 소수의 선정된 배심원과 다수의 일반 청중으로 구성되어 특정 주제에 대해 상반되는 견해를 대표하는 몇몇 사람이 사회자의 진행에 따라 토의하는 형태다. 청중은 주로 듣기만 하는데, 경우에 따라서는 질문이나 발언권을 주기도 한다. 배심원은 토의될 주제에 대해 관심을 갖고 관련된 내용을 조사해야 하며, 필요한 경우에는 전문적인 연구도 해야 한다.

(3) 공개토의

공개토의(forum)는 1～3인 정도의 전문가나 자원인사가 10～20분간 공개적인 연설을 한 후, 이를 중심으로 하여 청중과 질의 응답하는 방식으로 토의를 진행한다. 공개토의는 청중이 직접토의에 참가하여 공식적으로 발표한 연설자에게 질의를 하거나 받을 수 있다는 점이 특징이다. 사회자는 연설 및 질의시간이나 발어 횟수를 조절해야 하며, 활발한 토의 진행을 위해 청중에게 질의를 유발시켜야 한다.

(4) 단상토의

단상토의(symposium)는 토의 주제에 대해 권위 있는 전문가 몇 명이 각기 다른 의견을 공식 발표한 후, 이를 중심으로 해서 의장이나 사회자가 토의를 진행시킨다. 단상토의에 참가한 전문가와 사회자, 그리고 청중 모두는 특정 주제에 관한 전문적인 지식이나 정보, 경험 등을 지니고 있어야 한다는 점이 특징이다. 따라서 한 주제를 다양한 측면에서 깊이 있게 다룰 수 있다.

(5) 대담토의

대담토의에 참가하는 인원은 보통 6~8명 정도로, 이 가운데 3~4명은 청중 대표이고, 나머지 3~4명은 전문가나 자원인사로 구성된다. 대담토의(colloquy)는 주로 청중 대표와 전문가 집단에 의해서 이루어지나, 사회자의 진행에 의해 일반 청중이 직접 토의과정에 참가할 수도 있다. 토의 시간은 청중대표, 전문가와 일반청중이 비슷하게 안배되어야 하며, 서로 간에 의사소통이 원활하게 이루어질 수 있도록 배려해야 한다.

(6) 세미나

참가자 모두가 토의 주제 분야에 권위 있는 전문가나 연구가로 구성된 소수집단 형태다. 세미나를 주도해 나갈 주제발표자의 공식적인 발표에 대해 참가자가 사전에 준비된 의견을 개진하거나 질의하는 방식으로 토의가 이루어진다.

세미나(seminar)는 참가자에게 특정 주제에 대한 전문적인 연수나 훈련의 기회를 제공해 주는 데 목적이 있다. 따라서 참가자 전원은 보고서 형식의 간단한 자료를 상호 교환할 수 있어야 한다. 이 토의방식은 참가자 전원이 해당 주제에 관련된 지식이나 정보를 체계적이고도 깊이 있게 토의할 수 있게 하는데, 이는 사전에 철저한 연구와 준비를 전제하는 것이다.

(7) 버즈토의

　3～6명으로 편성된 집단이 주어진 주제에 대해 6분가량 토의를 하는 6×6형태다. 토의과정이 벌집을 쑤셔 놓은 것처럼 윙윙거린다는 뜻에서 버즈(buzz)라고 한다. 처음에는 3명씩 짝을 지어 토의한 다음, 어느 정도 토의가 진행되면 다른 3명의 집단을 만나 6명씩 토의하고, 또 얼마 지난 다음에는 다른 6명의 집단과 모여 12명의 집단 구성원으로 토의한다. 이 때 각 집단의 사회자나 기록자는 토론한 내용을 의장에게 보고하며, 전체 사회자는 그 보고를 순차적으로 정리하여 일반토의로 유도한다. 즉 소집 단으로 분과토의를 한 후 최종적으로 전체 집단이 다 함께 모여 토의결 과를 집결시켜 결론을 맺게 함으로써 대집단의 종합토의의 효과를 얻게 된다.

　버즈토의는 소수인원으로 집단을 구성함으로써 참가자가 서로 친근감 을 갖게 하고 각자가 자유롭게 발언하는 기회를 가진다는 점에서 적극적 인 토의를 유도하게 된다.

제2절 발견학습과 탐구학습

학습원리에서 가장 중요한 것 중 하나가 학습자 스스로 자신의 이해력을 개발하도록 하며, 교사는 지식을 전달하기보다 학생들이 발견 경험하도록 돕는 방법이다. 이러한 학습자 중심의 교수방법이 발견학습과 탐구학습의 기본적인 가정이다. 이때 학습은 학습자에게 가르쳐야 할 내용을 최종적인 형태로 제공하는 것이 아니라, 그 학습과정을 학습자 스스로 만들어 가도록 하는 것으로 정의될 수 있다.

지식 전달 위주의 교육을 변화시키고자 하는 우리나라의 교육현실을 감안할 때, 지식을 얻는 방법을 가르치려는 이러한 학습방법은 다른 어떤 학습방법보다 필요한 것이라 할 수 있다.

1. 발견·탐구학습에 관한 이론

발견·탐구학습이란 학습자가 지식획득의 과정에 주체적으로 참가함으로써 학생으로 하여금 자연이나 사회를 조사하는 데 필요한 탐구능력을 몸에 배게 하고, 인식의 기초가 되는 개념의 형성을 꾀하고, 다시 새로운 것을 발견·탐구하려는 적극적인 태도를 기르려고 하는 학습활동을 말한다.

탐구라는 말에는 객관적 근거를 바탕으로 하여 논리적으로 문제를 해결한다는 의미가 내포되어 있다. 그러므로 증거를 제기할 수 없거나 문제

해결 과정에 논리성이 결여되어 있을 때에는 탐구라는 용어를 쓰는 것은 적절하지 않다. 또한 탐구학습방법의 무비판적인 수용은 부작용을 낳을 수도 있다. 탐구학습의 장점은 대체로 다음과 같은 일곱 가지로 정리할 수 있다(한안진, 1987).

- 학생이 스스로 자신들의 학습방향을 찾고, 학습 성과에 대해 좀 더 책임감을 느끼며, 사회적 의사소통능력이 향상된다.
- 학생이 학습에 능동적으로 참여하게 되므로 긍정적인 자아개념을 형성하게 된다.
- 학생은 자기능력으로 문제를 해결할 수 있음을 믿게 되고, 또 이를 성취할 수 있음을 깨닫게 된다.
- 창의성과 더불어 계획하고 조직하며 판단하는 것과 같은 상위수준의 지적 능력을 개발할 수 있다.
- 기억과 회상에만 의존하는 것을 피하고 평생 학습하는 방법과 태도를 익히게 된다.
- 합리적·비판적인 사고를 할 수 있는 기회를 더 많이 가지게 된다.
- 학습내용을 확실하게 이해하는 데 효과적으로 이용될 수 있다.

한편 탐구학습의 단점으로는 다음과 같은 것이 있다.

- 탐구학습 지도를 하는 데 시간이 많이 소요된다.
- 단순한 개념을 많이 전달하는 데는 비효율적이다.
- 교사에게 많은 부담을 준다(자료준비, 학습지도, 평가 등).

• 타당도와 신뢰도가 높은 탐구능력 평가방법의 개발이 어렵다.

위와 같은 성격을 지닌 발견·탐구학습의 선구적인 학자로는 우선 경험중심 교육과정의 이론적 근거를 제시한 Dewey와 지식의 형성과정에 학생들을 참가시켜야 함을 강조한 Bruner, 그리고 사회과 교수를 위한 사회탐구 모형을 설명한 Massialas 등이 있다. 발견·탐구학습에 대한 이들의 이론을 간단히 살펴보면 다음과 같다.

1) Dewey의 탐구이론

Dewey는 '반성적 사고는 탐구를 촉진한다.'라고 주장하였다. 이는 탐구의 기초가 사고에 있다는 뜻이고, 사고이론은 결국 탐구로 이어진다는 말이다. 사고는 우리가 어떤 문제에 부딪혔을 때 전개되기 시작하여 그 문제를 해결할 수 있는 해답을 발견함으로써 일단 종결되며, 이러한 사고는 비교적 일정한 사고방법(또는 사고과정)에 따라 진행된다는 특성을 지닌다. 이 사고방법을 Dewey는 암시 – 지성화 – 가설 – 추리 – 검증의 다섯 단계로 설명하고 있다.

- 암시: 우리가 문제에 부딪쳤을 때 즉각적으로 생각하게 되는 '해야 할 일' 또는 '잠정적인 답'의 암시며, 다소 가설적인 성격을 가진 것으로 문제해결을 위한 출발점이다.
- 지성화: '느껴진 곤란'을 '해결해야 할 문제' 또는 '해답이 발견되어야 할 문제'로 전환하는 활동으로 막연한 문제 사태의 성격을 명료

화하는 일이다.

- 가설: 지성화의 과정을 통하여 나온 잠정적인 문제의 답이다. 가설은 암시에 비해 지적인 답변이며 잠정적인 것으로, 검증을 위한 관찰이나 자료수집 활동의 지침이 된다.
- 추리: 가설을 설정한 다음 그 가설을 검증하기에 앞서 검증결과를 예견하는 일이다.
- 검증: 증거에 의해서 설정된 가설의 확실성을 밝히는 활동으로, 실지 실행이나 관찰 또는 가설이 요구하는 조건을 갖춘 실험에 의해서만 가능하다.

Dewey는 탐구의 궁극적인 목적은 진리에 도달하는 것으로 보았으며, 탐구가 비록 문제해결의 과정이지만 그 해결은 해결로서 끝나는 것이 아니고 다시 다음 단계의 탐구과정의 수단이 된다고 하였다. 이러한 반성적 사고(탐구)방법은 엄격히 고정되어 있는 것이 아니라 경우에 따라서 순서가 바뀌거나 어떤 단계가 생략될 수도 있으며 한 단계가 몇 단계로 세분화될 수 있다.

Dewey의 탐구이론은 경험 또는 생활중심교육에 크게 활용되었다. 그 이유는 학습자를 교육의 주체자로 보고 그들의 적극적인 참여와 활동을 강조한 점, 교사 위주의 지식전달에서 탈피했다는 점, 합리적이고 과학적인 계열을 지녔다는 점 등으로 해석된다.

2) Bruner의 발견학습

Bruner(1966)는 개념획득과정을 "우리가 획득하고자 하는 개념의 예와 비예(matched non = example; 예처럼 보이지만 사실은 그 개념의 예가 아닌 것)를 구별하는 속성을 발견하는 과정이다."라고 정의하고 이를 문제인식 - 가설설정 - 가설검증 - 결론짓기의 4단계로 나누었다. 즉 그는 개념획득과정을 본질적으로 '연속적인 가설검증의 과정'이라고 보았다.

Bruner는 "어떤 교과든지 지적으로 올바른 형식으로 표현하면 어떤 발달 단계에 있는 아동에게도 효과적으로 가르칠 수 있다."라는 가설을 제시하였으며, 이러한 가설의 이론적 근거를 Piaget의 인지발달론에서 찾고 있다. 즉 학습자의 발달단계에 맞게 학습내용을 구조화하고 조직함으로써 학습자가 교과내용을 잘 이해할 수 있다는 것이다. 이것이 발견학습의 핵심인 '구조'며 지식의 구조는 어떤 학문분야에 포함되어 있는 기본적인 사실·개념·명제·원리·법칙 등을 통합적으로 체계화한 것이다.

Bruner는 지식 구조를 이해하게 되면 학습자 스스로가 사고를 진행시킬 수 있으며, 머릿속에 최소한의 지식을 소유하면서도 많은 것을 알 수 있게 된다고 하였다. 따라서 교육목표 역시 어떤 사실을 발견하기까지의 사고과정과 탐구기능을 중요시하였다.

Dewey와 Bruner의 인식방법과 교육방법을 간단히 비교하면 아래 <표 2>와 같다. 두 사람의 교육방법의 공통점은 암기나 기억에 의존하는 것이 아니라 학생들의 능동적인 지적 활동인 '탐구'를 강조하고 있다는 점이다.

이 두 학자는 모두 탐구를 중요시했으면서도 Dewey의 교육철학은 지나치게 흥미와 실용성 위주로 해석된 나머지 학문의 기본적인 사고와 학문적 원리의 체계에 대한 몰이해를 초래하게 되었다. Dewey의 교수모형은 지식을 아동의 사회적 활동과 관련지으려 했고 Bruner는 지식을 지식 자체와 관련지으려 하였다. Dewey의 교육과정을 경험중심 교육과정, Bruner의 교육과정을 학문중심 교육과정이라 부르는 것도 이와 맥락을 같이하는 것이다.

<표 2> Dewey와 Bruner의 인식방법과 교육방법

	Dewey	Bruner
인식 방법	암시 지성화 가설 추리 검증	문제인식 가설설정 가설검증 결론
교육 방법	문제 가설 검증 결론	문제 가설 검증 결론 탐구과정의 분석

3) Massialas의 사회탐구

Massialas의 탐구교수이론은 사회탐구에 내용이 집중되었지만 1960년대 미국에서 개발된 가장 큰 영향력을 미친 교수이론 중의 하나다. 그의 교수모형은 실제 학교에서 사회과 교수를 통하여 효과가 입증되었고 그에 대한 사회과 교수자료는 현재도 미국 초·중등학교에서 광범위하게 사용되고 있다.

(1) Massialas 사회탐구모형의 6단계

Massialas는 탐구를 위한 구체적인 교수과정을 안내 - 가설 - 정의 - 탐색 - 증거제시 - 일반화의 6단계로 나누었다. 각 단계는 다음과 같다.

- 안내: 이 단계에서 학생과 교사는 모두 현안문제에 대해 인식한다. 문제는 교과서 문장에서 나올 수도 있고 교사가 읽기자료 등을 통하여 준비할 수도 있다.
- 가설: 이는 설명이나 해결을 위한 서술적인 진술이다. 이 가설은 일반적인 용어로 요소와 관계를 재기술함으로써 특수한 용어를 쓰는 것을 되도록 피한다. 실험과정 전에 교사와 학생은 모호함을 없애고 토론을 위한 공통관점을 마련하기 위하여 가설에 쓰이는 모든 용어를 명료화하고 정의한다.
- 정의: 용어의 의미에 대한 견해의 일치는 탐구의 대화과정에서 가장 필요하다. 정의가 안내나 가설의 단계에서 강조되는 동안 모든 탐구작업은 '~은 무엇을 의미하느냐?'라는 질문에 의하여 특정지어진다. 만약 가설의 단계에서 쓰이는 용어의 뜻이 뚜렷하게 밝혀지지 않으면 그 용어는 교사와 학생에게 다른 의미를 전달함으로써 탐구의 전개를 방해할 수 있다.
- 탐색: 안내와 가설은 그 성질상 귀납적이기 쉬우며 탐색 단계는 연역적이기 쉽다. 논리적인 연역·암시·가정·전제에 의하여 가설이 더 신중하게 설명된다. 논리적인 암시의 예를 들면 '어떤 국민이 외부와 고립되어 살면 그들의 문명은 비교적 정적인 상태에 남아 있을 것이다.' 등이다. 이러한 암시의 진술은 가설을 입증하기 위한 증거

를 찾는 데 직접적인 도움이 된다.

- 증거제시: 암시를 입증하기 위해서는 충분한 자료가 제시되어야 하며, 그 자료는 시간과 공간을 초월해서 타당도를 입증받아야 한다. 어느 경우에나 탐구분석의 최종결과를 입수되는 증거에 의해 입증되는 결론이나 일반화의 도달에 있다.
- 일반화: 탐구과정의 결론은 설명적·인과적·상관적·실용적 일반화의 표현이다. 이 진술은 입수할 수 있는 증거에 입각한 문제에 대한 가장 조리 있는 해결이다. 그러나 일반화는 절대적이지 않고 항상 일시적이며, 최종적인 진리를 대표하지 않는다.

(2) Massialas 사회탐구모형의 적용

- 교과서의 안내: 문명의 발상지역은 비옥한 하천 유역이다. 그 이유는 이러한 지역에는 많은 식량의 원천이 있기 때문이다. 또한 이 지역에는 관개, 수송 등의 문제를 해결할 수 있는 충분한 물이 있다.
- 주 아이디어(가설): 문명은 음식, 물, 금속 등 기본자원이 충분한 장소에서만 발생한다.
- 암시(탐색): 만약 문명이 기본 자원이 풍부한 장소에서만 발달한다면 간신히 먹고살 수 있을 정도의 자원만 생산하는 지역은 문명을 발달시키기 힘들 것이다. 만약 앞의 아이디어가 사실이라면 문명은 사막에서는 발달할 수 없다. 왜냐하면 그곳에는 기본 필수품이 충분하지 못하기 때문이다.
- 증거: 에스키모인은 간신히 먹고 살 수 있을 정도의 것만 생산하고 발견한다. 자원의 결핍이 문명의 발달을 억제한다. 사하라나 고비 사

막 같은 사막지역에서는 문명이 발달하지 않았다. 현재까지도 사막지역은 그곳에 살고 있는 사람들을 부양할 만한 충분한 식량을 생산할 수가 없다.

- 일반화: 만약 인간이 물자를 가질 수 있는 강 유역이 있다면 문명은 나타난다.

2. 발견·탐구를 위한 교수 – 학습의 유형

1) 발견학습

Trowbridge는 발견이란 '개념이나 원리를 습득하는 지적인 과정'이라고 정의하고 발견학습에는 주로 과학의 기초과정인 관찰하기, 분류하기, 측정하기, 예상하기, 서술하기, 추리하기 등을 사용한다고 하였다(변영계, 1999).

특히 초등학교 저학년 아동의 경우 지적 활동을 통하여 형성하는 개념이나 원리 또는 법칙을 찾아내는 데에는 이와 같은 기초과정을 많이 사용하기 때문에 주로 발견학습에 관여한다고 할 수 있다.

Bruner에 따르면 발견학습활동은 다음과 같은 이점이 있다.

- 학습자 각자가 구체적인 자료를 통한 활동에 참여할 경우에 지적인 잠재력을 키울 수 있다.
- 발견학습활동을 성공적으로 마쳤을 때 아동은 지적인 쾌감을 맛보고

새로운 문제에 도전하려는 강한 의욕을 갖게 되는 내적 동기유발을 일으킬 수 있다.

- 학습자가 가지고 있는 의문을 스스로 추구할 수 있으므로 흥미 있고 중요한 문제의 특징을 파헤칠 수가 있다. 그리고 발견활동을 통하여 학습자들은 발견하는 방법 그 자체를 배우게 된다.
- 발견활동을 통하여 알게 된 내용은 기억되는 시간이 길다.

2) 탐구학습

Trowbridge는 탐구학습이란 문제를 제기하고, 가설을 형성하고, 실험을 설계하고, 자료를 수집하고, 가설을 검증하고, 결론을 내리는 과정이라고 정의하였다. 발견과 탐구학습의 정의에서 알 수 있듯이 초등학교의 저학년과 중학년에서는 주로 발견학습이 적용될 수 있으며, 고학년부터는 탐구학습이 적용될 수 있다. 특히 중·고등학교 학생은 Piaget가 말하는 형식적 조작단계에 있으므로 이들은 높은 수준의 사고를 할 기회를 가져야 한다.

3) 집단탐구수업

집단탐구수업의 다섯 단계는 다음과 같다.

(1) 상황의 제시와 탐구문제 설정

집단탐구활동을 자극시키기에 적절한 상황은 다음과 같다.

- 학습자에게 흥미를 자아내면서도 의미 있는 생각을 할 수 있어야 한다.
- 학습자의 지적 능력 수준과 부합되어야 한다.
- 학습자가 많은 질문을 제기할 수 있도록 일반적인 것이어야 한다.

탐구활동을 통하여 해답을 찾을 수 있는 문제는 곧 '증거를 수집할 수 있는 문제'를 말하며 그 예는 다음과 같다.

- 헤밍웨이의 작품에 나오는 주인공의 공통점은 무엇인가?
- 지질시대의 동물 중에서 오늘날의 동물과 닮은 것은 어떤 것이 있는가?
- 예술은 역사를 어떻게 반영하는가?
- 인간이 듣는 것은 수리의 어떤 속성이라고 할 수 있는가?
- 살수대첩의 승자는 누구인가?

(2) 탐구활동의 계획수립

탐구활동에 대한 계획을 수립할 때 학생은 다음과 같은 과제에 대해 지도를 바랄 것이다.

- 탐구해야 할 주제에 따라서 탐구집단 조직하기
- 탐구해야 될 질문과 관련된 하위의 토의 주제를 나열하기
- 각 질문에 대한 정보를 수집하는 데 필요한 자원의 출처 논의
- 학습자마다 수행해야 될 과제를 할당하기

(3) 탐구활동의 전개

각 탐구집단이 탐구목표를 제대로 추구하고 있는지를 알아보기 위해서

교사는 다음과 같은 내용을 점검해 보아야 한다.

- 각 집단은 의사결정을 내리고 이를 성공적으로 수행해 나가고 있는가?
- 학습자는 각자가 집단구성원으로서 자신감과 독립심을 가지고 맡은 바 기능을 수행하고 있는가?
- 학습자가 수행하고 있는 일에 동기화가 되어 있으며 또한 열심히 참여하고 있는가?
- 집단구성원 간에 탐구를 추진하는 것은 조화롭게 진행되고 있는가?

(4) 탐구활동 결과의 정리 및 발표

탐구결과를 발표함으로써 정보를 요약하는 기능, 해석하는 기능, 결론을 유도하는 기능 또는 결론에 대한 근거를 제시할 수 있는 기능을 기를 수 있다. 뿐만 아니라 탐구결과를 중심으로 연극, 영화, 신문, 만화, 벽보 등의 제시방법을 생각하게 함으로써 창의성을 길러 줄 수 있고 새로운 흥미분야를 발견할 수 있게 된다.

(5) 탐구활동에 대한 평가

탐구활동이 끝난 후일지라도 학습자는 탐구경험을 반성해 보는 가운데 여러 가지를 학습하게 된다. 지금까지는 실행에 의한 학습이었다면 이제부터는 반성적 사고에 의한 학습단계다. 학습자는 다음과 같은 점에서 평가를 수행해야 한다.

- 제기된 질문은 중요하고 흥미 있는 것인가?
- 탐구경험을 통해 무엇을 학습했는가?

• 탐구활동에서의 책임을 즐겁게 수행하였나? 장애물은 없었나?

4) 역할놀이와 시뮬레이션 게임

(1) 역할놀이의 개념

역할놀이란 학습자에게 구체적인 문제 상황을 실제로 탐구경험을 해 볼 수 있는 기회를 마련해 주고, 학생 스스로가 자신의 가치나 의견을 좀 더 분명히 깨닫게 하고, 사람들이 어떻게 타인의 행동에 영향을 미치는가를 더 잘 이해할 수 있도록 도움을 주는 방법이다. 따라서 사전에 치밀한 준비를 갖추거나 미리 연습하지는 않지만 학습자에게 구체적 상황을 실제로 경험해 볼 수 있는 연극의 기회를 마련해 주고 그들 스스로가 주어진 상황과 관련된 가치나 의사를 결정하게 할 수 있다. 실제로 이와 같은 경험을 통하여 학습자는 관찰력, 의사결정능력, 문제해결능력, 의사소통기술 그리고 분석력, 종합력과 같은 고등정신능력을 기를 수 있다. 그리고 타인의 역할을 경험해 봄으로써 타인을 이해하는 데 도움을 준다.

교실에서 교사가 역할놀이 학습을 전개하고자 할 때 거쳐야 하는 단계는 다음과 같다.

(2) 역할놀이를 위한 절차와 방법
• 1단계: 역할놀이의 상황설정

역할놀이를 학습자가 처음 진행할 때에는 이 방법에 익숙한 교사가 학습할 내용에 맞추어 적당한 상황을 선택해 주어야 한다. 상황의 설정에는 다음과 같은 몇 가지 요소를 고려해야 한다.

◦ 상황은 단순한 것으로 선정하되 하나의 문제를 다루는 것이어야 한다.

◦ 상황은 각기 다른 사람의 요구, 욕망 등이 담긴 의미 있는 것이어야 한다. 그리하여 그 학습에 참여하는 모든 사람이 다른 사람의 독특한 생각을 서로 접할 수 있는 기회가 제공되어야 한다.

◦ 역할놀이 학습의 상황은 가능한 한 학습자 주변에서 선택하여 그들에게 친숙한 인상을 줄 수 있는 것이어야 한다.

• 2단계: 역할놀이 참가자의 선정

교사가 학습자의 역할을 임의로 정해 주는 것이 순서일 것이다. 그러나 이 경우에도 교사는 학습자의 특성을 충분히 고려하여 특성에 맞는 역할을 맡기는 것이 중요하다.

• 3단계: 역할놀이 장면과 관찰자 준비

역할놀이 학습의 배열의 성격 및 특성을 잠시 동안 생각해 볼 수 있는 기회를 주고, 그 배역의 특성과 관련해 다른 역할을 맡은 사람과의 관계를 고려하면서 준비하게 한다.

• 4단계: 실연

역할놀이자가 역할을 수행할 때 연기력이 아닌 그 역할을 통해 제시한 아이디어가 무엇인가에 초점을 두어야 한다. 부자연스러움과 어색함이 당연한 것이라는 점을 인식시켜야 한다.

• 5단계: 토의 및 평가

문제에 대한 참여자와 관찰자의 자율적인 토의, 묘사된 행동결과에 대한 다른 해석, 그 역할이 어떻게 수행되었어야 하는지에 대한 불일치에 초점을 둔 토의가 되어야 한다. 동시에 다음 실연 준비가 이루어져야 한다.

- 6단계: 재실연

역할에 대한 새로운 해석을 나누고 다른 사람에게 그 역할을 맡겨 여러 번 재실연하도록 한다.

- 7단계: 토의 및 평가(5단계와 동일)

- 8단계: 경험교환 및 일반화

해결된 문제 상황을 학생의 경험과 일치시키기 위한 노력과 그들 자신의 일상생활에 일반화하도록 도와준다.

5) 시뮬레이션 게임

(1) 시뮬레이션 게임의 특성

게임이란 규칙에 따라 행동하며 승패가 분명하여 경쟁심리가 높이 작용하는 반면, 시뮬레이션은 실제 현상의 한 단면 또는 모형을 말한다. 이 두 가지의 유사점은 참가자가 서로 상호 관련을 맺으며 자신의 행위의 결과를 즉각적으로 체험하게 되는 점이다. 게임은 특성상 부정적인 자아개념을 심어 주기 쉬우므로 실제 교실에서는 잘 도입되지 않고 이 두 가지의 장점을 살린 시뮬레이션 게임이 활용될 수 있다. 시뮬레이션 게임은 경험학습과 정보처리학습의 방법을 조화시키는 것에 의해 학습이 좀 더 효과적으로 될 수 있다는 근거를 두고 있다. 그 특성을 요약하면 다음과 같다.

- 실제로 행동하고 행동의 결과를 경험함으로써 배운다.

- 자아참여도가 높으므로 학습이 개인적인 경험이 되며 높은 흥미를 유지한다.
- 적극적인 참여로 자신에 대한 의존도는 높아지고 교사나 교과서에 대한 의존도는 낮아진다.
- 참여자가 서로 상호 작용함으로써 탐구심이 개발된다.
- 학습내용의 파지도와 전이도가 높고 학습시간을 줄일 수 있다.
- 부정적인 결과가 나오더라도 피해를 주지 않고 잘못의 경험을 최대한 이용하여 바람직한 행동을 강화할 수 있다.

(2) 시뮬레이션 게임의 절차와 방법

- 1단계: 준비단계

학습목표를 준비하고 참가자가 실제 행해야 할 역할에 대해 여러 가지 행동 대안을 생각하도록 한다. 절차를 참가자와 함께 살펴보고 목표를 이해시킨다.

- 2단계: 실시

한 역할을 두 명 이상의 학생이 실시하도록 한다. 교사는 학생의 의사결정에 참견하지 않는 중재자의 입장을 취한다. 적절한 순간에 게임을 중단시킨다.

- 3단계: 결과토의

게임 중의 피드백과 게임 후의 피드백 모두 중요하다. 가장 중요한 학습은 결과토의에서 얻어진다.

3. 발견·탐구학습을 위한 교사의 역할

1) 다양한 자료준비

탐구교수를 위한 계획은 지도, 도표, 슬라이드, 사진 슬라이드, 통제표, 예술품 그리고 그 외 많은 자료를 준비해야 한다. 사용되는 자료는 아이디어의 시험 분석을 위한 도약관(스프링보드)의 역할을 한다.

2) 학습자와 함께 탐구하는 역할

학습자가 발견적 삽화를 통하여 문제에 직면하면 교사는 최종적이고 절대적인 답변을 주지 않으면서 학습자와 함께 탐구를 하는 동료로서 역할을 한다.

3) 새로운 방법을 안내하는 질문

교사의 주요 임무로서 신중한 질문을 해서 탐구의 과정을 유도하는 것 외에도 문제점을 보는 새로운 방법을 안내하는 질문을 배워야 한다. 또한 입수되는 자료가 가설을 시험하는 데 적합하지 않을 때에는 추가적인 자료를 소개할 수 있다.

4) 내적인 보상을 위한 노력

교실에서의 자유로운 의사표시와 아이디어를 시험하는 데 대한 보상은 높은 수준의 동기유발을 가져온다. 외적인 보상보다는 내적인 보상이 토론에 더 많은 학습자가 참여, 학습을 위한 열성, 더 많은 융통성을 유발한다.

5) 가치문제에서의 공평성

교사는 어떤 가치의 문제를 안내할 때는 뚜렷한 자기의 의견을 밝혀서는 안 된다. 가치를 다루는 교수의 목표는 의견 일치를 본 결론을 형성하는 데 있는 것이 아니라, 오히려 다른 사람의 의견을 듣고, 입증하는 증거를 조사하고, 그 신뢰도를 평가하는 과정을 훈련하는 데 있다.

최근 웹의 활용이 높아지면서 협동적인 교수－학습방법에 관하여 새롭게 관심이 집중되고 있다. 전통적인 소집단 학습이 단점을 해결하고 학습자 간에 협력적인 상호작용을 촉진하기 위해 집단보상과 협동기술을 강조한 협동학습은 교육현장에서 공동체적 삶을 위한 사회성 발달을 도모하는 데 필수적일 것이다.

협동학습 못지않게 요즘 주목을 받고 있는 것이 프로젝트 학습이다. 프로젝트 학습은 협동학습과 유사한 면이 있지만 또 다른 특징을 갖고 있다. 이 장에서는 협동학습을 위주로 하여 협동학습과 프로젝트학습의 기본 개념을 이해하고 이를 현장에서 활용할 수 있는 방법에 대하여 살펴보고자 한다.

1. 협동학습

협동학습이란 전통적인 소집단 학습, 또는 개별학습에서 야기되는 단점을 보완하고자 학습자 사이의 협력적인 상호작용을 촉진하기 위해 집단보상과 협동기술을 추가한 교수학습방법으로 '주어진 학습과제나 학습목표를 소집단으로 구성된 학습자가 공동으로 노력하여 그 목표에 도달하는 방법'이다.

이 방법의 핵심은 첫째, 학습자의 동기를 중시하는 동기론적 관점, 둘째, 다른 팀원을 존중하는 사회적 관점, 셋째, 발달론 및 인지론적 관점 등의 세 가지 이론으로 설명된다(이성은, 오은순, 성기옥, 2002).

1) 협동학습의 세 가지 관점

(1) 협동학습의 동기론적 관점

동기론적 관점에서는 협동학습의 핵심이 학습자가 개인적인 참여 동기에 있기 때문에 그 동기를 높이는 것이라고 본다(Slavin, 1990). 그 핵심 요소는 다음 세 가지다.

- 집단보상: 보상이 집단별로 같이 주어지는 것으로 개별 점수를 높이기 위해서는 결국 타인의 도움을 받거나 도움을 주어야 하는 협동을 유도하는 방안
- 개별책무성: 구성원이 팀 내에서 자신의 학습은 물론 다른 팀원의 학습을 격려하고 돕는 의무
- 학습참여의 균등한 기회보장: 누구나 동등하게 집단의 중요한 구성원으로 인성받고 함께 참여하고 싶어 하는 욕구를 보장

이 관점에서 대표적인 학습모형은 STAD(student Teams – Achivement Division), TGT(Team – Games – Tournaments) 등이 있다.

(2) 협동학습의 사회응집성 관점

이 관점은 집단 구성원이 서로 돕는 이유를 다른 구성원을 걱정하고

그들이 성공하기를 원하는 사회적 관계를 유지하는 것이라고 보며 그 핵심요소는 다음 네 가지이다.

- 긍정적 상호작용: 다음 사람이 성취하지 못하면 자신도 성취하지 못하는 관계
- 대면적 상호작용: 학습을 서로 도와주고 격려하는 관계
- 개별책무성: 자신의 학습과제를 완성하면서 다른 팀원도 도와주어야 하는 책임
- 집단과정: 각 구성원이 다른 구성원의 학습에 도움을 주는지를 주기적으로 검토

이 유형의 대표적인 학습모형은 과제분담학습(Jigsaw), 집단조사, 함께 학습하기 등이 있다.

(3) Piaget의 발달론적 관점과 Vygotsky의 인지론적 관점

Piaget의 발달론적 관점은 인지수준이 비슷한 사람 사이의 상호작용에 의한 사회적·인지적 갈등이 학습자의 내적·인지적 재구성을 유발하여 발달이 촉진된다고 본다. 이 관점에 따르면 협동학습은 학업성적이 유사한 동질집단이 바람직하다. 반면에 Vygotsky는 근접발달영역이론을 통해 협동학습은 이질집단 구성을 추천하고 있다. 학업성취도가 다른 학습자로 팀을 구성할 경우 학업성취도가 낮은 학습자가 높은 학습자에게서 도움을 받을 수 있다는 것이다.

2) 협동학습의 원리

　많은 연구는 협동학습이 학생의 학업성취도를 높이고 인지적 성장을 촉진하는 데 개별화나 경쟁적 구조보다 효과적이라고 밝히고 있다. 이런 협동학습의 핵심 원리는 다음과 같다.

- 협동학습은 참여하는 학생 사이에 목표, 보상, 자원, 역할, 정보 등에 대해 서로 믿고 의지하게 되는 긍정적 상호작용성을 갖는다.
- 협동학습은 자신의 학습과제를 성취하면서 다른 사람의 과제도 도와야 하는 개별적 책무성을 갖는다.
- 협동학습은 모든 구성원의 존중과 보호를 위한 리더십 공유성을 갖는다.
- 협동학습은 목표달성을 위해 상호 책임성을 갖는다.
- 협동학습은 학습성취의 최대화를 위해 구성원 간에 친하게 지내는 우호적 협력관계를 갖는다.
- 협동학습을 통해 리더십, 의사소통기술, 신뢰, 갈등의 조정 등 사회적 기능을 배우는 사회적 기능학습성을 갖는다.
- 협동학습에서 교사는 집단을 관찰하고 분석히며 조정하면서 피드백을 해야 하기 때문에 교사의 참요노가 높아진다.
- 협동학습에서 교사는 집단이 과제를 수행하는 데 도움이 되도록 집단 과정을 구조화하게 된다.

3) 협동학습의 장단점

(1) 협동학습의 장점

협동학습의 장점을 구체적으로 정리해 보면 다음과 같다(Good et al,. 1992a, 1992b; 이성호, 1999).

- 학교에서 협동학습으로 행하는 과제가 사회에서 요청되는 과제와 성격이 흡사하여 협동학습을 많이 한 경우 사회에 적응하거나 문제의 해결에 많은 도움을 받을 수 있다.
- 혼자서 학습하는 경우보다 더 많은 것을 학습할 수 있다.
- 혼자서는 시도하기가 어렵다 싶은 일도 여럿이 해내다 보면 자신감이 생기게 되어 주어진 과제에 대한 도전을 하는 데 필요한 적절한 기질, 성향, 태도 등이 개발된다.
- 다른 학습자가 가지고 있는 학습방법을 관찰하고 배울 기회가 주어진다.
- 학습자는 동료에게서 도움을 받는 과정에서 다른 사람의 힘을 빌릴 수 있는 능력을 갖추게 된다. 즉 어떻게 도움을 요청하고 정보를 얻어 내며 활동하기 위해 필요한 어휘력, 친화력, 분석력 등 다양한 하위기술을 배우게 된다.
- 무슨 일이든 서로 나누어 함께 해결하고 그 결과에 대해 보람을 갖는 협력적 태도를 형성할 수 있다.
- 소집단 활동을 통해 자기 자신에 대한 이해를 넓힐 수 있으며 나아가 타인에 대한 이해를 확장하게 된다.

- 소집단 학습활동은 학습자가 각기 자신의 자원(시간, 에너지, 능력, 성질) 등을 스스로 관리하고 통제하는 방법을 배우게 된다.

(2) 협동학습의 단점

협동학습의 단점을 좀 더 구체적으로 정리해 보면 다음과 같다.

- 어떤 일을 수행할 때 과정보다는 결과를 중시하는 버릇이 생길 수 있다.
- 소집단 내에서 특정 학습자나 리더가 어떤 것을 잘못 이해하고 있을 때 다른 사람이 그것을 그대로 따라갈 우려가 있으며 이럴 경우 잘못된 이해가 더욱 강화되는 경향이 있다. 이것은 최근 사회적 구성주의가 가질 수 있는 오류의 한 가지이기도 하다(김영환, 1998a).
- 학습과정이나 학습목표보다는 그저 집단과정만을 더 소중히 생각하는 경향을 초래할 수 있다. 이럴 경우 놀이집단으로 변질될 우려가 있다.
- 학습자가 교사에게 의존하는 경향이 감소하는 대신 또래에게 의존하는 경향이 커질 우려가 있다.
- 부익부(富益富) 현상이 발생할 수 있다. 부익부 현상이란 학습능력이 높은 학생이 다른 학생보다 도움을 많이 주고받으며, 긍정적이든 부정적이든 많은 반응을 보임으로써 학업성취가 향상될 뿐만 아니라 소집단을 장악하는 현상을 말한다.
- 부익부 현상과는 반대로 소집단 내에서 또래들에 비해 능력이 다소 떨어지는 학습자의 경우에는 상호작용의 기회를 상실하게 되어 자기는 일할 필요나 가치가 없다는 자아 존중감의 손상을 입을 수 있다. 즉 내가 없어도 잘 돌아갈 것이고 나 말고도 잘할 사람이 많다고 생

각하게 되어 결국 "뒤로 물러서서 굿이나 보고 떡이나 먹지."라고 하는 학습자도 생길 수 있게 된다.

- 위의 사례가 악화된 경우 소외된 학습자는 심리적으로 모멸감이나 수치감을 가지게 되는데, 결국 집단 활동 속에서 그저 자신을 방어하고 보호하는 전략과 기능만을 키울 우려도 있다.
- 아주 유능한 학습자의 경우 모든 것을 다 알면서도 일부러 집단 활동에 동참하지 않거나 기여하지 않는 경우도 있다. 이는 자신이 유능하다는 것을 알리기 싫어서, 과중한 책임이 올 것을 알기 때문에 피하기 위해서, 시험에도 나오지 않고 성적에도 반영되지 않는다는 것을 알기에 적당히 하기 위해서, 또는 다른 사람이 참여할 수 있는 기회를 주려는 배려에서 등 다양하다. 그러나 이런 행동은 집단 활동을 실패로 이끌게 되는 문제점이 있다.
- 협동학습에서 가장 문제가 되는 것은 집단 간 편파(編跛)로서, 상대 집단이나 다른 집단의 구성원에게 적대감을 가지는 반면에 자기가 속한 집단의 구성원에게는 더 호감을 느낀다(Brewer, 1979).

4) 협동학습의 단점을 보완하기 위한 방안

협동학습의 단점을 보완하기 위한 구체적인 내용은 다음과 같다.

- 집단 간 편파의 문제를 해결하기 위해서는 주기적으로 소집단을 재편성하거나 과목별로 소집단을 다르게 편성하는 것이 좋다.
- 자아존중감의 손상이 우려되는 학습자를 위해서는 협동학습을 시작

하기 전이나 중간에라도 협동학습기술을 습득시키는 방안이 따라 주
어야 한다. 협동학습기습훈련에 대해서는 다음에서 자세히 다루고 있
다. 또한 이런 학습자가 속한 집단은 교사가 계속해서 관찰하여야 하
며 집단의 특성이나 학습자의 특성에 따라 이런 학습자가 협동과정에
참여할 수 있는 방안을 구체적으로 만들어 주는 작업도 필요하다.

5) 협동학습의 모형

협동학습에는 다양한 모형이 있는데 집단 간 협동을 중시하는가 아니
면 집단 간 경쟁을 중시하는가에 따라 협동적 프로젝트 유형과 학습자
팀학습 유형으로 구분할 수 있는데, 아래 <표 3>은 이 유형에 따라 가
장 많이 사용되는 여덟 개의 협동학습 모형을 구분한 것이다.

〈표 3〉 협동학습모형

협동적 프로젝트 유형	학습자 팀학습 유형
1. 과제분담학습1(Jigsaw 1)	1. 과제분담학습2(Jigsaw 2)
2. 자율적 협동학습(Co-op Co-op)	2. 성취-과제분담 (Student-teams-Achivement division: STAD)
3. 집단조사(Group Investigation)	3. 팀경쟁 학습(Teams-Games-Tournamant)
4. 함께 학습하기(learning Together)	4 팀보조 개별학습(Team assisted individualization: TAI)

(1) 과제 분담 학습 1(Jigsaw 1)

Jigsaw 1 모형은 교육내용을 한 영역씩 나누어 맡아 팀별로 학습한 후
에 해당 내용에 대해 책임을 지고 다른 팀의 학습을 책임지는 협동학습
모형으로 협동이 필연적으로 일어나도록 구조화하는 것이 특징이다. 이
모형의 이름은 그림 짜 맞추기 퍼즐(Jigsaw Puzzle)처럼 팀별로 학습한 내

용의 전개가 모두 끝나야 학습이 완성된다는 점에서 그런 이름을 갖게 되었다

Jigsaw 1 모형에 의해 단원 학습이 끝난 후 학생은 시험을 보고 개인의 성적대로 점수를 받는다. 그 시험점수는 개인별로 집계되고 집단 점수에는 기여하지 못한다. 이러한 의미에서 Jigsaw 1 모형은 과제해결의 상호의존성은 높으나 보상의존성은 낮다. 따라서 집단으로 보상을 받지 못하기 때문에 형식적인 집단목표가 없다. 그러나 각 집단구성원의 적극적인 행동이 다른 집단구성원에게 보상받도록 도와주기 때문에 협동적 보상구조의 본질적 역동성은 존재한다(Aronson et al., 1978).

Jigsaw 1 모형에서 학생의 평가는 팀별로 하지 않고 개별적으로 한다. 따라서 전체 과제를 잘 해결하기 위해서는 팀별로 발표가 좋아야 하기 때문에 상호 의존성이 높다. 하지만 집단으로 보상을 받지 않기 때문에 보상의존성은 낮다.

(2) 자율적 협동학습 모형

자율적 협동학습 모형(Co - op Co - op)의 특징은 학문적 내용과 기술을 효과적으로 학습하기에 좋아서 교과내용뿐만 아니라 개념, 사고기술의 발달, 의사소통 형성, 집단 공동체 의식 형성을 위해서도 활용될 수 있다. 또한 학습자가 서로의 문제해결 과정을 지켜보고 교정해 줄 수 있어서 의사소통능력의 향상은 물론 문제 상황에 맞닥뜨렸을 때 생길 수 있는 불안감을 낮추는 데도 도움이 된다.

4명이 한 팀이 되고, 다시 2명씩 짝을 이루어 활동하면서 서로 돕는 비교적 단순한 모형으로 학습자와 교사 모두 활용하기 쉽고 융통성도 비교

적 많다.

(3) 집단조사 모형

집단조사모형(Group Investigation) 역시 자율적 협동학습모형과 같이 비교적 단순한 모형으로 인문사회계열의 문제해결에 용이하며 정의적 학습에도 효과적으로 사용된다. 또한 팀 경쟁 요인이 없기 때문에 학습과제의 선정에서부터 집단 보고에 이르는 학습의 전 과정에서 학생들이 주도하여 진행할 수 있는 개방적인 협동학습모형이다. 하지만 협력적 보상이 구체적으로 드러나지 않은 채 학생들에게 집단목표달성을 요구하기 때문에 학습자의 역할배정에 세심한 주의가 요구된다(이성은, 오은숙, 성기옥, 2002).

구체적인 학습방법은 다음과 같다. 우선 한 학급에 학습해야 할 내용을 여러 개의 하위주제로 나눈 후 이들 하위주제를 3~6명으로 구성된 집단이 맡는다. 각 집단은 맡겨진 하위주제를 또 다시 세부주제로 나눈 후 각 세부주제를 개인에게 맡긴다. 개개인은 세부주제에 대해 개별적으로 공부한 후 집단별로 모여 하위주제 전체에 대해 함께 공부한다. 이렇게 집단별 공부가 완성되면 집단은 전체 학급을 상대로 그 집단이 공부한 내용을 발표하고 다른 집단에게 학습의 기회를 제공한다. 평가는 교사와 학생이 각 집단의 전체 학급에 대한 기여도를 평가하게 되는데, 최종 학업성취에 대한 평가는 개별적인 평가나 집단평가 모두 가능하다.

(4) 함께 학습하기 모형

함께 학습하기(Learning Together) 모형은 4~6명의 이질적인 구성원으로 팀을 구성하고 팀 별로 과제를 해결하고 시험을 개별적으로 보지만 성적은 자기 팀의 평균점수를 받게 된다. 만약 집단의 평균이 일정한 수준 이상이 될 경우에는 집단별로 추가 점수를 주게 하여 팀별 협력이 강화되도록 인센티브를 주는 것이 특징이다. 이 모형도 포괄적이고 일반적이기 때문에 적용에 있어서 융통성이 좋기는 하지만 팀별로 협력적 기능이 제대로 발휘되게 하기 위해서는 교사가 학습자가 어떻게 잘 협력할 수 있는지 미리 생각하고 준비해 주는 것이 필요하다. 특히 교사는 학생들이 팀별로 정보를 교환하고, 상호 간에 격려하며, 과제 수행 중에 생길 수 있는 오해를 풀 수 있는 방안을 미리 강구해 두어야 한다. 웹의 블로그를 활용하는 방안 등을 미리 만들어 두는 것은 대단히 바람직하다. 특히나 이 모형은 집단토의 및 집단적 결과를 활용하여 목적뿐만 아니라 수단으로서의 협동도 강조할 수 있다. 하지만 이 모형은 하나의 집단보고서를 기준으로 집단보상을 하기 때문에 무임승객효과 와 같은 현상이 일어날 우려가 있으므로 주의가 필요하다.

(5) 과제분담학습 2(Jigsaw 2)

Slavin(1987)은 Jigsaw 1 모형을 수정하여 Jigsaw 2 모형을 제시하였다.

Jigsaw 2 모형은 모든 학생이 전체 학습 자료와 과제 전체를 읽되 특별히 관심 있는 주제를 선택한 다음, 그것을 전문가 집단에 가져가서 철저히 공부한 후 다시 자기 소속팀으로 돌아와 가르치는 것이다. Jigsaw 2 모형의 특징은 Jigsaw 1의 개별보상에 집단보상이 추가된 것으로, Jigsaw 1 모형과 달리 인지적·정의적 학업성취의 영역에서 전통적 수업보다 효과적이다. 또한 개별학습자나 팀은 자신이 좋아하거나 원하는 주제를 할당받을 수 있다. 이 모형에서 교사의 주요 역할은 세분화될 수 있는 학습과제를 선정하는 것이다.

(6) 성취 – 과제분담 모형

성취 – 과제분담(STAD) 모형은 Slavin(1978)에 의해 1978년에 개발된 협동 학습모형으로 초 · 중 · 고등학교 수학과목에 주로 이용되었다. 학생들은 4~5명으로 구성된 학습 팀으로 조직하게 되는데, 각 팀은 전체 학습의 축소판처럼 학습능력이 높은 학습자, 중간학습자, 낮은 학습자의 이질적인 학습자로 구성된다.

매주 교사는 강의나 토론으로 새 단원을 소개한다. 각 팀은 연습문제지를 짝을 지어 풀기도 하고, 서로 질문을 하기도 하고 토의도 하면서 그 단원을 학습한다. 연습문제에 대한 해답도 주어지므로, 학생은 단순히 문제지를 채우는 것이 아니라 개념을 이해하는 것이 목적임을 확실하게 알게 된다. 구성원 모두가 학습내용을 완전히 이해할 때까지 팀 학습이 계속되고, 팀 학습이 끝나면 개별적으로 시험을 본다. 개인은 각자 자기 자신의 시험 점수를 받지만 자신의 이전 시험의 평균점수를 초과한 점수만큼은 팀 점수에 기여하게 된다.

이 성취과제분담 학습모형은 집단구성원의 역할이 분담되지 않은 공동학습구조면서 동시에 개인의 성취에 대해 개별적으로 보상되는 개별보상구조다. 다시 말해 개인의 성취에 대해 팀 점수가 가산되고 팀에게도 주어지는 집단보상이 추가된 구조다.

이 모형은 팀경쟁 학습모형과 함께 가장 성공적인 실험결과를 낳고 있다. 성취과제분담모형은 모든 교과목에서 전통적 수업보다 효과적이며, 특히 수학과목에서 매우 효과적인 것으로 나타난다.

(7) 팀경쟁 학습 모형

팀경쟁학습(TGT)은 STAD 협동학습과 유사하기는 하지만 퀴즈를 토너먼트 형식으로 흥미 있게 진행하는 점에서 다르다. 팀은 이질적인 학생 4~5명으로 구성하고 팀의 목표는 팀원이 토너먼트 시합에 나가 우수한 성과를 내도록 준비시키는 것이다

경기방식은 학습자들이 흔히 하는 '왕놀이'와 유사한데 첫 주에 교사가 일정한 학습내용에 대해 팀별로 평가를 한 후 그다음 주부터 팀 성적이 가장 높은 팀부터 낮은 팀까지 일렬로 앉히고 낮은 팀이 높은 팀에게 도전하면서 자신의 등급(자리의 위치)을 높여 가는 방식이다. 이 경기는 상황에 따라 매일 하거나 아니면 매주 할 수 있다. 단. 교수자는 그때그때마다 경기대상이 되는 학습내용을 미리 공지하여야 한다. 그리고 각 팀에서는 되도록 다양한 팀원이 경기를 위한 대표로 선발될 수 있도록 규칙을 만들어 주는 것이 좋다.

(8) 팀 보조 개별학습 모형

팀 보조 개별학습(TAI)은 수학과목에의 적용을 위한 협동학습과 개별학습의 혼한모형이다. TAI에서는 성취과제분담 학습이나 팀 경쟁 학습에서처럼 4~6명 정도의 이질적 구성원이 한 집단을 형성한다. 팀 보조 개별학급에서는 프로그램화된 학습 자료를 이용하여 개별적인 진단검사를 실시한 후, 이를 근거로 각자의 수준에 맞는 단원을 개별적으로 학습하게 된다. 개별학습 이후 단원평가 문제지를 풀고, 팀 구성원 두 명씩 짝을 지어 문제지를 상호 교환하여 채점한다. 여기서 80% 이상의 점수를 받으면 그 단원의 최종적인 개별시험을 보게 된다. 개별시험 점수의 합이 각

팀의 점수가 되고 미리 설정해 놓은 팀 점수를 초과했을 때 팀이 보상을 받게 된다.

이 모형은 대부분의 협동학습모형이 정해진 학습 진도에 따라 이루어지는 것과는 달리, 학습자 개개인이 각자의 학습속도에 따라 진행해 나가는 개별학습을 이용한다는 점에서 독특하다. 이 모형의 작업구조는 개별작업과 작업분담구조의 혼합이라고 볼 수 있고, 보상구조 역시 개별 보상구조와 협동보상구조의 혼합구조이다.

6) 협동학습을 촉진하는 방법

- 성공에 대한 특별한 기준을 만들고 그 기준을 명확하게 설명하면서 선배나 동료의 좋은 예를 보여 준다. 웹상에 기초 자료를 게시하고 실제 작품이나 자료는 도서관에 비치하여 학습자가 자유롭게 열람하도록 하는 것도 좋다.
- 개별적 책임감을 증가시키기 위해 팀원의 일을 배분하여 모든 사람이 한 가지씩 일을 맡도록 지도한다.
- 팀 구성원에게 그룹과제와 개별과제를 모두 부여한다.
- 학생이 서로의 의견에 대해 충분히 관심을 가질 수 있는 활동을 하도록 고안한다. 웹의 토론방을 이용하여 의견을 올리게 한 후 모든 의견에 댓글을 달도록 하는 방법이 있다.
- 팀 활동의 방법 자체를 개선하는 데 필요한 토론을 팀별로 하도록 하여 활동의 생산성을 증진시킨다.
- 팀 활동을 위해 기초적인 규칙을 팀 스스로 만들게 한다. 예를 들어

발언의 순서를 어떻게 정할 것인지, 자신이 맡은 일을 하지 못했을 때 어떻게 보상할 것인지 등등에 관해 모든 사람이 참여하여 규칙을 만들게 한다.

- 어떤 결정을 내리거나 주제에 대한 토론을 하기 전에 팀 모두가 충분히 발언할 기회를 주도록 지도한다.
- 리더십의 공유를 촉진시키기 위해 발표나 리더의 역할을 돌아가면서 하도록 한다.
- 목표를 성취하기 위해 잘된 것과 잘못된 것에 대해 팀 내에서 자체 평가를 하고 그 결과를 협동학습의 결과물에 포함시켜 제출하도록 한다.
- 협동 학습을 하면서 개인적으로 느낀 소감을 개별 감상문으로 제출하도록 한다.
- 지도교사는 협동 학습상에서 발생하는 문제점에 대해 학습자와 웹이나 전화로 일대일 안전하게 이야기할 수 있는 방안을 만들어 주어야 한다.

7) 협동학습기술훈련

협동학습을 하기 힘든 구성원이나 분위기가 보일 때에는 협동학습기술을 증진시키기 위한 훈련이 필요하다. 이 기술훈련은 학습능력이 낮은 학습자를 위해 좀 더 효과가 있다(Vedder, 1985).

(1) 청취기술
- 말 바꾸어 진술하기

소집단에서 한 사람이 아이디어를 말하고 나면 다음 사람은 앞사람의 아이디어에 대해 '말 바꾸어 진술하기'를 한 후 자신의 아이디어를 이야기하는 방식이다. 듣고 있던 사람들은 말 바꾸어 진술한 내용이 첫 번째 사람의 아이디어와 얼마나 정확하며 완전한지에 대해 피드백을 한다. 이런 활동을 소집단 구성원이 돌아가면서 하여 처음 사람이 말 바꾸어 진술하기를 할 때까지 계속하게 된다. 말 바꾸어 진술하기의 효과는 모든 구성원이 자기 자신의 이야기만 하고 상대방의 말을 듣지 않는 것을 막을 수 있다는 것이다. 또한 아이디어를 제시한 학습자가 자신의 아이디어를 다른 학습자가 어떻게 이해하는지를 파악할 수 있고 의사소통기술의 단서를 제공한다.

• 3단계 면담

소집단의 구성원 4명을 면담자와 피면담자의 두 쌍으로 나누어 자신이 아는 내용을 말한다. 그다음에는 역할을 바꾸어 실시한다. 그리고 나서 차례로 돌아가면서 면담에서 배운 내용을 말하는 단계를 거친다.

(2) 번갈아 하기

• 라운드 테이블

라운드 테이블(round table)은 예를 들면 전 구성원이 돌아가면서 하나의 연습지에 하나의 볼펜을 사용하여 국가의 이름, 스포츠의 종류 등을 적는 방식이다.

• 발언 막대기

발언 막대기(talking chips) 방법은 소집단 구성원이 각각 3개의 막대기를 가지고 토론을 시작하는데, 말하고자 하는 학습자는 테이블 한가운데에 자신의 막대기를 두고 이야기하여야 한다.

(3) 도움 주기

• 또래끼리 점검하기

4명으로 이루어진 한 팀을 두 쌍으로 나눈다. 각 쌍의 한 사람은 문제지를 풀고 나머지 한 사람은 점검하고 칭찬해 준다. 그리고 역할을 바꾸어 실시한다. 이때 서로의 답에 대한 의견이 일치되지 않을 때 상대방에게 물어본다. 그래도 의견이 일치되지 않을 때 소집단의 팀장이 교사에게 질문한다. 그리고 두 사람이 서로의 답을 비교한 후 일치하면 악수를 한다.

• 플래시 카드

4명으로 이루어진 한 팀을 두 쌍으로 나눈다. 예를 들면 낱말의 뜻을 카드의 뒷면에 적고 그 낱말을 앞면에 적어, 한 명이 상대방에게 낱말의 뜻을 보여 주면서 낱말을 맞추도록 하는데, 모르는 경우에 상대방이 옳은 답을 할 때까지 조금씩 힌트를 주면서 정답을 말할 수 있도록 유도한다. 그것의 역할을 바꾸어 실시하고 또 팀의 다른 구성원의 카드를 바꾸어 실시한다. 이때 보통 낱말의 개수는 3~4개로 한정한다.

• 함께 생각하기

소집단 4명이 한 팀이 되어 각 구성원에게 번호를 부여한다. 그리고 교사는 질문을 하여 각 팀별로 생각해 보게 한다. 소집단 구성원은 서로서로 질문하고 가르치면서 교사의 질문에 대한 답을 합의한다. 그다음에 교사가 무작위로 번호를 부르면 해당 학생이 대답한다. 이 방법은 전통적 수업에서 번번이 나타나는 교사와 공부 잘하는 학생과의 집중적 상호작용을 막고 소집단 구성원끼리 서로서로 협동하고 도와주는 장점이 있다.

(4) 칭찬하기: 인정 막대기

소집단 구성원이 각각 세 개의 막대기를 가지고 토론을 하면서 상대방의 의견에 지지할 경우 자신의 막대기를 테이블 가운데 놓는다. 그 외에도 앞에서 나온 또래끼리 점검하기 기술도 있다.

(5) 정중하게 기다리기

한 팀의 다른 사람이 문제지를 풀고 있을 때 정중하게 기다린 후 점검하고 칭찬해 준다. 역할을 바꾸어 실시할 때도 마찬가지다.

2. 프로젝트 학습

1) 프로젝트 학습의 개념

프로젝트 학습은 학습자의 탐구과정과 성찰, 문제해결, 자발성과 능동성을 강조하는 교수－학습모형이다. 좀 더 구체적으로 말하면 프로젝트 학습이란 학습자가 특정 문제를 해결하거나 주어진 주제하에서 성취 목표를 달성하기 위해 프로젝트를 수행하는 과정에서 학습을 하게 되는 교수－학습모형이다. 따라서 프로젝트학습은 주로 협동학습활동과 문제해결활동, 자료를 수집·분석하여 결과물을 만드는 활동, 학습자 중심의 자율적인 활동, 고차적 사고능력 계발을 위한 학습자 '성찰과정' 등을 강조하고 있다(임정훈 외. 2004).

2) 프로젝트 학습의 절차

<표 4> 프로젝트 학습 절차

주요 절차	주요내용
시작	1. 프로젝트를 선택한다. 2. 관련된 내용을 이해한다. 3. 필요한 자료를 탐색한다. 4. 프로젝트팀을 구성한다. 5. 프로젝트팀의 목적을 설정한다.
전개	6. 프로젝트에 관련된 아이디어를 공유한다. 7. 프로젝트를 수행하기 위한 해결책을 찾는다. 이 과정은 지속적 상호작용을 통한 분석, 종합, 정리 등의 학습활동을 포함한다. 8. 산출물을 만든다.
마무리	9. 프로젝트에 대한 결과를 요약 발표한다. 10. 프로젝트 결과를 팀 내 또는 팀 간에 공유한다. 11. 결과를 성찰한다. 12. 결과를 총괄 평가한다.

프로젝트학습은 시작, 전개, 마무리의 세 단계로 구성되는데, 세부사항은 위 <표 4>와 같다.

3) 프로젝트 학습 시 착안사항

또한 프로젝트 학습은 과제를 함께 수행하는 팀원 간의 의사소통과 협력, 공동체의식 형성을 어떻게 할 것인가가 대단히 중요하기 때문에 교수자는 이런 활동들을 주의 깊게 관찰하면서 적절한 시기에 조언을 해 주어야 한다.

그리고 결과물도 중요하지만 학습과정에서 배우는 것들을 얼마나 깊이 이해하고 있는지를 확인하기 위해 학습자가 성찰활동을 할 수 있도록 지도해 주어야 한다. 이런 성찰활동 역시 웹을 활용해서 적절하게 모니터링이 가능하기 때문에 교사는 프로젝트 학습을 할 때에는 간단한 홈페이지나 블로그를 사용해서 성찰과 그에 대한 피드백이 활발하게 이루어질 수있도록 준비해 주어야 한다. 이렇게 프로젝트 학습은 비단 학습내용 이외에도 사고방식과 학습방법에 대한 학습은 물론 지식, 기능, 태도 등이 통합된 학습이 가능하기 때문에 학교뿐만 아니라 기업이나 군대에서도 많이 사용되고 있다.

4) 웹활용 협력 프로젝트 학습

웹활용 협력 프로젝트 학습은 온라인 협동학습의 한 유형으로 웹을 활용하여 온라인상에서 공동으로 프로젝트를 수행하는 학습을 말한다. 전통적인 협동학습은 인터넷이나 웹이라는 강력한 의사소통 도구를 매개로할 때, 교육적 효과나 영향력이 높게 나타날 수 있다. 즉 잘 설계되고 준비된 협동학습은 많은 장점을 갖는데, 이런 장점은 인터넷을 기반으로 한협동학습에도 바로 연결된다. 그 구체적인 장점을 살펴보면 인터넷 활용협동학습을 통해 학생의 긍정적 태도의 변화와 높은 학습참여 및 동기의가능성, 인터넷 협동 작업을 통한 실제석 과제를 하면서 얻을 수 있는 교육적 이점, 협동기술의 향상, 학습공동체 형성의 가능성 등을 들 수 있다.

제4절 구성주의적 수업방법

1990년대 중반 교육에 불어닥쳤던 몇 개의 큰 바람 또는 유행 중 하나는 아마도 구성주의일 것이다. 그리고 그 큰 영향은 아직도 우리 교육의 곳곳에 많이 남아 있다. 물론 여러 가지 이유가 있었겠지만 구성주의가 그토록 많은 관심의 대상이 되었던 이유를 살펴보면 사회문화적으로는 당시 지배논리였던 포스트모더니즘이 있었고, 기술적으로는 개별화와 협력화를 가능하게 해 주는 인터넷이 있었으며, 교육적으로는 학습자중심교육관의 대두 등이 있었다.

포스트모더니즘이란 표준화와 효율성을 모토로 하는 모더니즘에 대한 반발로 개성화와 개별화 그리고 탈표준화를 모토로 하는 사조며 구성주의는 포스트모더니즘을 인간의 학습과 인지에 관련시킨 철학적 사고 또는 패러다임이라고 볼 수 있다. 다시 말하면 아직까지 구성주의와 관련된 교수−학습이론을 '구성주의 교수−학습이론'이라고 부르기에는 합의가 이루어지지 않고 있기 때문이다. 따라서 이 책에서는 구성주의 교수방법이라고 하지 않고 구성주의적 수업방법이라고 제한적으로 부르기로 하였다.

그렇다 하더라도 여전히 구성주의는 우리 교육에 많은 영향을 주고 있고 또 그만한 가치가 있음이 분명하다. 하지만 구성주의적 교수방법을 공부하면서 한 가지 주의해야 할 것은 구성주의적 교수방법만이 새롭고 중요한 것이며 다른 방법, 특히 객관주의적 교수방법이라고 일컬어지는 교수−학습방법이 중요하지 않거나 그른 것은 아니라는 점이다. 그리고 구성주의 역시 최근에 생겨난 완전히 새로운 이론이 아니며 이미 객관주의적 사조와 함께 인류문화사에서 오랫동안 있어 왔던 이론이기 때문이다. 다만 최근 구성주의적 담론이 다른 담론에 비해 스포트라이트를 받을 수 있는 환경이 만들어졌다고 보는 것이 더 타당하다.

어떻든 구성주의적 수업방법이 무엇인지, 그리고 어떤 것이 있는지 우리는 알아야 한다. 그리고 구성주의적 수업방법이 아닌 것과도 방법론적인 측면에서 현장에서 어떻게 절충하여 좋은 수업을 할 수 있는지를 탐구하는 자세를 키워 나가는 것이 중요하다.

이 장에서는 이러한 구성주의에 대한 올바른 이해를 바탕으로 구성주의적 수업방법을 학습하고 학교현장에서 교사가 올바로 실천할 수 있도록 하는데 목적을 두고 있다.

1. 구성주의 개념

구성주의는 지식이 무엇이며 어떻게 구성되는지에 대한 인식론적 입장을 의미한다. 객관주의의 경우는 지식을 보편적, 객관적인 것으로 보고 있는 반면에 구성주의는 지식을 상대적이며 주관적이고 사회문화직인 영향을 받아 형성된다고 보고 있다.

학습에 대한 이해에서 객관주의는 학습을 인간 외부의 실재를 수용하는 관점에서 접근하는 반면에 구성주의는 학습이란 개인적 경험을 바탕으로 개인적 의미를 형성해 가는 지식의 구성과정으로 설명하고 있다. 교육내용에서도 객관주의는 정형화된 지식의 구조를 갖춘 학문적 지식이나 체계화

된 지식의 전달을 강조하고 있는 반면, 구성주의는 비판적 사고와 문제해
결력을 강조하는 인간의 수행능력을 강조하고 있다. 따라서 구성주의 관점
에서 교사의 역할은 학습자의 의미형성 과정을 도와주는 촉진자 역할을 강
조한다. 이러한 구성주의적 관점은 학습자를 수동적인 수용자가 아닌 능동
적인 지식의 구성자로 인식하고 학습자 중심의 교육활동을 강조하게 된다.

<표 5> 객관주의와 구성주의의 비교

요소	객관주의	구성주의
실제(Reality)	인식주체의 외부에 존재	인식 주체에 의해 결정
학습	외부의 객관적 실재를 수용	개인적 의미의 구성
교육내용	학문적 지식, 체계적인 지식	비판적 사고, 문제해결력, 수행력
교사	지식의 전달자 교육과정의 실행자	학습의 촉진자 교육과정의 재구성자
학습자	수동적 수용자	능동적인 지식 구성자
교육방법	강의식 수업, 일제수업	정착수업, 문제중심학습

교육방법 중 구성주의는 실제 문제가 발생하는 상황에서 실제적인 문
제를 중심으로 사회적 상호작용을 통해 의미를 협상하고 자신의 지식을
검증해 볼 수 있는 교육방법을 강조하고 있다. 그 대표적인 예가 문제중
심학습, 정착 수업, 인지적 도제학습, 지원기반학습 등이 있다. 대표적인
구성주의 학자로는 개인적 구성주의 입장에서 Piaget를, 그리고 사회적
구성주의 입장에서 Vygotsky를 꼽고 있다.

2. 구성주의 수업원리

　구성주의 관점에서 교육의 목표는 학습자가 스스로 자신의 이해를 구성하도록 하는 데 있다. 수업차원에서는 교육활동보다는 학습활동을 강조하며, 또한 수업목표 달성을 강조하기보다는 학습 환경의 조성과 학습활동 촉진을 강조한다.

　구성주의 관점에서 수업의 원리는 다음과 같은 네 가지로 요약할 수 있다.

- 지식의 맥락성 원리: 구성주의에 따르면 학습은 학습의 일어나는 상황에 의해 영향을 받는 상황 맥락적이다. 따라서 학교교육에서 학습된 내용이 일상적인 현장에서 용이하게 적용되기 위해서는 그 지식이 활용될 특정 맥락과 유사한 맥락에서 그 지식에 대한 학습이 이루어져야 한다.
- 협력학습의 강조: 사회적 구성주의에 따르면 협력활동을 통한 학습을 강조할 뿐만 아니라 지식은 사회적인 의미의 협상을 통해 형성될 수 있기 때문에 끊임없이 다른 사람과 자신이 가지고 있는 지식을 공유하고 검증하는 과정이 필요하게 된다. 따라서 협력활동이나 협동학습은 이러한 공유와 검증의 과정을 위한 중요한 방법으로 고려된다.
- 비계활동(scaffolding)의 강조: 비계활동은 교사가 학습자에게 일방적으로 정보를 전달해 주는 것이 아니라 학습자 스스로 문제를 해결하게 하고, 그 과정에서 학습자가 어려움을 겪게 되면 방향제시, 암시,

단서의 제공 그리고 대안적 방법과 같은 전략을 사용해 학습자에게 스스로 문제 해결방법을 찾도록 도움을 주는 것을 의미한다. 구성주의에서 교사는 학습자가 사회적으로 의미의 공유가 이루어진 것에 대해 소개하고 학습자가 이를 이해할 수 있도록 도움을 주는 것이 중요한데, 이러한 과정이 곧 비계활동을 통해 이루어진다. 교사는 초기 단계에서 많은 도움을 주어야 하지만 점차 도움을 줄여 가며 마지막에는 아무런 도움 없이 학습자 스스로 독립적인 문제 해결자가 되도록 막는 것이 중요하다.

- 성찰의 원리: 성찰이란 문제를 해결하는 과정에서 자신의 방법과 전략 그리고 문제해결의 산출물 등에 대해 깊이 있는 분석과 평가를 해 봄으로써 좀 더 나은 문제해결력을 갖게 하는 전략을 의미한다. 성찰 과정은 실제 문제 상황과 그에 따른 문제 해결 간의 관계를 분석하고 창의적 해결책을 강구하며 이를 실천한 후 끊임없이 개선하는 실험의 과정으로 이해할 수 있다. 따라서 성찰 없이 이루어지는 학습과정을 통해서는 단순한 지식 습득은 가능하겠지만 자신의 문제 해결력을 성장시키지는 못한다.

3. 문제중심학습

1) 문제중심학습의 개념

문제중심학습(problem-based learning: PBL)이란 구성주의에 바탕을 둔 새로운 학습방법으로 해결해야 할 실제적 문제를 중심으로 하는 학습자

중심의 학습방법이다. 문제중심학습에서 문제란 단순히 특정 주제나 단원의 내용에 대한 질문형식이 아니라 실제 사회에서 직면할 수 있는 똑같은 복잡성과 비구조화된 특성을 가진 문제를 말한다. 따라서 문제중심학습이나 이와 같은 실제 맥락적인 문제를 중심으로 소집단의 협동학습을 통해 문제해결을 해 나가는 과정에서 관련 내용지식, 협동학습능력, 문제해결능력, 의사소통능력, 자율적 학습능력을 학습해 가는 학습방법을 의미한다.

2) 문제중심학습의 특성

문제중심학습의 특징은 다음과 같은 세 가지로 요약될 수 있다.

- 문제중심학습에서의 문제는 학습자에게 흥미와 관심을 가질 수 있는 것, 그리고 어느 정도 복잡성과 비구조적인 문제로 다양한 결과를 도출할 수 있는 현실적인 것이어야 한다. 또한 문제는 그 문제해결 그 자체보다는 문제해결과정에서 관련 분야의 지식과 비판적 사고 및 문제해결능력을 습득할 수 있도록 한다.
- 문제중심학습은 학습자 중심의 자율학습을 강조하고 있다. 학습자 중심의 학습이 의미하는 것은 학습자가 교사에게 의존하지 않고 스스로 학습문제를 설정하고 학습과정의 계획과 관리 그리고 학습결과까지 책임지는 것을 말한다.
- 문제중심학습은 협동학습을 강조하고 있다. 문제중심학습은 Vygotsky의 근접발달영역 이론(zone of proximal development: ZPD)처럼 개인적인 노력보다는 협동을 통한 문제해결이 더욱 효과적이라는 것을

적극 수용하고 있다. 특히 복잡하고 정답이 없는 문제의 경우는 공동의 협동 활동이 좀 더 쉽게 해결책을 찾게 하며, 다양한 배경을 가진 사람에게서 다양한 아이디어와 문제해결을 위한 자원을 얻을 수 있어서 효과적이라고 말할 수 있다.

3) 문제중심학습의 전개과정

문제중심학습의 전개과정은 다음과 같은 다섯 단계로 나누어 설명할 수 있다.(Barrows & Myers, 1993)

- 도입단계는 수업의 특징이나 학습목표를 설명하고 수업분위기를 조성한다. 이때 학습자에게 요구되는 활동과 교사의 역할을 명확히 설명하고 학습자가 책임의식을 가지고 자율적으로 학습을 진행해 나갈 수 있도록 안내한다.
- 문제제시 단계에서는 실제적인 문제를 학습자에게 제시해 주되 문제해결과정에서 학습자가 무엇을 해야 하며, 그 최종 결과물로 무엇을 학습하게 되는지를 설명한다. 이 단계에서는 먼저 학습자가 문제를 내면화하는 것이 중요한데, 이를 위해서 현재 해결하고자 하는 문제가 그들과 어떤 관련이 있고 실제적인 삶에 어떻게 도움이 될 수 있는가를 인식하도록 도와주는 것이 필요하다. 또한 학습자에게 의사결정권을 많이 위임하는 것도 문제의 내면화나 주인의식을 갖도록 하는 데 도움이 된다.
- 문제해결단계는 팀별로 실제 문제를 해결해 가는 과정이다. 이 과정

에서 먼저 5~7명 정도의 구성원을 중심으로 학습활동 팀을 구성한
다. 팀 구성이 끝나면 문제해결을 위한 하위단계별 목표를 설정하고
팀 구성원 스스로 각 하위목표 성취를 위해 어떤 과제를 누가 어떻
게 실시할 것인지 구체적인 실행 계획을 세우게 한다. 계획에 따라
각 팀 구성원은 문제해결을 도출할 때까지 필요한 학습 자료를 선정,
수집, 검토 및 재검토하는 과정을 거치도록 한다. 그 과정을 통해 팀
원의 합의를 통해 해결안을 결정하고 보고서를 작성하도록 한다.
• 발표 및 토의 단계에서는 팀별로 만든 결과물을 전체 학급 차원에서
  공유하도록 한다. 각 팀별로 결과물을 비교·검토하고 토의과정을
  거쳐 장단점을 취사선택할 필요가 있다.
• 정리단계에서는 학습자의 토론결과에 기초하여 교사가 간단하게 요
  약정리를 해 주고 학습한 내용을 일반화나 추상화할 수 있도록 도와
  준다.

  그리고 지금까지의 학습과정과 결과에 대해 모든 학습자가 자기성찰을
통해 차후 문제해결과정을 위한 반성의 기회를 가지도록 하는 것이 중요
하다.

〈표 6〉 문제중심학습의 과정

단계	활동
1. 도입단계	• 수업소개 • 수업분위기 조성
2. 문제제시	• 문제제시 • 문제의 내면화 • 최종 수업결과물에 대한 설명
3. 문제해결	• 팀 구성 • 문제해결을 위한 하위목표 검토 • 하위목표 해결을 위한 학습과제의 규명과 분담 • 학습 자료의 선정, 수집, 검토 • 주어진 문제에 대한 재검토 • 가능한 해결안에 대한 브레인스토밍 및 정교화 • 해결안 결정 및 보고서 작성
4. 발표 및 토의	• 팀별로 결과물 발표 • 팀별 결과에 대한 집단 토의
5. 정리단계	• 결과에 대한 일반화와 정리 • 자기성찰

4. 정착수업

1) 정착수업의 개념

정착수업(anchored instruction)은 거시적 맥락 속에서 교사나 학습자가 상호작용을 통해 공통의 이해를 개발해 나가는 것을 말한다. 즉 정착(anchor)이란 거시적 맥락(macrocontext)을 의미하는 것으로 상황학습이론에 기초하고 있다. 상황학습이론이란 인간의 학습은 학습이 발생하는 구체적인 맥락에 의해 결정된다고 본다. 즉 학습은 학습이 발생하는 구체적인 상황과 학습자 간의 상호작용의 결과로 나타난다.

지금까지의 학교교육은 실제 생활과는 단절된 학교라는 공간에서 일반화되어 있는 지식을 가르쳤다. 또한 그러한 지식이 다양한 모든 상황에 적용이 가능하다고 가정하였다. 상황학습이론은 학교교육 내용이 유의미하게 실생활에 전이되기 위해서는 실제생활환경과 같은 맥락에서 실제적인 문제를 가지고 학습할 수 있는 환경을 제공해 주어야 한다고 주장한다(Brown, Collins & Duguid, 1989).

2) 정착수업의 특징

정착수업의 특징은 다음과 같이 네 가지로 요약할 수 있다.

- 정착수업은 통합교과적인 접근을 한다. 정착수업에서는 수학이나 과학과 같이 독립적인 학문적 단위를 중심으로 이루어지는 것이 아니라 수학, 과학, 역사, 문학 등과 같은 내용이 하나의 정착과제 속에서 모두 통합되어 학습할 수 있도록 되어 있다.
- 정착수업은 다른 학습자를 도와서 모든 학습자가 단순 지식의 암기나 계산이 아닌 독립적인 사고가 가능하도록 하는 데 목적이 있다. 따라서 학습자끼리의 상호협력과 도움을 학습활동의 최우선 과제로 삼고 있다.
- 정착수업에서 제공하는 문제는 미리 정해진 정답을 찾는 과정이 아니라 다양한 유형의 문제해결 방법을 허용하는 생성적 학습(generative learning)을 강조한다. 정착수업의 과제 자체가 정답을 요구하는 것이 아니라 다양한 유형의 결과를 허용할 수 있는 문제며, 학습자는 자신의 구체적인 상황에 적절한 해결책을 도출하는 활동이 촉진된다.
- 정착수업은 수업의 효과를 극대화하기 위해 공학의 기능을 활용하고

있다. 대표적인 정착수업의 예가 되는 재스퍼 시리즈(jasper series)는
정착과제를 상호작용적 비디오디스크를 통해 제시하고 있다. 상호작
용적 비디오디스크는 문자중심의 정보제시보다 역동적이고 시각적이
며, 공간적인 정보를 제시해 줄 수 있어서 문제에 대한 풍부한 정신
적 모형을 구축할 수 있는 데 도움이 되기 때문이다. 또한 학습자는
필요한 자료를 쉽게 검색할 수 있고 이를 통해 문제해결의 과정이
좀 더 용이해진다는 것이다.

3) 정착수업의 설계 원리

정착수업의 설계원리를 구체적으로 살펴보면 다음과 같이 일곱 가지
설계원리로 요약할 수 있다.

- 상호작용적 비디오디스크와 같은 공학에 기초하여 구성한다. 상호작
  용적 비디오디스크의 장점으로는 학습자에게 강한 동기를 유발시킬
  수 있고, 필요한 정보를 쉽게 검색할 수 있으며, 학습자에 복잡한 이
  해력을 지원하고, 독해력이 부족한 학생을 도와줄 수 있다.
- 비디오를 사용한 강의가 아니라 현실적 문제를 중심으로 이야기식
  표현을 사용한다. 이야기식 표현의 장점은 학습자가 기억하기 용이
  하고, 학습자의 몰입을 촉진하고, 학생에게 매일 일어나는 사건과 수
  학 및 일반적 사고 간의 관련성을 쉽게 인식하도록 할 수 있다.
- 생성적인 구성이 이루어지도록 한다. 즉 이야기를 본 후 학습자는 해
  결해야 하는 문제가 무엇이고 이를 어떻게 해결할 것인지에 대한 전
  략을 생성해 내도록 한다.

- 문제해결을 위한 모든 자료가 비디오 안에 내재되도록 설계한다. 이를 통해 학습자가 문제해결을 위해 어떤 자료가 필요한지 의사결정을 하고 필요한 모든 정보는 비디오디스크와의 상호작용을 통해 습득할 수 있게 설계를 한다.
- 선정된 문제는 복잡성을 가지고 있어야 한다. 즉 문제해결을 시도하다가 곧 포기하지 않도록 해야 하고, 실제 문제가 가지고 있는 다양한 수준의 복합적 특성을 그대로 제공해 주는 것이 중요하다.
- 문제 상황은 상으로 제공되어야 한다. 이는 반복적인 학습을 통해 학습한 내용의 전이를 돕기 위해서다. 구체적인 전략으로는 핵심적인 학습 내용에 대해서는 별도의 연습활동을 제공해 주고, 어떤 것이 전이가 되고 전이될 수 없는지 명확하게 구분 짓도록 도움을 준다. 또한 비슷한 상황을 통해 유추적 사고를 학습할 수 있도록 한다.
- 통합교육과정의 형태로 설계를 해야 한다. 즉 역사나 과학과 같은 다른 영역으로 수학적인 사고가 확대되도록 도와주거나, 습득한 지식을 통합하도록 격려하거나 정보의 발견과 공유를 지원해 주도록 설계한다.

5. 인지적 도제학습

1) 인지적 도제학습의 개념

인지적 도제학습(cognitive apprenticeship)은 학습자가 설계과제를 수행하는 과정에서 전문가의 인지적 도구를 습득, 개발, 활용할 수 있도록 함으로써 학습이 일어나는 것을 의미한다. 인지적 도제학습은 전문가가 이미 습득한 검증된 지식을 학습자가 전문가와 일상적인 생활에서 사회적인 상호작용을 통해 습득하도록 하는 데 목적이 있다. 일반적인 도제제도와의 차이점은 인지적 도제학습은 도제의 내용이 물리적인 것이 아닌 학교교육을 통해 습득되는 인지적인 활동에 초점을 두고 있는 것이다 (Collins, 1991). 그리고 일반적인 도제제도는 필요에 따라서는 직접적인 교수활동도 포함하지만 인지적 도제학습은 구성주의에 바탕을 두고 있기 때문에 학습자 중심의 의미구성에 초점이 있으며 교사는 직접적인 교수활동이 아닌 비계활동(scaffolding)을 통한 도움을 주어야 한다.

2) 인지적 도제학습의 특징

인지적 도제학습이 갖는 특징은 다음과 같이 요약할 수 있다.

- 인지적 도제학습은 전문가를 통해 단순한 지식의 습득을 넘어서 사고하는 방법, 문제를 규정하는 방법, 문제를 해결해 가는 노하우 등을 학습하는 과정에서 초보자가 전문가적인 습성을 학습하게 된다.
- 인지적 도제학습은 상황학습이론에 기초하고 있다. 학습과정이 일상생활과 같은 환경에서 실제 과제를 가지고 이루어지며, 학습되는 지식과 기술이 실생활에 유용한 것이어야 한다. 즉 일상적인 맥락에서 전문가의 일상적인 문제해결과정을 학습하게 된다.
- 인지적 도제학습은 내재적 동기를 강조하고 있다. 학습목적이 성적 향상이나 교사를 기쁘게 하려는 외재적 동기가 아닌 학습자 스스로

학습을 통해 갖게 되는 도전감과 성취감에 의존하도록 하여야 한다.

- 인지적 도제학습은 협력과 경쟁을 모두 적절한 전략으로 사용하고 있다. 문제해결의 과정에서 지식과 기술을 공유하도록 함으로써 협력전략을 활용하는 것은 다른 구성주의적 접근과 동일하나 차이점은 같은 과제를 학습자에게 부여하고 이를 수행하는 과정을 비교하는 경쟁적 전략을 사용한다는 점이다. 그러나 여기서 경쟁의 개념은 결과의 경쟁이 아니라 수행의 과정에서 선의의 비교를 의미한다.

3) 인지적 도제를 위한 학습원리

인지적 도제를 위한 학습원리는 다음과 같이 여섯 가지로 설명될 수 있다(Brown, Collins, & duguid, 1989).

- 모델링: 모델링이란 학습할 내용에 대한 개념적 모형을 전문가가 학습자에게 시험을 보이는 활동을 의미한다. 이 과정은 외현적인 과제수행 과정과 내면적인 인지처리과정을 포함한다. 이 과정에서 교사는 자신의 내적 인지처리과정을 외면화하여 학습자에게 시범으로 보여 주어야 한다.
- 코칭: 코칭은 학습사가 과제를 수행하는 단계에서 전문가가 학습자를 관찰하고, 힌트를 주고 필요할 때에는 도움을 주는 것을 말한다. 전문가의 코칭 활동은 학습자가 기본에서 크게 벗어나지 않도록 관리하고, 학습자에게 수행에 대한 성찰지도를 하고, 다른 사람의 수행과 자신의 수행을 비교해 보도록 하고, 문제해결 연습을 통해 잘못된

개념이나 전략은 확인하고 이를 수정하도록 도움을 주는 것 등을 포함한다.

- 비계활동: 비계활동이란 학생들이 학습과정에서 문제에 봉착하게 되면 전문가가 도움을 주는 활동으로 이때 전문가는 직접적인 도움을 주어서는 안 되고 학습자 스스로 문제의 해결책을 찾도록 암시나 단서를 제공해 주어야 한다. 때로는 학습자가 사고의 전환을 갖도록 지도하고 때로는 대안적인 방법을 찾도록 간접적인 도움을 주어야 한다.

- 명료화: 명료화 활동은 학습자가 학습한 지식, 문제해결과정과 전략 등을 분명히 정리하게 하는 활동을 의미한다. 특히 학습자로 하여금 학습된 암묵적 지식을 좀 더 명백하게 하고 재조직화하도록 하는 과정이 필요하다.

- 성찰: 성찰과정의 목적은 전문가의 과제수행과정과 학습자의 과정을 비교할 수 있는 기회를 줌으로써 자신의 문제점을 찾고 이를 수정할 수 있도록 하는 것이다. 성찰과정은 학습자로 하여금 자신의 수행을 뒤돌아보게 하고 더욱 발전적인 전략을 세울 수 있는 기회를 제공하게 된다.

- 탐색: 탐색은 전문가에게서 어느 정도의 학습을 성취한 후 학습자 스스로 문제해결을 위한 가설설정, 전략선정 그리고 문제해결을 추구하는 과정을 의미한다. 이러한 과정을 통해 학습자는 개인적 목표 설정과 목표성취를 위한 문제를 규정하는 방법과 해결방법을 학습함으로써 점차 독립적인 전문가가 되어 가게 된다.

6. 자원기반학습

1) 자원기반학습의 개념

자원기반학습은 교과서 의존적 학습경험 및 지식환경을 지양하고 다양한 자원을 활용하여 과제나 교육내용에 대한 현실적 감각을 좀 더 증대시키는 것을 지향하는 교수-학습방법이다. 이를 위해 학습자는 전통적인 자원뿐만 아니라 첨단정보공학을 통해 획득될 수 있는 자원을 모두 활용하여 정보의 다양성과 자원에 대한 민감성을 신장할 수 있게 된다. 또한 자원기반학습의 과정은 학습자가 '학습하는 방법'을 습득할 수 있도록 교육과정에 다양한 학습자원을 신중하게 통합하여 실행하는 과정을 의미한다. 이 과정에서 학습자가 주도적으로 참여하여 자원과 적극적인 상호작용을 통하여 문제해결이나 과제를 수행하게 된다. 자원기반학습은 따라서 학습자의 정보나 자원에 대한 접근성이 클수록 효과적이며 자원을 활용할 수 있는 능력 또한 향상될 수 있다는 것을 가정하고 있다(손미, 1999; Hannafin, 1999).

따라서 성공적인 자원기반학습을 위한 핵심적인 요소는 교사와 학습자 모두가 학습을 위해 자원 활용의 가치를 먼저 인식하는 것이며, 둘째, 학습자가 필요한 자원을 적절히 활용할 수 있도록 자원을 관리하는 것이고, 셋째, 학습하는 방법이나 기능을 개발할 수 있도록 기회를 제공하는 것이다(손미, 1999; Brown & Smith, 1996).

2) 자원기반학습의 주요 특성

자원기반학습의 주요 특성은 다음과 같이 네 가지로 요약될 수 있다.

첫째, 자원기반학습은 학습자의 다양한 학습양식에 교수·학습 환경을 탄력적으로 구성할 것을 강조하고 있다. 예컨대 학습 양식에 따라 다르게 활용할 수 있는 다양한 자원(예: 인쇄물이나 전자자료, 시청각적 자료, 심체적 자료 등)을 선택할 수 있는 기회를 제공하거나 학습자가 선호하는 학습 환경(예: 컴퓨터 이용, 협력적 활동 등)과 학습결과물의 발표 양식(예: 리포트, 구두발표, 멀티미디어/하이퍼미디어 쇼 등) 등을 학습자가 자율적으로 선택하게 할 수 있다.

둘째, 자원기반학습은 교수전달 방법에서 융통성을 가진다. 교실중심 수업, 면대면 수업, 온라인 수업 등 기존의 학교 또는 교실이라는 물리적, 제도적 범위를 확장하여 가능한 교수전달 방법에 적용된다. 예컨대 작업현장에서의 교육/훈련(작업현장의 요구에 따른 훈련), 실제현장 학습, 기업훈련 등 현장과 연계된 생동감 있고 풍부한 자원을 통하여 학습활동이 전개될 수도 있다.

셋째, 자원기반학습에서는 정보의 처리와 활용 기회를 교과내용과 통합적으로 연계하므로 내용의 이해와 정보활용능력의 신장을 동시에 꾀할 수 있다. 이는 학습과제나 문제 해결을 수행하는 과정에서 정보자원을 적극적으로 활용할 수 있게 되므로 풍부한 정보를 처리하고 주도적으로 학습하는 가운데 문제해결력, 추론, 비판적 평가 등과 같은 고등사고력이 향상될 수 있다는 점에 근거한다.

넷째, 자원기반학습은 자기 주도적 학습과정과 정보활용 과정에 대한 지속적인 피드백과 반성적 사고 및 그 결과 미치는 영향의 중요성을 강조하고 있다. 자원기반학습에서 다양한 자원과의 상호작용 과정에서 정보수집과 반성적 사고활동은 필수적으로 수반되는 과정이며, 이를 통해 학습의 심화가 촉진되고 주제에 대한 탐구 능력이 지속적으로 신장된다. 이렇게 신장된 능력은 추후학습을 위한 의미구성에 긍정적으로 작용하여 학습의 전이 및 적용 능력이 향상될 수 있다.

3) 자원기반학습의 필요성

자원기반학습은 다음과 같은 다양한 이유에서 그 필요성이 강조되고 있다(강명희, 한연선, 2000; Brown & Gibbs, 1996).

첫째, 도서관만으로는 더 이상 학습자가 원하는 다양하고 방대한 자료를 충분히 제공해 줄 수 없다.

둘째, 교육의 정도와 경력, 구체적 지식과 관심 분야, 문화적 차이 등 학습자의 특성이 점점 다양해지고 있기 때문에 모든 학습자에게 동일한 자료를 동일한 비율로 제공하는 수업은 그들의 요구를 충분히 만족시켜 줄 수 없다.

셋째, 요즘 대부분의 학교는 수업의 대형화 때문에 학습자가 필요한 때에 즉각적으로 교수자의 도움을 받기가 어렵다. 따라서 이를 보완하기 위해서 다양한 자원의 활용 방법, 즉 학습하는 방법의 지도는 교수자의 중요한 역할이 되었다.

넷째, 학습자는 정보사회에서 요구되는 정보수집 능력을 갖출 필요가 있게 되었다. 단지 수업에서 제공하는 내용만을 학습하기보다는 새로운 정보자원을 찾아내고 이를 활용하는 기술을 개발하는 것이 중요해졌다.

다섯째, 오늘날 사회에서는 정보와 지식이 폭발적으로 증가하여 그 내용을 교과서에 전부 수록할 수 없고, 또 하루가 다르게 변화하고 발전하는 학문과 기술을 교사가 다 가르칠 수도 없기 때문에, 전통적인 교과서 중심 교육은 컴퓨터학습 프로그램을 비롯한 다양한 교수매체를 활용하여 자원기반 학습체제로 전환되어야 한다.

4) 자원기반학습을 위한 학습기술

자원기반학습은 자기 주도적 학습능력과 정보활용능력이 학습과제에 통합되어 함께 함양되는 것을 목적으로 하는 학습방법으로 비관적인 사고기술, 정보자원의 탐색 및 활용 기술, 정보자원의 평가기술 등이 매우 중요한 학습기술로 요구된다.

(1) 비판적 사고기술

비판적 사고력은 어떤 지적인 주장이나 논증, 신념, 경험 등의 신뢰성, 타당성, 가치를 판단하기 위한 합리적 사고 작용으로 자원기반학습에서 비판적 사고는 매우 중요한 기술이다(Breivik, 1998). 왜냐하면 자원기반학습은 정보를 탐색하는 것, 즉 어떻게 정보를 찾는가에 그 목적이 있는 것이 아니라 찾은 정보를 가지고 무엇을 어떻게 하느냐를 목적으로 하기 때문이다. 자원기반학습에서 적용되는 비판적 사고기술은 정보의 판단력, 정보의 분석력, 정보의 정리 및 조직력이다. 따라서 자원기반학습의 중요한 전략은 학습자가 비판적 사고모형을 인식하고 이해할 때 발생하는 강력한 잠재적 효과를 고려하여 교육내용과 통합 적용할 수 있도록 충분히 반영하는 것이다.

(2) 정보자원의 탐색 및 활용기술

정보자원의 탐색 및 활용기술은 정보를 효과적으로 사용하기 위해 모든 유형의 정보를 파악하고 탐색하여 필요한 부분을 활용하는 기술을 의미한다. 이런 기술에는 기본적으로 도서관에서 사용이 가능한 각종 정보 제공도구 및 서비스를 활용할 수 있는 능력은 물론이며, 인터넷을 활용한 검색 도구와 정보 탐색 서비스를 활용할 수 있는 능력을 모두 포함한다. 특히 디지털 또는 온라인 도서관, 국회도서관, 국립의약도서관, 인터넷공공도서관, 전자도서관, 전자출판(예: 전자잡지, 뉴스, 학술지 등), 학술잡지, 전자잡지(e-zines), 웹상의 신문, 토론클럽, 뉴스그룹, 박물관 자원, 가상실험자원 등 인터넷과 웹을 기반으로 하는 자원이 급격히 증가되어 학교 교육자원으로서 그 활용 가능성이 높아지고 있다. 따라서 디지털 정보 리터러시 능력의 함양을 위한 교육의 필요성 또한 높아지고 있다.

(3) 정보자원의 평가기술

자원기반학습의 성패는 과제나 문제 해결을 위해 얼마나 많은 정보를 확보하였는가보다 얼마나 유익한 정보를 획득하는가에 좌우된다. 필요한 정보가 어떤 것이고, 유익한 정보가 어떤 것인가를 판단하기 위해서는 기본적인 판단기준에 대한 절대적인 이해가 필요한데, 이는 교육과 훈련이 없이는 쉽게 획득되기 어려운 기술이다. 따라서 정보자원의 평가기술은 정보자원의 탐색 및 활용 기술과 함께 올바른 정보, 필요한 정보, 문제해결에 필요한 가치 있는 정보를 선정하기 위해 필요한 요소로 이루어지는 학습기술이다. 정보자원의 평가기술의 구체적 기능은 정보에 대한 신뢰성,

최신성, 정확성, 정보요구의 충족성 그리고 정보출처에 대한 권위, 사실과 의견의 구분, 편견의 여부 등 다양한 요소가 포함된다(Laverty, 1998).

5) 자원기반학습 설계모형

자원기반학습의 과정은 기본적으로 탐구학습 과정을 그 기반으로 하고 있다. 자세히 들여다보면, 탐구학습의 과정은 문제중심학습의 과정과도 유사한 맥락이다. 이는 문제중심학습의 과정이 학습자중심의 문제해결 활동과정이며 그 해결과정이 기본적으로 탐구과정이기 때문이다. 또한 최근 학교교육에서 인터넷 정보의 활용이 점차 증가하고 있는 상황에서 인터넷 자료를 활용한 수업을 교육과정과 통합 적용하기 위한 인터넷자료 활용 탐구학습 설계모형이 적용될 수 있다(손미, 2002). 여기에서는 자원기반학습 설계 모형으로 인터넷 자료 활용을 위한 교수전략을 먼저 살펴보고 인터넷 자원 활용 탐구학습 설계모형을 간략히 살펴볼 것이다.

(1) 인터넷 자료 활용을 위한 교수전략

인터넷이 학교교육에 미치는 영향력을 고려할 때, 웹이나 인터넷 자료의 제작도 필요하지만 제공되는 자료를 효율적으로 활용할 수 있는 역량을 학습자에게 길러 주는 것도 매우 중요하다. 따라서 인터넷이나 멀티미디어 자료는 풍부한 학습경험을 제공하는 유용한 교수도구이나 학습목표와 수업목적에 적합하게 활용하기 위해서는 계획된 교수준비와 지도 전략이 필요하다. 인터넷 자료의 올바른 활용 지도를 위한 교수 전략을 정리하면 다음과 같다(손미, 2000).

첫째, 정보의 필요성과 목적을 파악할 수 있도록 지도한다. 이를 위해 탐구과제의 문제를 파악하고 관련 주제를 결정한다. 이는 찾고자 하는 정보의 유형이나 특성을 확인하는 데 매우 주요한 밑그림이 되므로 가능한 한 탐색하거나 조사할 문제를 상세하게 진술하고 관련 주제(topics)를 파악하여 일차적으로 주요 관심 분야의 개요를 작성하도록 한다.

둘째, 탐색할 문제를 가지고 검색어와 탐색할 적절한 사이트의 목록을 작성하도록 계획한다. 이를 위해 탐구문제를 간단하고 명확하게 다시 기술하고 문제와 관련하여 찾아야 할 주제를 몇 가지 구체적으로 작성한다.

셋째, 실제 인터넷에 접속하여 적절한 정보를 인출하도록 한다. 대체로 학습과제 수행에 관련된 자료나 사이트를 교사가 미리 안내하거나 제공할 수도 있으나 그렇지 않은 경우에는 학습자가 직접 자료를 찾는 방법을 알아야 하고 찾은 자료를 판단하여 적절하게 선정할 수 있도록 지도가 필요하다.

넷째, 검색한 정보를 오프라인 상태에서 정리하여 필요한 정보를 분류, 분석하여 과제를 위해 자료를 재구성하도록 한다. 정보와 자료에 대한 비판적 사고와 필요한 정보를 기록하는 작업이므로 이를 위해 탐색한 자료를 바탕으로 정보를 올바르게 해석할 수 있도록 먼저 정보를 읽거나 경청하도록 한다. 그리고 정보의 관련성과 유용성을 탐구하는 문제와 관련하여 평가하도록 하고 비판적 독서, 시청, 경청 기법을 적용한다. 적절한 정보를 선정하여 기록하도록 하고 자료 간의 관련성을 확인하고 추론하도록 한다.

다섯째, 탐구문제 해결에 필요한 정보를 종합하여 결론을 내리도록 한다. 탐색한 자료를 종합하여 미리 정해 둔 최종 과제물의 유형에 맞게 조직하도록 한다. 이때 정보를 목적에 맞게 제시하는가를 교사는 확인해 주

고 사용한 모든 자료에 대한 출처를 밝히도록 하여 지적 저작권의 중요
성도 인식시킨다.

여섯째, 탐구문제가 적절히 해결되었는지, 혹은 추가로 필요한 정보가
없는가를 확인시킨다. 학습과제와 학습자 능력에 준하여 교사가 미리 정
해진 일정 기준에 의해 결과물과 과정을 평가하여 수정과 향후 개선을
위해 피드백을 제시하도록 한다.

(2) 인터넷 자원기반 탐구학습 설계모형

인터넷 자원기반 탐구학습 설계모형은 좀 더 구체적으로는 인터넷을
통해 접근할 수 있다는 다양한 정보 자원과 멀티미디어 자원을 중심으로
탐구학습활동을 전개하는 데 적용되는 모형이다. 이 설계모형은 크게 수
업 준비과정, 수업 실행과정, 평가과정으로 구성되며 각 과정별 하위절차
로 구성되어 있다.

첫째, 수업준비단계는 학습할 내용을 검토하여 탐구학습에 적합한 학습
내용과 영역을 결정한 후 교수-학습활동의 중심적인 방향을 제시할 탐
구문제를 설정한다. 탐구문제는 정형화되지 않은 서술형으로 진술하고 다
양한 해결 방법으로 시도할 수 있는 것을 선정한다. 학습목표설정도 준비
단계에서 이루어진 능력을 배양하기 위한 탐구능력 목표, 그리고 제시된
탐구문제 상황을 인터넷 자원정보와 연관하여 사고하고 정보를 활용할
수 있는 정보활용능력 목표 등을 고려하여 수립한다. 교수전략 설계는 수
립된 학습목표를 최적하게 달성하기 위해 필요한 조건을 검토하고 이를
바탕으로 효과적인 교수-학습활동 및 학습경험을 구성하는 활동으로 집
단구성, 성찰활동, 교수전달 방법, 시간계획, 평가계획 등을 고려한다.

둘째, 수업실행단계에서는 설정된 탐구문제를 제시하고, 탐색활동을 적절하게 수행할 수 있도록 돕기 위해 문제 상황을 분명하게 질문의 형태로 구체화하도록 한다. 그리고 구조화된 문제 해결에 필요한 정보가 무엇인가를 확인하도록 하고 정보탐색 전략을 수립한다. 그리고 심화된 정보탐색 활동과 탐구문제 해결을 위한 가설이나 방안을 제시하는 과정을 수행하고, 제시된 해결안의 결과를 합리적으로 판단하는 활동 과정을 거치도록 한다. 이때는 분석, 종합, 평가 등과 같은 좀 더 적극적인 정보처리 활동 및 사고 작용이 필요한 과정으로서 성급한 결론으로 탐구를 종료하는 것을 방지하도록 해야 한다. 정보의 사용 및 조직은 탐구문제의 해결을 위해 탐색하고 분석한 정보를 어떻게 구성하고 배열하고 조직하여 해결안을 설명할 것인가를 결정하는 과정이다. 따라서 분석된 정보의 종합적 유용성과 가치를 검토하고 이를 조직적으로 구성하는 과정을 경험하도록 한다. 탐구활동의 결과 제시는 탐색결과를 발표하여 새로운 지식을 서로 공유하는 과정으로 발표를 위한 결과물의 형태는 소프트웨어를 이용한 발표자료 형태, 애니메이션, 포트폴리오, 비디오, 구두발표, 창작, 연구보고서, 다큐멘터리 등 다양한 형태를 취할 수 있으나 가장 현실적이고 수용 가능한 방법을 선택하도록 지도하는 것이 좋다. 이 과정에서 교사는 학습자가 대화와 토론을 통해 자신의 탐구활동에 대한 반성과 성찰을 할 수 있는 기회를 제공하도록 하며 모든 학습자가 결과에 대한 발표, 토론 활동에 적극 참여하도록 촉진한다. 또한 발표를 위한 충분한 시간을 고려하여 교사는 미리 시간계획을 세워 두어야 한다.

셋째, 평가단계에서는 학습결과평가와 총괄 평가가 이루어진다. 학습결과평가는 학습목표 측면에서 효과성 평가와 탐구과정 및 정보문제해결과정에 대한 효율성을 동시에 평가한다. 총괄평가는 인터넷 자료 활용 탐구학습 활동이 마무리된 후 최종적으로 수업 운영의 적절성, 교수－학습활동의 효율성 등을 진단할 목적으로 이루어지는 평가활동이다. 따라서 교사는 수업준비단계와 적용과정에서 나타난 문제점이나 좋은 점을 파악하여 수업운영의 적절성, 교수－학습 활동의 효율성을 점검하고 수정보완하게 된다.

<표 7> 인터넷 자원기반 탐구학습 과정

단계	세부절차
1. 수업준비단계	1－1. 학습내용 선정 및 분석 1－2. 탐구문제의 설정 1－3. 학습목표수립 1－4. 교수전략 설계 1－5. 인터넷 학습 자료 선정 및 개발
2. 수업실행단계	2－1. 탐구문제 제시 2－2. 문제의 구조화 2－3. 과제에 필요한 정보 확인 2－4. 정보탐색 전략 수립 2－5. 정보수집 및 해결안 제시 2－6. 정보의 분석 및 해결안 검증 2－7. 정보의 사용 및 조직 2－8. 탐구결과 제시
3. 평가단계	3－1. 학습결과 평가 3－2. 총괄평가

제4장

컴퓨터와 멀티미디어

제1절 컴퓨터의 교육적 활용

1. 컴퓨터의 특성과 교육적 활용

과학기술의 발달과 함께 새로운 매체가 교육에 도입될 때마다, 교사들은 이러한 새로운 매체의 도입과 활용이 기존의 전통적인 교수방식보다 교육적인 효과를 가져 올 것으로 기대하고 있다. 1982년 시사주간지 'Time'은 컴퓨터(The computer)를 올해의 인물로 선정하고 표지에 실었다. Time은 '마이크로키드의 도래(Here come the Microkids)'라는 제목이 붙은 관련 기사에서 '비트(bit)와 바이트(byte)를 가지고 그 새로운 세대는 전자 혁명을 주도할 것'이라고 하였다. 이 기사와 함께 영화, 라디오, 수업용 텔레비전의 경우와 마찬가지로 새로운 교수·학습매체로서 각광을 받기 시작하였다. 컴퓨터가 어떻게 학교를 재조직하고, 교사의 수업방법이 어떻게 변화될 것이며, 학생들의 학습방법은 어떻게 변화될 것인가에 관한 예언들이 어김없이 수면 위로 떠올라 반복되었다(Cuban, 1986). 교육현장에서 컴퓨터 활용 가능성은 교실에서 학습효과를 향상시키고자 하는 수 그러들지 않는 무모한 탐색과 함께 계속되었다.

1980년대 중반 개인용 컴퓨터(Personal Computer: PC)의 등장으로 인하여 컴퓨터는 모든 교육 분야에서 주요 수업매체로서 빠르게 자리매김하고 있다(Smaldino, Russell, Hein ich, & Molenda, 2005). 교사는 다양한 교수·학습활동을 수행하는 중요한 보조수단으로 컴퓨터를 활용하고 있으며, 특히 컴퓨터는 학습도구에서 개인 교수에 이르기까지 다양한 역할을 수행하고 있다. 따라서 현명한 교육적 판단이 이루어지도록 현장 교사는 컴퓨터의 다양한 교육적 활용방안에 대하여 충분한 지식과 이해를 필요로 한다. 그리고 교사는 교육용 소프트웨어의 효과적인 교육적 활용을 위하여 적절한 평가기준을 가지고 평가하고 수업에서 활용할 수 있는 능력도 요구된다. 그러나 컴퓨터의 교육적 활용에서 교사는 컴퓨터의 하드웨어(hardware)에 관해서는 기본적인 핵심 용어만 알고 있으면, 교실현장 사용에서는 크게 문제가 되지 않을 것이다. 교수자가 단독, 또는 여러 대의 컴퓨터를 가지고 수업하는가의 여부와 상관없이 교사는 컴퓨터의 소프트웨어(software)와 하드웨어(hardware)에 대한 기본적인 내용만 알고 있다면, 컴퓨터를 교육에 효과적으로 활용하는 데 많은 도움이 될 것이다.

컴퓨터가 교육에 처음 도입되었을 때, 교사들은 기존의 교육방법에 일대 혁신이 일어날 것으로 기대하였다. 컴퓨터는 기존의 다른 수업매체들과 다르게 학습자와의 역동적인 상호작용이 가능하고, 다양하면서도 흥미로운 학습경험을 제공해 줄 수 있다는 점에서 짧은 시간에 학교교육에 광범위하게 확산·보급되었다. 이와 같이 컴퓨터를 학교현장에 도입함에 따라서 컴퓨터의 다양한 상호작용 능력, 학습내용의 적절한 제시능력, 즉 각적인 송환(feedback)의 정보제공 능력 등과 같은 기능을 교수·학습과정에 활용하고자 컴퓨터 보조수업(Computer - Assisted Instruction: CAI)이 주목을 받기 시작하였다. CAI는 학습능력이나 학습속도에 있어서의 개인차를 고려한 최적의 수업처방을 제공함으로써 개별화수업 원리를 실현할 수 있는 교수방법으로 초·중등학교의 다양한 교과과정에서 적용되고 있다. 최근에는 컴퓨터를 중심으로 다양한 수업매체가 결합하여 수업에서 활용되는 멀티미어를 비롯하여 인터넷의 월드와이드웹(WWW)을 기반으로 하는 웹기반수업(Web-based Instriction: WBI)에 관한 논의도 활발하게 진행되고 있다.

컴퓨터는 학습자의 반응에 대하여 거의 즉각적인 반응을 하며, 정보를 조직하고 저장하는 뛰어난 능력을 가지고 있을 뿐만 아니라 다른 어떤 교수매체보다 많은 학습자를 동시에 교수·학습할 수 있다는 면에서 탁월하다. 따라서 컴퓨터는 수업매체로서의 중요성이 더욱 강조되고 있다. 컴퓨터는 학습자가 자신의 학습을 심화시키고 방향을 설정하는 데 도움을 주는 동시에 풍부한 학습경험을 제공해 주기 때문에 그 역할과 기능에서 많은 변화를 가져오고 있다. 그리고 컴퓨터는 사진, 동영상, 그래픽, 음향, 인쇄 정보 등과 같은 많은 교수매체를 통합·적용하는 능력도 발휘하고 있으며, 정보와 자료를 기록·분석하고, 학생들의 반응에 응답할 수도 있다. 이와 같이 다양한 특성을 가지고 있는 컴퓨터의 교수·학습과정에서의 활용영역은 (1) 컴퓨터 자체가 학습대상이며, (2) 교육용 보조도구로서의 활용, (3) 수업전용 장치, (4) 논리적인 사고를 훈련하는 수단의 4가지 영역으로 구분될 수 있으며(Smaldino et al., 2005), 이들 영역의 핵심사항은 <표 8>과 같다.

〈표 8〉 교수 · 학습에서 컴퓨터의 활용 영역

영역	핵심사항
학습대상	• 컴퓨터 자체가 수업의 대상으로 컴퓨터 자체에 관한 교육과정과 컴퓨터 활용 교양 (Computer literacy) 교육내용으로 구분 • 컴퓨터 관련 언어사용과 소프트웨어 제작도 포함
교육용 보조도구	• 전통적 관점에서 교육용 보조도구이며, 구성주의 지식관 관점에서는 개별 학습자의 인지구조(도식) 개발을 위한 중요한 학습 환경 제공의 보조도구 • 지식기반사회에서 컴퓨터가 학습과정에 대한 적극 개입과 지원을 통하여 학습자에게는 '지적 동반자(intellectual partners)'의 역할 • 교사와 학생의 문서작성, 복잡한 수학 계산, 학습과 연구과제 수행을 위한 자료나 정보를 획득, 분석, 처리, 창조하는 도구
수업전용 장치	• 컴퓨터 보조수업(Computer – Assisted Instruction : CAI) : 교육용 소프트웨어는 학습자가 실제 수업상황과 관련되는 문제해결을 위한 교수 장치(instructional device) • 컴퓨터 관리수업(Computer – Manage Instruction : CMI) : 학습자에 대한 정보를 유지 · 보전하고 수업을 안내하는 차원에서 교수자와 학습자를 지원. 학습자의 성적관련 자료의 처리와 보관에 사용
논리적 사고훈련 수단	• 컴퓨터가 교육에서 정보전달의 역할보다는 사고능력을 키워 주는 도구로 활용 • 다양한 수업상황에 따른 문제해결을 위한 사고훈련 도구로 활용

<표 8>에서 나타난 것과 같이 컴퓨터는 다양한 영역에서 교육적 활용이 가능하다. 컴퓨터의 교육적 활용의 장점은 다음과 같다. 첫째, 학습자 통제와 관련된다. CAI는 학습자 자신의 학습 진도와 순서에 대한 선택권을 가질 수 있으며, 학습과정에서 즉각적인 송환을 통한 성공적인 강화를 제공할 수 있다. 둘째, CAI는 문제 학생, 소수 민족학생, 특수아 등의 개별 학습자의 요구를 반영한 수업을 가능하게 한다. 셋째, 컴퓨터의 기록 · 저장 능력은 개별화 수업을 가능하게 한다. 교수 · 학습에 관련된 다양한 정보를 그래픽, 문자, 음향, 동영상 등의 형태로 정보관리가 용이하다. 넷째, 컴퓨터는 기본수업, 교정학습, 심화학습 등 다양한 수준의 학습경험을 제공할 수 있다. 다섯째, 컴퓨터의 교육적 활용에서 부가적으로 누릴 수 있는 장점은 체계적이고 논리 정연한 의사소통을 통하여 학습자

는 명료하고 정확하게 지시하고 반응하는 습관을 함양할 수 있다.

이와 반면에 컴퓨터의 교육적 활용의 단점은 다음과 같다. 첫째, 저작권 침해 문제이다. 정당한 절차와 방법에 의하지 않고, 불법으로 소프트웨어를 복제·사용하는 것은 양질의 교육용 소프트웨어 제작 활동에 많은 지장을 초래한다. 둘째, 컴퓨터 활용의 효과에 대한 비현실적인 기대감이다. 바람직한 컴퓨터 활용은 능동적이고 적극적인 학습자의 학습과정에의 참여가 요구된다. 셋째, 컴퓨터는 인지적 영역의 제한된 범위에서 활용된다. 정의적, 운동·기능적, 대인적 영역의 교육과정에서 적절한 활용이 필요하다. 넷째, CAI는 통제된 학습 환경에서 수업이 이루어지기 때문에 창조성이 억압될 수도 있다. 다섯째, CAI는 개별학습으로 인하여 사회적 상호작용의 결여를 초래할 수도 있다. 마지막으로 CAI는 처음 사용하는 학습자에게 나타나는 신기성 효과(novelty effect)로 인하여 학습 동기는 쉽게 감소될 수 있다.

2. 컴퓨터의 교육적 활용 유형

컴퓨터의 교육적 활용 유형은 학자에 따라서 다양하게 분류되고 있다. 테일러(Taylor, 1980)는 컴퓨터를 수업의 도구(tool)로 활용하는 영역, 컴퓨터가 교수·학습 과정에서 교사(tutor)가 되어 학습자를 가르치는 영역, 그리고 컴퓨터가 학습자(tutee)의 역할을 하고 학습자가 교사의 역할을 수행하는 영역으로 분류하였다. 컴퓨터의 교육적 활용은 교수·학습도구, 인지적 도구, 교무행정 업무 지원도구의 3가지 유형으로 구분하기도 한다

(박성익 외, 2001). 그리고 앞의 <표 8>에서 살펴본 것과 같이 컴퓨터의 교육적 활용 유형은 학습대상으로서 컴퓨터, 교육용 보조도구로서 컴퓨터 활용, 수업전용 장치로서 컴퓨터 활용, 논리사고의 훈련 수단으로서 컴퓨터 활용으로 구분할 수도 있다(Smaldino et al., 2005). 이와 같이 컴퓨터의 교육적 활용 영역은 다양하게 분류될 수 있다.

그러나 교육에서 컴퓨터 활용의 궁극적인 가치는 '가능하면 컴퓨터가 교수・학습의 과정에 어떻게 성공적으로 적용될 수 있는가'에 달려 있다. 교수자는 다양한 학습양식을 반영하고 여러 가지 교육방법을 제공할 수 있도록 컴퓨터를 활용하는 사고의 틀을 가지고 있어야 한다. 컴퓨터가 성공적으로 적용되는 교실에서 학습자는 자신의 책, 지도, 연필, 펜 등의 학용품을 자유자재로 사용하는 것과 같이 컴퓨터를 쉽게 활용하게 된다. 컴퓨터를 중심으로 잘 구성된 교육환경에서 교수자와 학습자는 문제 해결 과정에 적극 참여하고, 창조력을 배양하며, 다른 나라의 학습자와 협동학습하고, 평생학습의 가치를 실현할 수 있다. 현대사회의 학교교육에서 교수・학습과정은 학습자에게 단순한 정보를 제시하는 것으로부터 학습자 스스로가 주어진 학습주제에 대한 탐구활동을 전개하고, 스스로에게 의미 있는 학습활동을 창조할 수 있도록 방향을 제시하는 것으로 전환되고 있다. 컴퓨터는 이러한 학습활동에서 활발하게 적용되고 있으며, 수업과정에서 활용 가능한 컴퓨터용 소프트웨어는 개념처리, 반복연습, 개인교수법, 게임, 모의실험(Simulation), 발견학습, 문제해결 학습의 7가지 유형으로 분류될 수 있다(Smaldino et al., 2005). <표 9>는 이들 7가지 수업방법 유형의 전체적인 핵심내용과 수업과정에서 교수자, 컴퓨터, 학습자의 역할에 대한 핵심 내용을 비교・설명한 것이다.

〈표 9〉 컴퓨터 활용 교육용 소프트웨어 유형 분류

유형	핵심내용	수업과정에서 역할		
		교수자	컴퓨터	학습자
개념처리 (Concept Processing)	• 관련 개념의 연결고리 찾기 • 연결고리를 통한 개념도 작성 (concept mapping)	• 학습관련 개념 선택 • 학습 자료 준비 • 진도 점검	• 개념도 작성 화면 제공 • 학습자의 학습활동 기록·보관·관리 • 개념 평가 유도 • 입력 자료를 글의 개요로 변환	• 개념에 대한 자료 입력 • 개념을 연결하여 전체 개념도 작성 • 전체적인 도표로 결과 종합
반복연습 (Drill – and – practice)	• 기본적 사실이나 용어 등 이전 수업에서 학습 내용 • 다양한 유형의 질문 • 필요에 따라 반복되는 질의·응답을 통한 연습	• 연습할 학습내용 계획과 준비 • 교수자료 선택 • 연습 프로그램의 적절한 배열 • 진도 점검	• 질문 제시 • 학습자 반응평가 • 즉각적인 송환 정보 제공 • 학습자 진도기록	• 송환(feedback) 정보제공 • 배운 내용의 연습 • 질문에 답하기 • 정답확인과 오답에 대한 교정받음
개인교수법 (Tutorials)	• 새로운 정보제시로 개념과 원리 학습 • 교정수업 제공	• 교수자료 선택 • 필요에 따라 적응적 수업(adaptive instruction) • 학습상황 점검	• 정보 제시 • 질문 제기 • 응답 점검 • 교정을 위한 송환 정보 제공 • 주요 내용을 요약 • 기록 관리	• 컴퓨터와 상호작용 • 학습결과를 인지 • 질문에 응답 • 질문 제기
게임 (Games)	• 경쟁을 통한 높은 학습 동기 부여와 함께 반복 연습 • 개별, 또는 모둠(조별) 활동	• 제한사항 결정 • 학습과정 관리 • 학습결과 점검	• 경쟁상대, 심판, 기록자의 역할	• 컴퓨터와 상호작용 • 학습결과를 인지 • 질문에 응답 • 질문 제기
모의실험 (Simulation)	• 실제 상황을 모사한 실제적 모형에 기초한 학습 • 개별, 또는 모둠(조별)활동	• 학습내용 소개 • 배경 설명 • 전체적인 학습 내용 요약발표(debrie – fing) 안내	• 역할수행 • 학습자의 결정에 관한 결과 통보 • 모형과 자료원(database) 관리	• 의사결정을 연습 • 선택하기 • 결정사항에 대한 결과 받음 • 결과에 대한 평가
발견학습 (Discovery)	• 자료원(database)을 통한 탐구활동 • 귀납적 접근방법 • 시행착오의 반복 • 가설을 검증	• 기본적인 문제를 제시 • 학습자의 진도를 점검	• 정보의 원천을 학습자에게 제시 • 자료저장 • 검색활동 제공	• 가설 정립 • 추측 검증 • 원리나 법칙 개발
문제해결학습 (Problem solving)	• 문제 파악 • 가설 수립 • 자료 분석 • 해결책 제시	• 문제 배정 • 학습 지원 • 결과 점검	• 문제 제시 • 자료 처리 • 자료원(database) 유지·관리	• 문제 파악 • 해결책 수립 • 변인 분석 및 처리 • 시행착오 반복 실시

제2절 멀티미디어 교육적 활용

1. 멀티미디어의 개념과 특성

지금까지 우리는 여러 장(章)에서 매체와 관련된 내용을 직·간접적으로 많이 다루었다. 일반적으로 교육공학의 발전과정에서 살펴본 것과 같이 청각매체, 시각매체, 시청각매체, 컴퓨터 등이 교육에서 많이 사용되었다. 그러나 20세기 중반부터 교육현장에서는 컴퓨터를 중심으로 다양한 매체가 결합하는 현상이 과학기술 발달과 함께 전개되고 있다. 이와 같이 컴퓨터를 중심으로 여러 가지 매체가 결합된 것이 멀티미디어이다. 일반적으로 멀티미디어(multimedia)라는 용어는 주어진 제시자료(given presentation), 또는 자기학습(self－study) 프로그램에서 다양한 매체 형식을 순차적인 방법이나 동시에 사용하는 것을 의미한다.(Smaldino et al., 2005). 멀티미어체제(multimedia system)는 전통적인 매체들이 결합되어 나타나거나 문자(text), 사진, 그래픽, 음향, 동영상 등을 표현하는 도구로 컴퓨터를 활용하는 형태를 보이기도 한다. 이 체제는 각 구성요소가 서로 장·단점을 보완해 주면서 결국은 각 부분의 단순한 합보다 결합된 전체가 더 큰 모습을 구현함으로써 여러 가지 매체 형식이 하나의 구조화된 프로그램으로 통합되는 결과를 낳게 되었다.

교육에서 멀티미디어의 목적은 학습을 증진시킬 수 있는 다감각을 이용한 경험(miltisensory experience)을 학습자에게 제공하는 데 있다. 과거에 수업에서 가장 두드러진 매체는 교재와 강의를 통한 인쇄매체와 청각매체의 활용이었다. 그러나 멀티미디어를 사용하면, 다양한 학습자의 학습양식에 맞추어 매체를 제시할 수 있다. 청각지향적인 학습자(auditory learners), 시각지향적인 학습자(visual learners), 촉각지향적인 학습자(tactile learners)는 각각 멀티미디어의 다양한 제시형태로부터 학습에 도움을 받을 수 있다. 풍부한 인쇄·청각·시각·동영상 자료는 학습자로 하여금 자신에게 가장 효과적인 감각양식(sensory mode)을 스스로 선택할 수 있게 해 준다. 그리고 교수자는 학습목표와 필요한 학습경험에 대하여 명확히 알고 있으면, 가장 적합한 매체가 무엇이며, 이것을 가장 효과적으로 활용하는 방법에 대하여 지혜롭게 결정할 수 있다(강이철, 2001; Smaldino et al., 2005).

이와 같이 인간의 다양한 감각기관을 통하여 학습효과를 향상하는 것이 목적인 멀티미디어의 특성은 다음과 같이 종합될 수 있다. 첫째, 다양한 매체가 통합이 되어 하나의 화면에 제시가 된다. 문자자료에 그래픽이나 청각기능을 추가하여 사용할 수 있으며, 만화, 영화 등과 같은 자료도 멀티미디어 화면에 제시가 가능하다. 즉 멀티미디어는 모든 매체를 통합한 하나의 종합예술이다. 둘째, 양방향 상호작용(two-way interaction)이 가능하다. 멀티미디어 프로그램은 상호작용이 가능하며 사용자의 응답에 따라서 프로그램의 진행이 가능하며, 프로그램의 순서, 내용, 분량 등을 자유롭게 선택할 수 있다. 비선형(non-linear)적인 정보의 제시·사용이 가능하다. 학습자는 원하는 정보를 순서에 관계없이 정보를 선택하여 사용할 수 있다. 넷째, 질(質) 높은 음향과 영상을 얻을 수 있다. 녹화물이나 영상자료는 오래 사용하면 녹화 필름에 이상이 생기는 경우가 있지만,

멀티미디어는 음향이나 영상이 선명할 뿐만 아니라 아무리 사용하여도 음질이나 화질에 변화가 없다. 다섯째, 많은 양의 정보를 수록·저장할 수 있으며 검색이 쉽다. CD-ROM, DVD(digital video/versatile disc) 등을 이용하여 많은 양의 정보를 쉽게 수록할 수 있으며, 정보의 색인을 이용하여 필요한 정보의 검색이 쉽다. 여섯째, 정보의 확장이 가능하다. 멀티미디어가 방송, 인터넷 등과 결합할 때 다양한 학습내용을 추가하는 강력한 매체로 확장이 가능하다.

마지막으로 멀티미디어를 활용한 교육은 다음과 같은 특성이 강조된다 (박성익 외, 2001).

첫째, 실제경험과 유사한 간접경험을 학습자에게 제공할 수 있다. 멀티미디어에서 제공되는 현실감 있는 내용과 정보는 실제 상황에서 접하게 되는 여러 가지 과제에 활용할 수 있는 것으로 이러한 간접경험은 미래 직업세계를 위한 준비에 많은 도움이 될 것이다. 둘째, 조건화된 지식습득이 가능하다. 멀티미디어를 활용하면, 실제상황과 유사한 상황에서 학습이 이루어짐으로써 조건화된 지식을 습득할 수 있는 기회를 제공할 수 있다. 셋째, 학습의 개별화를 촉진할 수 있다. 멀티미디어는 융통성 있는 학습 환경으로 학습자 개개인이 자신에게 적합한 인지구조를 형성할 수 있도록 지원함으로써 학습의 개별화를 촉진시켜 준다. 넷째, 정서적인 측면에서 학습효과를 기대할 수 있다. 멀티미디어가 가지고 있는 유용성 가운데 다중감각을 통한 생생한 학습 환경을 제공함으로써 인지적 측면뿐만 아니라 감정적인 인성적 측면, 즉 정서적인 부분에서 유용한 학습효과를 기대할 수 있다.

2. 멀티미디어의 교육적 활용 유형

오늘날 교육에서 사용되는 멀티미디어는 동시 발생적인 청각테이프 (synchroni−zed audio tape)와 슬라이드(slide), 비디오테이프, CD−ROM, DVD, 인터넷, 가상현실 등 다양한 멀티미디어가 교육에서 사용되고 있다. <표 10>은 Smaldino와 동료학자들(2005)이 구분한 멀티미디어 꾸러미(multimedia kids), 하이퍼미디어(hypermedia), 상호작용 매체(interactive media), 가상현실(virtual reality), 전문가 시스템(expert systems) 등의 멀티미디어에 대한 일반 특성과 장·단점에 대한 요약이다.

〈표 10〉 멀티미디어 유형의 특성

유 형	일반특성	장점
		단점
멀티미디어 꾸러미	• 1가지 종류 이상의 매체가 단일학습주제를 중심으로 구성된 교수·학습 자료의 꾸러미를 의미, 교수·학습에서 사용되는 다양한 종류의 매체 종합 • 학습자에게 실제적인 경험제공이 목적, 만져 보고, 관찰하고, 실험하고, 의문을 가져 보고, 결정하기	• 흥미: 학습 동기 유발 • 협동: 실험, 문제해결, 역할놀이, 다양한 종류의 실제적인 경험을 통한 협동학습 • 운반 가능성: 미디어센터, 가정, 교실 밖에서 사용 가능
		• 비용: 전통적인 방법보다 고비용 • 시간낭비: 자료제작·유지·보전에 시간요소 • 대체의 문제: 일부 분실의 경우 활용문제
하이퍼 미디어	• 컴퓨터에 저장된 문자, 음향, 시각 정보로 구성된 '비순차적 문서'가 하이퍼텍스트: Nelson이 창안 • 사용자에게 매우 풍부하게 구성된 정보환경, 즉 문자, 음향, 사진, 동영상 등을 다양한 방법으로 연결하여 브라우징(browsing), 연결(linking), 저작(authoring)에 사용	• 주의집중: 학습흥미 유발 • 다감각 이용: 다양한 매체 활용 • 연결: '대상 버튼(hot button)' 활용 • 개별화: 개별학습이 가능한 지식구조 • 교사와 학습자 자신의 파일 창조 가능
		• 방향성 상실: 가상공간에서 방향상실 가능성 • 구조화 부족: 학습에 대한 좌절 가능성 • 상호작용 부족: 일방통행식 정보제공 가능성 • 복잡성: 신기술의 프로그램 사용 어려움 • 시간낭비: 학습목표 달성에 많은 시간 필요

유 형	일반특성	장점
		단점
상호작용 매체	• 학습자가 특정 기술을 연습하고, 송환정보를 받을 수 있는 매체 • 동영상은 CD-ROM, DVD, 인터넷을 통하여 제공	• 다양한 매체: 시스템에 다양한 매체와 통합 • 학습자 참여: 능동적이고 적극적인 참여 • 개별화 수업: 교정학습이나 심화학습 안내 • 융통성: 다양한 학습주제 선택 가능 • 모의실험: 의학, 기계운전, 대인관계 기술에서 실제 상황과 유사한 경험 제공
		• 구입비용: 가격상승에 따른 비용 증가 • 개발비용: 개발에 많은 비용이 필요 • 수정 불가능: 제작된 프로그램 수정 불가
가상현실	• 사용자가 다양한 감각을 통하여 경험하고, 실제 상황에 처해 있는 것과 같은 느낌으로 주어진 상황과 상호 작용하는 매체 • 가장 최신의 멀티미디어 기술	• 안전: 실제적인 위험이나 재해 노출을 예방 • 확장된 경험: 실제 세계에서는 불가능한 장소의 탐사기회 제공 • 탐구 기회: 모의환경에서 실험기회 제공
		• 비용: 고가의 장비 비용 • 복잡성: 대부분 교실환경에서는 적합하지 않음 • 소프트웨어 부족: 적절한 프로그램의 부족
전문가 시스템	• 특정 영역에서 여러 전문가의 지식과 비결(Know-how)을 적용하여 복잡한 문제 해결 방법을 학습자에게 교수 • 지식공학자(knowledge engineer)라는 새로운 직업 탄생	• 효과성: 가장 효과적인 교수·학습매체로 탄생 가능성
		• 비용: 개발에 많은 비용이 필요 • 전문가 부족: 분야별 전문가의 부족으로 양질의 시스템 개발의 어려움

3. 멀티미디어 학습

1) 멀티미디어 학습의 특징

현대 정보사회에서 정보공학을 이용한 매체는 문자, 수치, 음성은 물론 그래픽, 애니메이션, 오디오, 비디오 등 인간이 인식할 수 있는 모든 대상을 동시에 처리할 수 있는 수준으로 발전했다. 멀티미디어라는 용어는 이제 컴퓨터 사용자들에게 일상용어처럼 되었고, 컴퓨터와 가깝게 지내지 않는 사람이라도 한번쯤은 접해 본 경험이 있을 정도로 우리 생활과 밀접한 용어가 되고 있다. 멀티미디어는 기존의 텍스트 미디어뿐만 아니라 이미지, 그래픽, 애니메이션, 비디오에 이르기까지 광범위하게 확장된 통합 미디어이다(강현석·문상호·박인호, 2000). 기술의 발달에 의해 컴퓨터라는 기기 하나로 이들 매체를 동시에 통합하여 사용할 수 있게 되었다. 이러한 매체를 교육에 활용함으로써 컴퓨터를 기반으로 한 멀티미디어 교수-학습 프로그램이 증가하였다. 또한 인터넷 전용회선의 사용증가로 웹과 연동하여 사용하는 프로그램이나 학습 자료 또한 풍부해졌다.

멀티미디어를 이용한 학습은 전통적인 강의식수업에 비해 더 효율적이라는 연구결과들이 있다. Kulik, Kulik과 Cohen(1980)의 연구에서 전통적인 수업을 받은 학생들에 비해 컴퓨터를 이용해서 수업을 받은 학생들이 학습시간을 효율적으로 절약하는 결과가 나타났다. Kulik, Bangert와 Williams(1983)의 연구에서는 컴퓨터 시뮬레이션을 통한 의학수업이 강의식수업에 비해 학습시간을 절약하는 효과가 있음을 보고하였다. Kulik과 Bangert-Downs(1985)의 연구에서는 멀티미디어 학습에서 정보를 적절히 제시할 경우 평균 학습시간이 최대 80%까지 줄어들었으며 학업성취도 결과는 높게 나타났다.

멀티미디어 학습의 특징은 여러 학자들에 의해 논의되어 왔다. Alavi, Wheeler와 Valacich(1995)의 연구에서는 멀티미디어 학습의 특징을 학습자에게 구체적으로 어떤 내용을 많이 전달하는 것이라기보다는 멀티미디어 매체들이 학습자의 학습흥미나 동기를 지속적으로 유지시키는 것으로 보았다. 이러한 멀티미디어 매체를 이용한 교육은 학습자의 자발적 참여를 높여줄 뿐 아니라, 학습과정에 대한 구체적인 이해와 관심을 높여 주는 효과가 있었다.

Najjar(1996)는 멀티미디어 학습의 특징을 다음과 같이 보고하였다. 첫째, 전통적인 교수방법과 비교해서 학습을 더 잘 구조화시킬 수 있다. 둘째, 능동적인 상호작용이 가능하다. 셋째, 학습자 개인이 자신의 학습속도를 조절할 수 있다. 넷째, 참신하고 자극적인 특성을 지니기 때문에 학습에 긍정적인 효과가 있고, 전통적인 강의식 수업에 비해 더 효율적이다. 학습효과와 관련된 멀티미디어 학습의 특징 이외에 Webster와 Ho(1997)는 멀티미디어 학습의 특징으로 멀티미디어 소프트웨어에 대한 도전성, 학습자에게 피드백 제공, 학습자의 통제기능 제공, 멀티미디어 표현양식의 다양성 등을 제시하였다. 이러한 멀티미디어 학습의 특징을 정리하면, <표 11>과 같다.

<표 11>에서처럼 멀티미디어 학습의 특징은 학습자의 학습흥미나 동기를 지속적으로 유지시키며, 학습자와 교육내용 간 상호작용을 가능하게 하는 것이다. 이와 같이 멀티미디어 학습의 특징을 교수설계에 고려하면 학습자들의 멀티미디어 학습 참여도를 높일 수 있으며, 학습의 효과를 증진시킬 수 있다. 그 밖에 교육용 소프트웨어에 대한 호기심, 흥미, 확신, 놀라움 등으로 학습자와 멀티미디어 매체와의 상호작용이 활발해지며, 효율적인 교육시스템을 구축할 수 있으며, 교육에 소요되는 시간 및 비용의 감소는 물론 교육효과의 증진이라는 여러 가지 효과가 기대된다.

<표 11> 연구자들에 따른 멀티미디어 학습의 특징

학자	멀티미디어 학습의 특징
Alavi, Wheeler와 Valacich(1995)	* 학습자의 학습흥미나 동기를 지속적으로 유지
Najjar(1996)	* 학습을 구조화 * 능동적인 상호작용 * 학습속도 조절 * 참신하고 자극적
Webster와 Ho(1997)	* 멀티미디어 소프트웨어에 대한 도전성 * 학습자에게 피드백 제공 * 학습자의 통제기능 제공 * 멀티미디어 표현양식의 다양성

2) 컴퓨터와 멀티미디어 학습 자료 평가

교육용 소프트웨어의 효과 측정은 대상 학습자가 소프트웨어를 사용하는 동안 체계적으로 평가되어야 하며 동시에 학습이 끝난 후에 학습자들에게 기대되는 학습 결과가 초래되었는지 평가하여야 한다. 따라서 학습의 효과적인 측면에서 고려해야 할 요소는 다음과 같다.

- 소프트웨어의 학습목표와 교과과정만 관련이 있는가?
- 소프트웨어는 학습자의 목표 달성을 위해 적절한 학습전략을 사용하는가?
- 학습자를 평가할 수 있는 방법이 포함되어 있는가?

교사는 설계 측면과 효과 측면을 모두 만족시키는 소프트웨어를 선정하여 사용하여야 한다.

모든 사람들이 필요로 하는 멀티미디어 타이틀이나 웹사이트를 개발하여 사용할 수는 없다. 왜냐하면 개발하는 데에는 많은 시간과 경비가 소요되며 그것보다 더 중요한 것은 전문요원이 필요하기 때문이다. 따라서 대부분의 경우 이미 개발된 타이틀이나 웹사이트를 이용하게 되며 이러한 경우 평가를 거쳐 사용 여부를 결정하여야 한다.

멀티미디어 평가는 두 가지 측면, 즉 기술적인 평가와 교육적인 평가에서 이루어진다. 기술적인 평가는 구입한 멀티미디어 타이틀이 소유하고 있는 컴퓨터상에서 별도의 부속품을 구입하지 않고 사용할 수 있는지를 알아보는 것이며 교육적인 평가는 내용적인 것으로 요구를 만족시키는지를 알아보는 것이다.

3) 멀티미디어 학습 자료 개발

교육 관련 내용을 가진 멀티미디어 자료가 컴퓨터에 탑재된 것을 멀티미디어 교육용 소프트웨어라 하고, 이는 컴퓨터와 멀티미디어 두 가지의 장점을 충분히 살리면서 학습이 가장 효과적·효율적으로 이루어지도록 설계·개발되어야 한다. 효과적 교육용 소프트웨어란 학습자의 학업 성취도를 높이고 학습자의 고급 인지능력인 창의력, 문제해결력, 논리적 사고력을 증진시킬 수 있으며 학습자의 동기를 높일 수 있는 소프트웨어를 의미한다. 반면, 효율적인 소프트웨어는 다른 학습 방법보다 교육용 소프트웨어를 사용할 경우 학습 시간이 단축되고 교육비용이 절감되어 시간과 경제적인 측면에서 이익을 가져다주는 소프트웨어를 의미한다.

효과적이고 효율적인 소프트웨어는 첫째, 개발 목적과 학습 목표 그리고 활용 방안이 구체적이며 명백해야 한다. 둘째, 내용이 정확하고 조직적이며 명확하게 전달되어야 한다. 셋째, 학습자의 수준과 특성을 고려하여 학습 동기를 유발시키고 학습자에게 적절한 통제권을 부여하며 학습의 평가가 정확하여야 한다. 마지막으로 학습자가 사용하기 용이하고 쉽게 학습을 진행할 수 있으며 프로그램의 오류가 없어야 한다.

교육용 소프트웨어를 학습목표에 맞도록 스스로 개발하여 활용한다는 것은 직접 제작을 한다는 것을 의미하며, 이는 바로 멀티미디어 타이틀 제작과 같은 의미이다. 멀티미디어 타이틀은 한 개인에 의하여 개발이 되기보다는 여러 전문인들이 모인 공동 작업을 통해 이루어진다. 교육용 멀티미디어 타이틀 개발에 참여하는 최소한의 주 요원들을 살펴보면 교수 설계자, 프로그램, 내용 전문가, 영상 매체 제작자, 컴퓨터 그래픽 디자이너 그리고 이 각 요원들을 이끌어 갈 수 있는 프로젝트 매니저 등이다.

물론 각 사람이 한 역할만 담당해야 하는 것은 아니다. 예를 들면 교수 설계자가 프로젝트 매니저를 겸임할 수 있으며 때로는 내용 전문가가 교수 설계자의 역할을 겸임할 수도 있다. 이렇게 다양한 분야의 사람들이 모여 각각의 전문성을 발휘하여 교육용 멀티미디어 타이틀을 개발하므로 타이틀의 질과 교육적인 효과를 기대해 볼 수 있는 것이다. 교육용 멀티미디어 타이틀은 일반 홍보나 광고 또는 오락용 멀티미디어 타이틀과는 목표와 접근 방법이 다르며 효과적인 교육용 멀티미디어 타이틀을 개발하기 위하여서는 반드시 교수 설계자가 참여하여야 한다.

4) 컴퓨터와 멀티미디어의 활용

교육에서 컴퓨터 활용영역은 학자에 따라 다르게 분류한다. Taylor는 컴퓨터를 교수·학습의 도구로 활용하는 영역, 컴퓨터가 교사(Taylor)가 되어 학습자를 가르치고 관리하는 영역, 컴퓨터가 학습자(tutee)의 역할을 하고 학습자가 교사의 역할을 하여 컴퓨터로 하여금 학습자가 명령하는 것을 수행하는 영역(Taylor, 1980)으로 분류하였고, Alessi와 Trollip은 컴퓨터에 관한(About Computer) 교육, 컴퓨터를 사용한(With Computer) 교육, 컴퓨터의 행정적인 활용(Administrative Use) 영역으로 분류하였다(alessi & Trollip, 1985). 그 외에도 컴퓨터 보조학습(CAI: Computer Assisted Instruction), 컴퓨터 관리학습(CMI: Computer Managed Instruction), 컴퓨터 리터러시 등으로 구분하여 컴퓨터가 교육에서 활용되는 영역을 나타내기도 한다.

가장 일반적으로 사용되고 있는 Taylor의 세 영역을 중심으로 교육에서 컴퓨터가 활용되는 영역을 살펴보면 다음과 같다. 도구로서의 컴퓨터의 활용 영역은 문서작성기, 탁상출판, 프레젠테이션 프로그램, 스프레드시트, 데이터베이스, 인터넷, 컴퓨터 통신 등을 촬영하여 컴퓨터를 교수-학습의 도구로 활용하는 영역이다. 교사로서의 컴퓨터의 활용 영역은 반복 학습형, 개인 교사형, 문제 해결형, 시뮬레이션, 게임형, 자료 제시형 등의 교육용소프트웨어가 교사의 역할을 부분적으로 수행하여 학습내용을 학습자에게 전달하고 학습자로 하여금 연습하게 하고, 평가를 하고 학습자를 관리하는 교수-학습 전반의 활동을 컴퓨터가 대신 하는 것을 의미한다. 학습자로서의 컴퓨터의 활용영역은 학습자가 컴퓨터에서 프로그래밍 언어를 사용하여 수행 요구를 하고, 컴퓨터는 이러한 명령에 순종하여 학습자가 원하는 것을 수행하는 영역으로 컴퓨터프로그래밍을 통한 교육이 이 영역이고 LOGO 프로그래밍은 좋은 예가 될 수 있다.

(1) 도구(Tool)로서의 컴퓨터 활용

컴퓨터의 도구적 활용은 컴퓨터가 모든 교과 영역의 학습을 보조하는 교수 - 학습의 도구로 사용되는 것을 의미한다. 따라서 컴퓨터는 학습자의 필기도구가 될 뿐만 아니라 학습에 필요한 학습도구, 예를 들면 현미경, 계산기, 설계 테이블과 같은 기능을 수행하는 것을 의미한다.

Taylor는 컴퓨터의 도구적 활용을 다음과 같이 설명하고 있다.

컴퓨터가 '도구'로서의 역할을 하기 위해서는 교실에서 활용하는 컴퓨터는 유용한 성능을 갖춘 응용소프트웨어, 예컨대 통계분석 프로그램, 고성능 계산 프로그램, 혹은 워드 프로세서 등을 수반하여야 한다. 그러면 학생들은 다양한 과제의 학습을 위해서 컴퓨터를 활용할 수 있게 된다. 예를 들면, 학생들은 컴퓨터를 수학교과나 과학교과에서의 여러 유형의 과제를 해결하기 위한 계산기로, 또한 지리교과에서의 지도 작성 도구로, 그리고 음악시간의 온순하고 지칠 줄 모르는 연주자로, 혹은 영어시간의 문안 편집자 및 복사기로 사용할 수 있을 것이다(Taylor, 1980).

즉 컴퓨터를 학습자의 다양한 학습도구로 활용하는 관점에서 학습자의 작문실력 배양, 학습정보수집, 분류, 검색 및 활용능력 습득과 이를 통한 능동적, 발견적, 창의적 학습능력 배양이 그 주요 목적이 되고 있다. 따라서 컴퓨터를 도구로 활용하는 경우, 학습자 하위 수준의 사고기능은 물론이고 상위 수준의 사고기능도 개발할 수 있게 된다. 이를 위해서 컴퓨터는 학습도구로 언제 어디서나 손쉽게 자유자재로 변형되어 학습자의 인지과정을 촉진시키는 문제해결 및 '사고도구'로 활용될 때 그 기능이 충분히 발휘될 수 있다.

컴퓨터를 수업현장에서 학습도구로 활용하는 예는 다양한데 그중 대표적인 것이 문서 작성기기로서의 워드프로세서, 회계 관리 기능의 스프레드시트, 정보 조직관리 기능의 데이터베이스, 컴퓨터 통신·관리 기능의 통신 프로그램 등이 있다. 예컨대, 작문이나 학습 보고서 작성에 워드프로세서가 수학 문제 해결이나 개념이해에 스프레드시트가, 그리고 화학원소분류, 역사적 인물, 사건 학습 등과 같은 과학, 사회학습에 데이터베이스와 통신 프로그램이 이용될 수 있다.

(2) 교사(Totor)로서 컴퓨터 활용

컴퓨터가 교사의 역할을 하여 학습자는 컴퓨터로부터 교수를 받거나 컴퓨터를 이용하여 자가 학습을 하는 것이 교사로서의 컴퓨터 활용영역이다. 교사로서 컴퓨터가 활용되는 경우에 가장 일반적인 학습의 형태는 컴퓨터가 학습 정보를 제공하고 학습자는 이와 관련된 문제에 응답하며, 이 응답은 컴퓨터가 이미 갖고 있는 평가 준거에 의하여 학습자의 응답을 평가하고, 평가 결과에 따라 학습의 다음 단계를 결정하게 되며 이는 CAI와 CMI를 병합한 교수-학습적 활용이라 할 수 있다.

컴퓨터는 교수-학습에서 학습자들에게 새로운 개념을 가르치고 그들의 이해를 돕는 개인교수, 학습자들이 배운 지식을 언마시키고 확실하게 해 주는 반복연습 그리고 학습자가 기술적으로 습득한 것을 실제와 유사한 화면상에서 연습하세 하는 모의실험 등 다양한 방법으로 활용될 수 있다.

이렇게 교수-학습을 도와주는 컴퓨터 프로그램을 CAI(Computer Assisted Instruc-tion), CAL(Computer Assisted Learning), CBL(Computer-Based Learning) 소프트웨어 또는 교육용 소프트웨어라 하고 이는 다음과

같이 6가지 유형으로 분류될 수 있다.

- 개인교수형(Tutorial)

개인교수형의 소프트웨어는 새로운 개념이나 지식을 가르치고자 할 때에 활용되는 소프트웨어이며 그 영역은 언어 정보나 지적 기술 부분이다. 개인 교수형 소프트웨어를 활용하여 효과적인 학습이 이루어지기 위해서는 소프트웨어가 효과적으로 설계/개발되어야 한다. 좋은 설계에는 학습목표가 진술되고 학습결과를 측정하는 방법, 그리고 학습을 시키는 학습전략이 모두 포함되어야 한다. 학습 목표는 구체적으로 진술되어야 하며, 진술된 목표 달성 여부를 측정하는 방법과 결과표도 확실히 제시되어야 한다. 또한 학습전략도 명시되어야 하는데 학습전략에는 Gagné의 9단계의 교수계열화 원리를 일반적으로 활용한다. Gagné가 제시한 9단계의 교수계열화 원리는 다음과 같다.

① 학습자의 주의를 끌고 동기를 유발시킨다.

② 학습목표를 제시한다(학습자의 연령이나 성숙도에 따라 다르게 제시한다).

③ 학습자가 소프트웨어에서 배울 내용과 관련 있는 사전지식을 상기시킨다.

④ 학습 내용은 해설, 그래픽, 모의실험 등을 사용하여 적절한 학습 전략으로 제시한다.

⑤ 학습자에게 기대되는 수행정도를 포함한 예를 제시한다.

⑥ 학습 목표에 맞는 연습 기회를 제공한다.

⑦ 연습 수행에 대한 피드백을 주되, 맞고 틀린 것에 대한 피드백만 아

니라 틀린 것은 왜 틀렸는지에 대해 알려주고 자신의 틀린 것을 통해 알아 갈 수 있도록 해야 한다.

⑧ 총괄평가의 입장에서 학습자가 소프트웨어가 제시한 목표에 도달했는지를 평가한다.

⑨ 전이나 파지를 일으킬 수 있도록 제공하고 향후 학습에 어떻게 도움이 되는지도 알려준다.

이러한 9단계의 교수 전략은 개인교수형 컴퓨터 활용 수업의 효과를 측정하는 척도가 될 수 있으며 개인교수형의 기본 구조를 살펴보면 다음과 같다.

• 반복 연습형(Drill/practice)

반복연습형의 소프트웨어는 학습자에게 새로운 개념을 가르치는 것이 아니라 학습자들이 이미 다른 방법을 통해서 배운 지식이나 개념을 더욱 정확하게 수행할 수 있도록 하기 위하여 사용되는 소프트웨어이다. 종종 반복 연습형은 특정 과제, 즉 구구단 외우기, 영어 단어 외우기에서 그 속도와 정확성을 향상시키고자 할 때에 활용된다.

따라서 반복 연습형 소프트웨어는 학습자에게 질문, 문제 상황 등을 제시하고 학습자로 하여금 답하게 한 후 컴퓨터는 그에 대한 피드백을 제공하고 그다음 질문이나 문제로 진행된다. 현재 시중에 나와 있는 다양한 반복연습형의 소프트웨어를 구입할 경우, 교사는 소프트웨어가 지향하고 있는 학습목표가 분명하고, 이를 다음과 같은 체계적인 방법으로 전개되었는지 여부를 판단한 후 선정하도록 한다. 첫째, 새로운 지식이나 기술을 제시할 때에 학습자의 기존 지식, 기술이 방해를 받으면 안 된다. 둘째, 연습은 작은 단위로 나뉘어 짧은 시간에 하는 것이 많은 내용을 장시간에 걸쳐 하는 것보다 효과적이다. 또한 너무 오래전의 것을 반복하는 것보다는 배우고 얼마 되지 않아 반복되는 것이 기억에 더욱 도움을 준다는 연구 결과를 반영한 것이어야 한다. 다시 말해, 학습자의 단기 기억에 관한 성격을 잘 이해하고 이에 맞는 반복 연습이 가장 효과적인 방법이라 할 수 있다.

• 모의 실험형(Simulation)

컴퓨터를 활용하여 학습하는 가장 효율적인 방법 중의 하나가 모의실험이다. 모의실험은 실제와 유사한 현상을 컴퓨터 스크린에 제시하여 학습을 진행하는 것으로 컴퓨터의 특성을 가장 잘 활용한 학습 방법이라 할 수 있다. 모의실험에서는 컴퓨터가 미리 정해 놓은 상황을 제시하는 것이 아니라 학습자들의 반응이 우선이 되고 이 반응에 민감하게 대처한다. 모의실험으로 학습하는 학습자는 능동적으로 의사 결정을 하고 그 안에서 학습자는 학습 목표를 성취한다. 다양한 교과에서 교사들은 모의실험 방법이 교과목 학습을 생동감 있고 흥미롭게 할 뿐만 아니라 협동학습과 대규모 학습에도 유용하게 사용할 수 있다. 개인이 의사결정을 하면서 학습이 가능할 뿐 아니라 소그룹이 의견의 일치를 하면서 학습할 수 있다는 장점이 있다. 또한 경우에 따라서는 한 학급이 교사 – 학습자 – 컴퓨터와 상호작용을 하면서 한대의 컴퓨터로도 학급 전체가 학습할 수도 있다.

• 게임형

교육용 소프트웨어에 경쟁, 흥미, 도전 등의 게임 요소를 첨가하여 보다 흥미로운 학습이 되도록 하는 유형이다. 게임 요소는 모든 종류의 학습에 활용될 수 있고 학습자의 능동적인 참여를 유도하므로 게임형 소프트웨어는 개인교수형이나 반복 연습형, 모의 실험형 등 다른 유형의 소프트웨어에서도 통합적으로 이용되는 유형이다.

교육용 소프트웨어에서 구현될 수 있는 게임의 종류는 매우 다양하며 이를 유형별로 분류하면 다음과 같다.

- 탐험 유형: 학습자는 게임의 주인공으로 게임이 제공하는 단서나 정보를 이용하여 미지의 세계를 탐구하며 알아 가는 유형
- 판/카드놀이 유형: 장기, 바둑, 윷놀이 등 전형적인 판이나 카드 게임을 컴퓨터로 진행하는 유형
- 전투 유형: 학습자와 학습자 또는 학습자와 컴퓨터가 서로 무기, 전술을 이용하여 전투하는 유형
- 논리 유형: 학습자가 주어진 문제를 논리적인 사고를 이용하여 풀어 가는 유형
- 역할놀이 유형: 학습자가 게임의 등장인물 중 하나의 역할을 수행하며, 그 인물이 처한 상황과 문제를 해결해 나가는 유형
- TV 퀴즈 유형: TV 퀴즈에서 사용하는 낱말 맞추기 등 여러 가지 형태의 게임을 컴퓨터로 수행하게 하는 유형
- 낱말 맞추기 유형: 낱말 학습을 위해 낱말과 낱말의 의미 등을 짝 맞추는 유형

- 템플릿 유형: 그림을 여러 장의 종이가 감추고 있고, 종이에 있는 문제를 맞혀 나가면 밑에 있던 하나의 큰 그림이 나타나는 것과 같은 유형

게임은 경쟁 심리를 부추기는 승자와 패자의 요소가 들어가고 즉시 피드백을 받게 되므로 학습자들의 흥미를 유지시킬 수 있고 따라서 능동적인 참여가 극대화될 수 있다. 또한 게임에서는 학습자들의 흥미를 유발하고 유지하기 위해 고품질의 그래픽과 음향 효과를 사용하며 무엇보다도 중요한 것은 사용자, 즉 학습자의 능력에 맞추어 게임 진행 속도나 난이도가 조정될 수 있다는 점이다.

- 문제 해결형

문제 해결형 소프트웨어는 교사가 문제해결 상황을 제시하고 학습자가 고도의 사고력과 창의력을 발휘하여 문제를 해결하도록 하는 유형이다. 문제 해결형 프로그램은 일반적으로 두 가지 유형으로 나눌 수 있다. 하나는 학습자 자신이 문제를 설정하는 형식이고 다른 하나는 컴퓨터가 문제를 설정하여 제시하는 형식이다. 학습자 자신이 문제를 설정하고 해결하는 경우에는 컴퓨터는 계산기, 자료 제공자, 자료 조작 기능을 제공하고, 학습자는 스스로 문제해결을 위한 가설과 자료 수집과 결과 처리의 과정을 거쳐 문제를 해결하고 이를 통해 문제 해결 능력을 기를 수 있다. 컴퓨터가 문제를 제시하는 경우는 문제 해결에 필요한 자료, 도구 등도 제공될 뿐만 아니라 문제 해결에 필요한 힌트나 전문가의 조언, 도움말 등의 기능이 있어 학습자의 문제 해결을 도와줄 수 있다.

• 자료 제시형

많은 양의 학습 자료를 컴퓨터가 저장하고 있어 학습자가 필요에 따라 원하는 정보를 찾아볼 수 있도록 하는 프로그램으로 학습의 보조 자료로 사용되는 경우가 많다. 컴퓨터의 저장 능력에 따라 학습 내용이 매우 광범위해질 수 있으므로 학습 자료의 조직과 설계 방법에 따라 자료 검색의 효율성과 효과성이 좌우되며 하이퍼텍스트의 개념을 적용한 자료 구조를 사용하여 학습이 가능할 뿐만 아니라 멀티미디어를 활용하여 음향, 음성, 사진, 동화상의 자료 사용도 가능하다.

(3) 학습자(Tutee)로서 컴퓨터 활용

컴퓨터가 학습자가 되고 학습자가 교사가 되어 학습을 수행하는 경우, 학습자는 컴퓨터와 의사소통을 하기 위해 컴퓨터가 이해할 수 있는 언어를 사용하여야 한다. 컴퓨터가 이해할 수 있는 언어는 세 가지 유형으로 구분할 수 있는데 0과 1을 사용하는 기계어와 상징적인 알파벳 체계, 즉 STA(Store Accumulator instruction) 또는 LDA(Load Accumulator instruction) 등을 사용하는 어셈블리어(assembly language)가 있으며 우리의 언어 체계와 가장 유사한 일반 프로그래밍 언어(general purpose language)가 있다.

학습자는 교사의 역할을 수행하면서 컴퓨터에게 과세를 수행하는 것을 배워 주는 것과 같은 괴정을 통해 과세를 분석하고 이해하는 능력을 배양해 나간다. 학습자는 과제를 컴퓨터에게 수행하도록 하기 위해 먼저 자신이 과제에 대해 충분히 이해하여야 하고, 하나의 과제를 하부 과제로 분석하여 컴퓨터에게 컴퓨터 언어로 지시를 하여야 한다. 학습자로서의 컴퓨터 활용은 전산학을 전공하는 사람들의 프로그래밍 과정이 대표적이

며 이외에도 컴퓨터 그래픽 소프트웨어나 사람들의 프로그래밍 과정이
대표적이며 이외에도 컴퓨터 그래픽 소프트웨어나 영상편집 소프트웨어,
애니메이션 소프트웨어를 이용하여 하나의 작품을 제작해 나가는 과정도
이에 속한다. 이러한 과정을 통해 학습자는 다음과 같은 능력을 배양하게
된다.

- 학습자는 컴퓨터가 자신이 지시하는 것만 수행할 수 있는 단순한 기
  계임을 인식하게 되고 불필요한 공포감을 제거할 수 있다.
- 컴퓨터 언어로 과제를 수행하는 학습자는 과제에 대한 충분한 이해
  와 분석을 통해 사고력과 문제 해결력이 신장된다.
- 컴퓨터 언어를 통한 프로그래밍의 경험은 삶을 긍정적으로 대하는
  자세를 갖게 할 수 있다. 그 이유는 컴퓨터 프로그래밍은 한 번에 완
  벽한 과제를 수행하기 어려우므로 여러 번의 오류 수정을 통해 그
  과제가 수행되므로 자신의 실수를 인정하고 수정해 나가는 과정에서
  답을 얻을 수 있으므로 일상생활에서도 자신의 실수를 긍정적으로
  검토, 수정하는 자세를 얻을 수 있다.
- 컴퓨터를 가르치는 과정에서 학습자는 자신의 통제권을 실감하게 되
  고 이것은 곧 일상생활에서 남에게 통제를 받으며 살아왔다는 생각
  에서 좀 더 자신이 스스로 삶을 통제해 나가는 것을 배우게 된다.

교육에서 컴퓨터의 활용영역인 도구로서, 교사로서, 학습자로서의 컴퓨
터 활용 이외에도 컴퓨터를 교수-학습 상황에 유용하게 활용하기 위해
서는 교사는 컴퓨터를 활용한 창의적인 수업 방법을 지속적으로 연구 개

발하고 새로운 테크놀로지의 추세에 민감하게 대처하여야 한다.

5) 멀티미디어 학습에 영향을 미치는 요인

컴퓨터는 여러 가지 멀티미디어 정보제공을 가능하게 하므로 다양한 방식으로 사용될 수 있다. 최근 교육이념의 변화로 컴퓨터의 멀티미디어 정보제공 기능을 교육에 부합하려는 노력이 이루어졌다. 이러한 멀티미디어 학습을 교육에 활용하려는 노력과 함께 멀티미디어 학습에 영향을 미칠 수 있는 다양한 요인들을 찾아볼 필요성이 제기되고 있다.

우선, Bransford(1979)는 전통적인 교실에서의 학습 이외에도 멀티미디어 학습을 포함한 다양한 학습상황에서 적용될 수 있는 학습에 영향을 미치는 요인으로 네 가지 요인을 제안하였다. 즉 학습 자료의 본질, 학습자의 특성, 학습활동, 학습과제의 특성이다. 학습 자료의 본질은 멀티미디어 학습 자료의 시각적 양식, 청각적 양식과 같은 감각양식의 특성을 의미한다. 학습자의 특성은 학습자의 연령, 지식, 기술, 학습스타일, 성격특성을 의미한다. 학습활동은 학습활동의 유형으로 주의분산, 암송, 정교화를 의미한다. 학습과제의 특성은 학습과제의 유형과 학습 자료의 제시유형을 의미한다.

Cennamo, Savenye와 Smith(1991)는 멀티미디어 학습에 미치는 요인으로 학습자의 생리적 특성, 정의적·사회적 특성, 인지적 특성을 제시하였다. 생리적 특성은 감각적 지각, 건강 및 연령을 의미하고, 정의적·사회적 특성은 흥미, 학습 동기, 교과태도, 수업태도, 학문적 자아개념, 불안수준, 귀인, 신념 등을 의미한다. 인지적 특성으로는 사전학습, 발달단계, 적성, 인지양식 등을 들고 있다. 또한 이들은 멀티미디어의 요소와 학습자의 인지양식과는 구체적으로 어떤 관련성이 있는지 규명하였다. 즉 장의존 인지양식의 학습자는 주변의 장에 지배를 받고, 장독립 인지양식의 학습자는 주변의 장에서 분리하여 사물을 지각하는 특성을 갖고 있다.

이와 같은 인지양식의 차이는 지각과정에서만 나타나는 것이 아니고 사고나 문제해결과정에서도 나타났다. 따라서 멀티미디어 학습 환경에서 학습자의 인지양식은 학습효과에 영향을 미친다고 가정할 수 있다. 이처럼 멀티미디어 학습에서는 학습자의 흥미, 학습 동기, 발달단계, 인지처리 양식 등의 생리적 특성, 정의적·사회적 특성, 그리고 인지적 특성이 멀티미디어 학습에 영향을 미친다.

멀티미디어 학습에서 학습효과는 학습자의 정보처리 전략과도 밀접한 관계가 있다. 멀티미디어 학습은 학습과정이 비선형적 절차에 의하여 진행되는 것이 일반적이다(James & Follette, 1993). 이런 점에서 멀티미디어 학습은 학습자가 자신의 학습방법에 따라 정보를 받아들일 수 있는 장점이 있다. 반대로 학습의 주도권이 학습자에게 주어짐으로 인해 학습 방향감의 상실을 초래하여 학습의 효과가 떨어질 수도 있다. 따라서 멀티미디어 학습에 영향을 미치는 요인으로 학습자의 정보처리 전략을 들 수 있다.

윤여순(1995)의 연구에서는 멀티미디어 학습에 영향을 미치는 요인으로 학습자와 매체와의 상호작용성을 제시하였다. 멀티미디어 학습에서 학습자는 학습정보에 대한 다양한 접근이 가능하며, 자신의 학습방법에 따라 정보탐색이 가능하다. 따라서 멀티미디어 수업을 설계할 때 학습자와의 상호작용성을 고려하는 일은 매우 중요하다. 멀티미디어 학습에서 상호작용성이 중요한 변인임에도 불구하고 현재까지의 연구는 상호작용성의 분류기준을 제시하는 수준에 머무르고 있다.

조경자(2000)의 연구에서는 멀티미디어 학습에 영향을 미치는 요인으로 정보제시유형과 인지양식을 제시하였다. 학습자에게 있어서 동일한 학습내용이라 할지라도 정보제시유형에 따라 다른 학습수행을 보였다. 즉 멀티미디어 제시조건이 단일미디어 제시조건에 비해 더 좋은 학습수행을 보였으며, 멀티미디어로 제시하더라도 학습자가 다중양식으로 정보를 처리하도록 제시하는 조건에서 좋은 학습결과를 보였다. 또한 정보제시유형은 인지양식과 상호 작용하여 학습에 영향을 주었다. 시각표상자들은 그림자극을 제시해 주었을 때 학습수행이 향상되었으며, 언어표상자들은 제시유형에 따라 차이가 나타나지 않았다. 이러한 결과는 멀티미디어 학습자료를 제시할 경우 정보제시유형뿐만 아니라 학습자의 인지양식도 고려해야 한다는 사실을 시사해 주었다.

이러한 멀티미디어 학습에 영향을 미치는 요인을 정리하면 <표 12>와 같다.

〈표 12〉 연구자들에 따른 멀티미디어 학습에 영향을 미치는 요인

학자	멀티미디어 학습에 영향을 미치는 요인
Bransford(1979)	학습 자료의 본질, 학습자 특성, 학습활동, 학습과제의 득성
Cennamo, Smith와 Savenye(1990)	학습자의 생리적 특성, 정이저 특성, 사회적 특성, 인지직 특성
James와 Follette(1993)	학습자의 정보처리 전략
윤여순(1995)	학습자와 매체와의 상호작용성
조경자(2000)	정보제시유형, 인지양식

<표 12>와 같이 멀티미디어 학습에 영향을 미치는 요인 중에서 학습자의 특성과 정보처리전략, 학습매체와의 상호작용성 및 인지양식 등에 대한 총체적인 고려가 있을 때, 멀티미디어 학습의 효과를 정확히 파악할 수 있다. 특히, 초등학교 저학년 아동의 발달 특성상 자기 주도적 학습이 미성숙하기 때문에 학습 방향감 상실로 인한 부정적인 결과를 초래하기 쉽다. 따라서 멀티미디어 학습이 초등학교 저학년 아동을 대상으로 효율적으로 이루어지기 위해서는 어떤 요인이 멀티미디어 학습을 향상시킨다는 가정을 지원해 줄 수 있는 과학적 토대를 둔 경험적인 자료가 좀 더 많이 필요하다. 즉 학습자의 정의적 · 사회적 특성을 고려하고 학습의 방향감 상실을 방지하기 위해 어떤 요인을 어떤 방식으로 제공해야 하는지에 대한 체계적이고 광범위한 연구가 선행되어야 한다.

6) 멀티미디어학습과 캐릭터

(1) 캐릭터의 개념과 속성

캐릭터의 사전적 개념은 첫째, 사람이나 사물의 성격, 특징을 의미한다. 둘째, 그래픽적인 마크나 알파벳 등의 기호활자를 의미한다. 셋째, 소설이나 연극 등 극 중의 인물을 의미한다. 넷째, 평판, 명성을 의미한다. 다섯째, 신분자격 등을 의미한다. 디자인에서 캐릭터는 특징적 시각표현으로서 그 자체가 독특한 성격을 강하게 지닌 시각적 대상물이며, 독립적으로 존재하거나 단체, 제품, 서비스, 아이디어, 행사 등 어떤 다른 대상을 상징하기 위하여 창조된 형태라고 할 수 있다(김인철, 1993).

이러한 캐릭터의 개념이 컴퓨터 매개학습이 발달하면서 단순한 시각적 표현으로 활용되기보다는 에이전트의 개념으로 활용되고 있다. 웹 기반 학습에서도 학습자는 실제화상으로 선생님이 제시하는 학습내용보다 선생님의 모습을 캐릭터로 만들어 제시하는 학습내용을 더 선호하는 것으로 나타났다(최리라, 2000). 이것은 캐릭터에 살아 움직이는 선생님의 특성을 부여한 페르소나를 멀티미디어 학습에 활용하면 효과적임을 의미하고 있다. 멀티미디어 학습에 활용되는 캐릭터의 개념은 학습자와의 상호작용을 활발하게 촉진하고, 학습의 효과를 증진시키는 데 긍정적인 역할을 할 수 있는 시각적 이미지로 정의하고 있다(김문정, 2001).

컴퓨터 시대의 가장 두드러진 특징은 정보전달방식이 문자에서 시각적 이미지인 영상으로 바뀐 것을 들 수 있다. 그로 인해 정보가 영상에 의해 전달되는 시각적 커뮤니케이션이 확대되었고, 시각언어가 문자언어보다 중요한 수단이 되는 문화변동이 일어났다. 이러한 환경의 변화에 따라 시각언어의 하나로 사용자와 상호작용을 하면서 주어진 명령에 적절히 학습할 수 있는 지능적인 캐릭터에 대한 여러 가지 연구가 이루어져 왔다(Jung, Yoon & Kim, 2000). 그중에서 가장 활발하게 연구를 하고 있는 곳은 MIT Media Lab의 Synthetic Characters Group이라 할 수 있다(Blumberg, 2002).

Synthetic Characters Group에서 발표된 몇 가시 논분 중에 Jung, Yoon과 Kim(2000)의 연구에서 제시한 캐릭터로 Sydney K9.0은 실제 개를 훈련시키는 데 사용되는 'clicker training'이란 방법을 적용하여 가상의 개를 사용자가 원하는 방향으로 학습시킬 수 있는 시스템이다. 예를 들어 사용자는 마이크나 훈련용 막대기 등을 이용하여 가상의 개 캐릭터의 행동에 보상과 벌칙을 줌으로써 주어진 행동을 수행하도록 훈련시킬 수 있다. 또한 Isla와 Blumberg(2002)는 Duncan이라는 캐릭터를 통해 가상의 3D 환경에서 주변 사물을 인지하고 사용자의 명령에 따라 주어진 행동을 학습하는 양치기 개를 구현하였다. 이 캐릭터는 Synthetic Characters Group에서 개발된 C4 아키텍처를 기반으로 하고 있으며 기본적으로 주위 환경을 인식하여 내부적인 행동모델에 의해 올바른 행동을 수행하도록 되어 있다. Blumberg(2002)의 연구에서 제시한 캐릭터로 Terence 역시 'clicker training'을 사용하여 가상의 개를 훈련시킨다. 이때 음성과 가상 컨트롤러를 사용하여 명령을 내릴 수 있으며 강화학습을 적용하여 학습을 수행한다. 사용자는 실제 애완동물을 훈련시킬 때와 같이 가상의 개에게 앉거나 서거나 악수하는 등의 행동들을 학습시킬 수 있다.

이와 같이 컴퓨터 인터페이스에 활용된 캐릭터는 인간과 같은 자연스러움으로 사회적 행동 유연성(social affinity)을 부여함으로써 의사결정의 지름길을 제공하기도 한다. 또한 인간화된 캐릭터는 시스템에 대한 주관적 만족도를 증진시켜 줄 수 있다(Laurel, 1997). 이러한 캐릭터의 속성으로 인해 상호작용 교수설계자들은 캐릭터 에이전트를 인터페이스 안에 구현시키고 있으며 캐릭터를 보다 인간과 가깝고 자동화된 상호작용 파트너로 인식하고 있다(Thomas & Fischer, 1997). 이러한 캐릭터의 속성이 학습자에게 쉽게 다가가지 않은 경우 학습의 효과를 기대하기 어렵다(윤재준, 2005).

따라서 멀티미디어 학습 교육 콘텐츠를 제작하는 데 있어서 캐릭터의 속성을 이해하고 적용함으로써 학습자에게 나타나는 긍정적인 효과를 살펴보아야 한다. 멀티미디어 학습에서 캐릭터는 제시된 텍스트 정보와 관련이 있을 때 학습에 효율적이다(Levie & Lentz, 1982). 그러나 제시된 텍스트 정보와 관련 없는 캐릭터는 텍스트 정보에 대한 이해를 증진시키지 않으며, 오히려 학습을 방해하는 것으로 보인다. 하지만 캐릭터의 속성이 어떠한 속성을 포함하고 있는지에 따라 학습자에게 다른 영향을 미칠 수 있다(강신천, 2001).

구혜경(1999)은 캐릭터의 속성이 정보처리의 각 단계에 어떠한 영향을 미치는지를 알아보기 위해 관련 연구들을 토대로 캐릭터의 속성을 신빙성, 전문성, 매력성, 유머성으로 구분하였다. 첫째, 신빙성은 캐릭터가 학습자에게 선의를 가지고 있다고 학습자 자신이 인식하는 것이다(Hovland, Janis, & Kelly, 1953). 또한 신빙성은 캐릭터가 제시한 내용에 대해서 학습자가 어떠한 편견도 갖지 않고 지각하는 것이다. 학습자는 신빙성이 높은 캐릭터의 메시지를 신빙성이 낮은 캐릭터의 메시지보다 더 잘 받아들이고, 신빙성이 높은 캐릭터의 메시지는 학습자의 태도나 행동에 더 많은 긍정적인 영향을 주게 된다(Tan, 1985).

둘째, 전문성은 캐릭터가 제시하는 내용이 타당하고 의미 있는 주장을 하고 있으며, 이에 대해 학습자가 올바른 해답이나 정확한 판단을 제시할 수 있다고 학습자가 인식하는 것이다(Hovland, et al., 1953). Mills와 Harvey(1972)는 캐릭터의 속성이 전문성일 경우와 매력성일 경우에 따라 캐릭터가 전달하는 정보에 학습자가 얼마나 동의하는지를 연구하였다. 연구결과, 학습자는 정보를 전달하는 캐릭터의 속성이 전문성의 속성을 지닌 캐릭터의 정보에 더 많이 동의하는 것으로 나타났다. Petty, John과 Shumann(1983)은 두 개의 일회용 면도기 광고를 작성하여 피험자들에게 보여 주면서 관여도, 주장의 질, 광고캐릭터의 전문성에 따른 태도변화의 차이를 측정하였다. 연구결과, 피험자들은 광고캐릭터의 전문성에서 긍정적인 태도변화를 보였다. 이와 같이 정보를 전달하는 캐릭터의 속성이 전문성을 갖고 있을 때 학습자에게 긍정적인 영향을 미치고 있음을 알 수 있다.

셋째, 매력성은 캐릭터 자체가 갖고 있는 속성이라기보다는 학습자들이 캐릭터에 대해 느끼고 있는 태도라고 볼 수 있다. 매력이라고 하면 일반적으로 신체적 매력을 생각하게 되지만 여기서는 심리적인 것도 포함하고 있다. McGuire(1973)는 매력성과 비슷한 친숙성이 학습자로 하여금 캐릭터를 좋아하게 만들거나 매력을 느끼게 할 뿐만 아니라 캐릭터와 학습자 간의 인간관계나 의사소통을 촉진하여 결과적으로 설득커뮤니케이션 효과를 높여 주는 것으로 보았다. Gilbert(2000)는 매력적인 캐릭터를 광고에 적용하였을 경우에 광고 평가에 미치는 영향을 알아보았다. 연구 결과, 매력적인 캐릭터가 비매력적인 캐릭터보다 높은 평가를 받았다.

넷째, 유머성이 있다. Speck(1990)은 유머를 다섯 가지 형태로 구분하였다. 코믹위트, 감성적 유머, 풍자, 감성적 코미디, 완전 코미디로 구분하였다. 유머는 보는 사람에 따라 해석이 다르고 형태를 구분 짓기가 어렵다. 이것은 메시지를 접하는 사람의 관점 및 특성에 따라 느낌의 정도가 다르기 때문이다. 유머성은 즐거움을 주고 기쁨을 불러일으킬 수 있기 때문에 학습자의 주의를 끌고 좋은 분위기를 창출할 수 있다.

김문정(2001)은 에이전트로서 캐릭터의 속성을 가상강의와 학습자를 이어 주는 매개체로서 친근감을 높여 주는 속성과, 학습활동에의 몰입감을 높여 주는 속성을 가지고 있음을 제시하였다. 또한 캐릭터 에이전트의 속성은 가상강의에서 학습자와 대화식으로 학습 진도나 내용을 전개할 수 있게 하여 학습효과를 높여 주는 것이다.

(2) 캐릭터 에이전트의 효과

멀티미디어 학습에서 캐릭터 에이전트는 단순한 시각적 표현으로 어떤 다른 대상을 상징하기 위해 창조된 캐릭터가 아닌 의인화된 속성을 갖고 있다. Johnson, Rickel과 Lester(2000)의 연구에서 애니메이트된 캐릭터 에이전트가 학습자와의 상호작용을 통해 학습자의 동기를 강화하고, 학습문제 해결에 있어서 열쇠가 될 수 있는 능력을 갖고 있음을 보고하였다. 또한 캐릭터 에이전트의 조언적 말투와 행동은 학습자에게 정적 강화를 제공하는 것으로 나타났다. 특히, 캐릭터 에이전트가 교사와 같은 의인화된 모습을 갖고 있는 경우에 학습자는 실제교사와 학습하는 것으로 인식하고, 학습에 긍정적인 영향을 가져다주었다(Hamburger & Tecuci, 1998).

캐릭터 에이전트를 잘 적용하고 있는 분야는 학습자와의 상호작용을 위한 도우미 개발에 초점을 두고 있는 지능형 인터페이스다. 궁극적으로 캐릭터는 사람의 모습과 사람과 같은 언어를 사용하고 사람과 같은 지능을 가지고 사람과 비슷한 표정과 감정을 가지고 인터페이스의 역할을 대신하고 있다(주문원, 최영미, 김상근, 2000). 또한 캐릭터 에이전트의 자율적인 지능성에 감성적 교류의 특성을 포함한 캐릭터 에이전트에 대한 연구가 있다(주문원, 최영미, 1999; 김주리, 2002).

Atkinson(2002)은 멀티미디어 학습에서 캐릭터 에이전트를 학습자의 후견인으로 한 멀티-에이전트 시스템을 제인하였다. 이 시스템의 목적은 캐릭터 에이전트가 학습자에게 조언을 하는 후견인으로서 사회적 참여를 독려하여 학습자가 다른 학습자들과 그룹을 형성하여 학습할 수 있도록 동기화하는 것이다. 이처럼 학습자와 컴퓨터와의 긍정적인 사회적 유대관계 형성을 촉진할 수 있는 매개체로서 학습자의 요구를 반영한 캐릭터 에이전트가 요구되어진다.

멀티미디어와 결합된 캐릭터 에이전트는 기존의 일방향적인 의사소통을 담당하던 캐릭터와는 달리, 캐릭터와 상호작용이 가능하다는 점에서 큰 차이를 보인다(김유란, 2001). 캐릭터 에이전트가 활용되는 대표적인 분야는 컴퓨터 인터페이스로, 구체적인 사례로는 마이크로소프트사의 오피스 프로그램의 도우미로 활용되고 있는 캐릭터를 들 수 있다. 이와 같이 컴퓨터 인터페이스로서 캐릭터 에이전트를 활용하는 이유는 인간과 비슷한 캐릭터와의 의사소통이 인간과 컴퓨터와의 상호작용을 더욱 편리하게 만들고 만족감을 줄 것이라는 기대 때문이다(Dehn & Mulken, 2000).

의인화된 캐릭터 에이전트를 사용하는 것은 시스템에 대한 사용자의 주관적 만족도를 증진시켜 준다. King과 Ohya(1996)는 캐릭터 에이전트가 기하학적 이미지보다 의인화된 이미지를 갖고 있을 때 학습자가 이를 더욱 지적으로 지각하였으며, 친밀감과 신뢰감이 증가하였음을 보고하였다. 또한 캐릭터 기반의 인터페이스 사용 시, 시스템에 대한 만족도 지각에 차이가 나타났다. 즉 컴퓨터에 대한 편안함과 친숙감이 증가하면 학습자와 컴퓨터와의 상호작용이 증가되고 새로운 학습내용을 좀 더 쉽게 이해하는 것으로 나타났다(Marakas, Johnson, & Palmer, 2000). 이처럼 의인화된 캐릭터 에이전트를 활용하는 것은 인간과 컴퓨터와의 상호작용에서 사회적 맥락이라는 부가적 통로를 제공하는 것으로, 학습자의 학습내용에 대한 이해력을 증진시켜 주고, 주관적 만족도를 증진시켜 준다(김유란, 2001).

이와 같이 캐릭터 에이전트가 학습에 미치는 영향에 대한 여러 가지 연구가 보고되었다. 특히, 멀티미디어 학습에서 효과적인 캐릭터 기반 교육환경을 구축하기 위해서는 학습자들이 캐릭터 에이전트로부터 어떠한 영향을 받는지에 관한 여러 요소들을 이해하는 것이 중요하다. 이처럼 학습자가 캐릭터로부터 받는 영향을 캐릭터 에이전트 페르소나 효과라 부르며 이것은 Lester 등(1997)에 의해 처음 사용된 것으로 상호 대화식 교육환경에서 생동감 있는 캐릭터 에이전트의 존재가 학습자에게 미치는 교육적 효과로 정의하고 있다. 이 연구결과 캐릭터 에이전트의 존재는 초등학교 수준의 저학년에게 효과적으로 나타났으며, 저학년의 학습자일 경우에 캐릭터를 생명이 있는 개체로 인식하여 실제 교사와 학습하는 것처럼 인식하게 하였다.

James와 Follette(1993)는 캐릭터 에이전트의 존재 여부에 따른 효과연구를 실시하였다. 특히, 캐릭터를 'fully expressive', 'principle – based admitted / verbal', 'principle – based verbal', 'task – specific verbal', 'muted' 조건으로 하여 교육용 소프트웨어를 제작하였다. 실험은 100명의 중학생(남자 50명, 여자 50명)에게 위의 다섯 개의 조건 중 한 캐릭터 에이전트와 함께 교육용 소프트웨어를 학습하게 한 이후의 학습결과와 이전에 캐릭터 에이전트가 없는 동일한 교육용 소프트웨어를 학습하게 한 이후의 학습결과를 분석하였다. 분석결과 5개 실험조건의 캐릭터 에이전트와 함께 교육용 소프트웨어를 학습했을 때 학습자는 학습의 내용을 더 신뢰하였고, 학습흥미도 증가하였다. 이러한 캐릭터 에이전트의 존재로 인한 효과는 캐릭디 에이전트가 아무 말을 하지 않고 존재하기만 했을 때도 나타났다. 이러한 결과를 통해 캐릭터 에이전트의 존재가 학습자에게 긍정적인 영향을 준다는 것을 알 수 있었다.

van Mulken(1998)은 인간의 이미지를 갖고 있는 캐릭터 에이전트가 학습상황에서 사용자에게 주는 영향을 살펴보았다. 캐릭터 에이전트의 존재, 부재의 두 조건으로 나누어진 실험에서, 이해도와 회상에서 그룹 간

차이가 없었지만, 지각된 난이도와 학습흥미에서는 그룹 간 학습효과의 차이가 존재한다는 것을 알 수 있었다.

Kristine(2000)은 멀티미디어 학습에서 성인학습자가 캐릭터 에이전트와 아바타를 어떤 인격으로 지각할 때 상호작용과 학습 동기에 영향을 미치는지 연구하였다. 연구결과 성인학습자는 캐릭터 에이전트와 아바타를 로봇과 같은 인격으로 지각할 때보다 친숙하고, 신뢰할 수 있는 인격적 이미지로 지각할 때 사회적 의사소통과 동기화가 이루어졌다. 김유란(2001)은 모바일 캐릭터 에이전트를 대상으로 사람들이 캐릭터 에이전트의 성격을 어떻게 지각하는지를 알아보았다. 그 결과 캐릭터 에이전트의 성격은 외향성과 수용성의 두 차원으로 요약됨을 발견하였다. 또한 영역별로 선호되는 캐릭터의 성격에서 차이가 나타났다. 정보지향적 상호작용에서 선호되는 성격은 내향적인 성격이었으며, 목표지향적 상호작용에서 선호되는 성격은 외향적 성격이었다. 그리고 관계지향적 상호작용에서는 내향적인 성격이 선호되었다.

Prendinger, Mayer, Mori와 Ishizuka (2003)는 퀴즈게임에서 캐릭터 에이전트의 페르조나 효과에 대한 연구를 하였다. 연구결과는 캐릭터 에이전트 자체가 주는 정서적 효과가 주관적 측정치에 영향을 주었다. 즉 캐릭터 에이전트를 정서적 캐릭터와 비정서적 캐릭터로 구분하여 실험을 실시하였다. 정서적 캐릭터 조건에서는 퀴즈의 문제를 푼 후 'sorry for' 또는 'happy for'와 같은 정서적 단어를 넣은 피드백을 제시하였고, 비정서적 캐릭터 조건에서는 'right' 또는 'wrong'과 같은 정서적 단어를 넣지 않은 피드백을 제시하였다. 연구 결과 정서적 캐릭터 조건에서 효과적이었다. 즉 캐릭터의 정서적 특성은 학습에 효과적임을 알 수 있다.

양지선(2004)은 캐릭터 에이전트의 제시 여부에 따른 학습수행과 지각된 난이도에 미치는 효과를 알아보았다. 실험결과, 지각된 난이도에서, 실험참가자들은 인간의 이미지를 갖고 있는 캐릭터 에이전트가 제시되었을 때 문제의 난이도를 가장 쉽게 평가했고, 캐릭터 에이전트가 제시되지 않았을 때 문제의 난이도를 가장 어렵게 평가하였다. 결과적으로, 캐릭터의 존재가 과제를 더 쉽게 지각하게 함을 알 수 있었다. 이와 같이 멀티미디어 학습 환경에서 캐릭터 에이전트의 존재와 정서적 특성은 학습에 긍정적인 결과를 보여 주었다.

이와 같이 캐릭터에 대한 학습자의 인격적 지각은 커뮤니케이션 과정에서 학습자와 학습내용 간 사이의 커뮤니케이션을 원활하게 도와주고 또 정해진 프레임 안에 적은 공간을 차지하면서 동등한 차원의 언어요소보다 더 강한 커뮤니케이션 반응을 유도한다(김문정, 2001).

제3절 멀티미디어 학습과 관련된 인지이론

1. 캐릭터와 관련된 이중부호화이론

Paivio(1971, 1991)의 이중부호화이론에 의하면 인간은 텍스트와 같은 시각언어와 나레이션과 같은 청각언어를 처리하는 언어적 채널과, 그림, 효과음, 배경음악과 같은 비언어를 처리하는 비언어적 채널이 있다. 이중부호화이론에서는 정보를 습득하는 두 개의 채널 중 하나를 통해서도 인간은 정보를 처리하여 다른 채널로 연결 지을 수 있다고 본다. 예를 들어, 사람은 새의 그림을 보고 '새'라는 단어를 처리할 수 있는 것이다. 두 채널을 통해 처리된 정보는 학습자가 정보를 인출할 수 있는 인지적 통로를 더 많이 가질 수 있기 때문이다(Mayer & Anderson, 1991).

Mayer와 Anderson(1991)의 연구에서 단일미디어의 사용보다는 두 개의 미디어를 사용할 경우에 학습수행의 향상이 나타났다. 즉 텍스트나 나레이션, 혹은 애니메이션 중 한 가지만을 보여 주는 단일미디어 제시유형에서의 학습수행보다 애니메이션이나 그림정보를 텍스트나 나레이션과 함께 제시하는 다중미디어 제시유형에서 학습수행이 높게 나타났다. 또한 그림형태를 통해 제시된 정보는 텍스트로 제시된 정보보다 더 잘 기억된다(Nelson, 1997). [그림 3]은 Paivio(1991)가 이중부호화이론을 설명한 것으로 언어적 자극과 비언어적 자극 간의 관계를 나타내고 있다.

[그림 3]은 세 가지 주요 처리과정을 보여 준다. 첫 번째 과정은 언

어자극과 비언어자극이 감각시스템에 전달되는 것이다. 두 번째 과정은 우선, 언어적으로 제시된 정보와 언어적 표상 간의 표상적 연결(representational connection)을 만들어 내는 것이고, 다른 하나는 비언어적으로 제시된 그림정보와 비언어적 표상간의 표상적 연결을 만들어 내는 것이다.

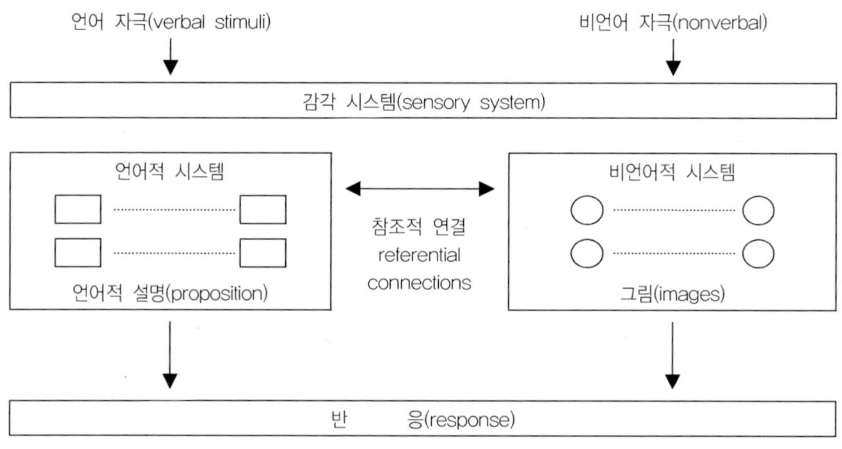

[그림 3] 이중부호화이론 모형

마지막 세 번째 과정은 언어적 그리고 비언어적 표상 간의 참조적 연결(referential connections)을 만들어 내는 것이다. 이와 같이 [그림 3]에서 설명하고 있는 이중부호화이론 모형에 의하면, 학습자들은 언어적 표상과 시각적 표상뿐만 아니라 그 둘 사이에 연결된 심적 표상을 만들 수 있다. 이처럼 이중부호화이론에서는 언어정보와 비언어정보 간에 참조적 연결이 이루어지기 때문에 문자로 된 언어자극과 그림으로 된 비언어자극을 함께 제시했을 때 기억된 정보가 문자만으로 기억된 정보나 그림만으로 기억된 정보보다 우월하게 재생된다고 보았다. 그러므로 단일미디어로 정보를 제시하는 것보다는 이중부호화 형태로 텍스트에 캐릭터를 함께 제시하는 멀티미디어 정보 제시가 학습에 더 효과적이라고 추론할 수 있다.

경험적인 연구결과들이 이러한 가정을 뒷받침하고 있다. Mayer와 Gallini(1990)는 과학 교과서에서 학습자들의 이해와 전이가 텍스트와 그림을 각각 다른 페이지에 분산 제시했을 때보다 한 페이지에 제시할 때가 더 높았다고 보고했다. 그 이유는 그림과 같은 비언어정보와 텍스트와 같은 언어정보를 따로 제시하는 것보다는 동시에 제시하는 것이 인지부하를 줄일 수 있다는 것이다. Mayer와 Moreno(1998)는 멀티미디어 보조학습 프로그램에서 비언어정보로만 학습내용을 제시하는 것보다 비언어정보와 언어정보를 함께 제시하는 것이 인지부하를 줄여 준다고 보고했다.

Mayer, Heiser와 Lonn(2001)은 학습내용이 다양한 제시양식에 의해 전달될 때가 그렇지 않을 때보다 학습이 더 잘 이루어짐을 보고했다. 이것은 같은 학습내용이 단일감각매체로 제시될 때보다 다감각매체로 제시될 때 학습자에게 학습정보가 더 많이 노출되기 때문이다. 이와 같은 관점에서 학습자에게 텍스트와 같은 언어자극과 그림과 같은 비언어자극을 함께 제시하는 것이 텍스트, 나레이션, 그림 등의 어느 하나만으로 정보를 제시하는 것보다는 더 학습에 효과적임을 예측할 수 있다.

2. 나레이션과 관련된 작업기억이론

멀티미디어 학습 내용 제시전략에 대한 연구들(Mayer, 1989, Mayer & Anderson, 1991)에 따르면, 학습자가 시각적으로 제시되는 내용을 더 잘 이해하고 기억하기 위해서는 그에 대한 언어적 설명인 나레이션이 수반되어야 효과적으로 학습할 수 있음을 알 수 있다. 이와 같이 학습내용 제시전략과 관련한 인지이론 중 작업기억이론은 캐릭터와 같은 시각정보와 나레이션과 같은 청각정보를 멀티미디어 학습에 효과적으로 활용할 수 있는 이론적 근거로 고려된다.

작업기억이론은 청각적인 형태의 언어정보를 처리하는 언어정보처리영역, 시각적인 정보와 공간적인 정보를 다루는 시·공간적 정보처리영역, 작업기억의 작동을 통제하는 중앙집행장치들이 서로 독립적으로 작용하면서 정보를 처리한다고 보는 것이다(Baddeley, 1992). 작업기억이론은 다음과 같은 성격을 갖고 있다. 첫째, 인간의 작업기억은 한 번에 여러 가지 요소를 처리하는데 제한된 용량을 가지고 있어서 많은 요소의 정보가 한꺼번에 주어진다면 그 효율성은 떨어질 수도 있다. 둘째, 작업기억은 독립된 처리기를 가지고 있어서 시각과 청각의 두 가지 형식의 정보가 주어진다면 그 효율성은 증가될 수 있다. 즉 작업기억은 극히 제한된 용량을 가지고 있고, 별개의 독립된 처리기를 가지고 있기 때문에 작업기억의 효율성을 높이기 위해서는 두 채널로 정보가 부호화될 수 있도록 해주어야 기억이 증진될 수 있다.

이와 같이 시각적으로 제시된 정보와 청각적으로 제시된 정보는 적어도 초기에는 각각 시각적 작업기억과 청각적 작업기억으로 처리된다. 즉

텍스트와 함께 나레이션이 제시되면 텍스트는 시각적 작업기억에 의해
처리되고 나레이션은 청각적 작업기억으로 처리된다. 그 이유는 청각과
시각의 정보처리 경로는 독립적이기 때문에 학습자들은 작업기억에서 양
쪽의 개념을 모두 가질 수 있게 되어 그들 사이에 연관성을 만들게 된다
(Moreno & Mayer, 1998). 따라서 텍스트와 같은 시각정보와 나레이션과
같은 청각정보가 동시에 처리될 때, 학습자들은 양쪽 입력 내용을 통합하
여 결부된 총체적 개념을 형성하게 된다.

　　Moreno와 Mayer(1999)는 [그림 4]에서 학습 내용제시유형에 따른 작
업기억에서의 정보처리 방식에 대해 설명하였다.

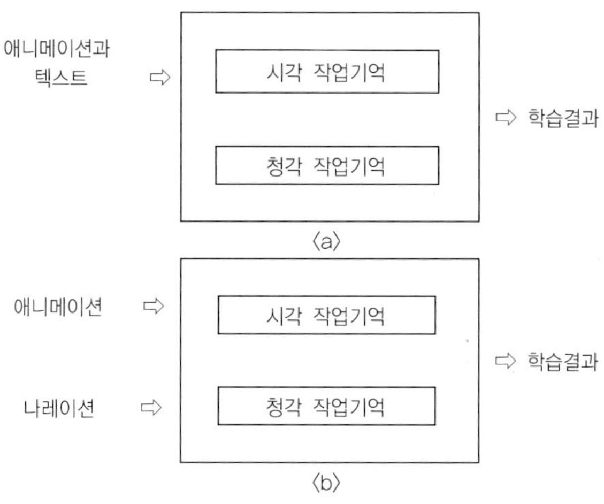

[그림 4] 학습내용이 작업기억에서 처리되는 방식

　　[그림 4]의 <a>처럼 애니메이션과 같은 그림정보와 텍스트와 같은
문자정보는 시각 작업기억에서 처리된다. 학습정보가 그림정보와 문자정

보로 제시되면, 정보처리 초기에는 시각 작업기억에서 두 정보가 처리되어야 한다. 이와 같이 애니메이션과 같은 그림정보와 텍스트와 같은 문자정보는 모두 시각정보로서 함께 제시되면 시각 작업기억에서 두 개의 시각정보를 동시에 처리해야 하므로 인지부하를 일으킬 수 있다. 그러나 [그림 4]의 <b>처럼 애니메이션과 같은 그림정보와 나레이션과 같은 청각정보를 제시받은 학습자들의 경우 시각 작업기억에서는 애니메이션과 같은 그림정보를 처리하고, 청각 작업기억에서는 나레이션과 같은 청각정보를 처리한다.

이와 같이 멀티미디어 학습에서 학습내용을 제시할 때 애니메이션과 같은 그림정보와 텍스트와 같은 문자정보를 시각적으로만 제시하는 것보다는 시·청각적으로(그림과 나레이션 또는 텍스트와 나레이션) 학습내용을 제시하는 것이 학습수행에 도움을 줄 수 있다. 이것은 작업기억의 주된 가정이 청각과 시각적 작업기억을 모두 포함하고 있기 때문이다.

3. 텍스트와 관련된 인지부하이론

인지부하(CL: cognitive load)란 특정 과제의 수행이 인지체계에 부과하는 부하(load)량을 총칭한다(Pass & Merrienböer, 1994). 일반적으로 학습문제해결에 요구되는 인지자원의 양이 실제적으로 우리의 인지가 보유하고 있는 자원의 용량을 초과할 때 인지부하가 발생한다고 가정한다. 극심한 인지부하는 머리가 타는 것과 같은 결과를 초래하기도 하여 학업성취를 저해하는 주요인으로 작용하게 된다. 이에 따라 효과적인 학습문제해결과 과제수행을 위해서는 학습자의 인지자원의 한계역량을 이해하고 인지부하를 방지해야 한다. 이러한 맥락에서 수많은 실증적 자료를 토대로 형성된 것이 인지부하이론이다(Sweller, 1988, 1993, 1999; Como & Winne, 2003).

인지부하이론에서는 인지부하를 학습부진의 주요원인으로 보고 불필요한 인지부하를 초래하는 교수변인을 밝혀내어 대안적으로 효과적인 교수설계 전략을 개발하는 데 목적이 있다. 최적의 교수설계를 위해서는 작업기억의 불필요한 인지부하를 없애고 제한된 양을 최대한 활용하여 정보를 습득할 수 있도록 정보를 구조화하는 것이 중요하다(Chandler & Sweller, 1991). 인지부하이론의 맥락에서는 주의분산효과(split attention effect)에 의해 멀티미디어 학습에서 과잉의 문자 텍스트를 그림이나 영상에 추가하는 것은 학습을 방해한다는 결론을 내리고 있다(Kalyuga, Chandler, & Sweller, 1999; Mayer, Heiser, & Lonn, 2001).

Chandler와 Sweller(1991)는 전통적인 교수설계가 학습자의 인지부하를 일으키도록 구성되어 있다고 지적하고 있다. 많은 전통적인 교수자료들은 그림과 텍스트들을 시각적으로 제시하거나 물리적으로 따로 떨어뜨려 제시하고 있기 때문에 주의를 분산시키도록 하고 있다. 주의분산이 일어나는 상황에서 언어정보와 그림정보를 통합하는 과정은 제한된 작업기억 용량에 과도한 부담을 주어 학습을 저해한다. 그러나 물리적으로 가까이 제시하거나, 텍스트 정보를 청각적으로 제시하여 학습자가 시각채널과 청각채널을 모두 사용하도록 함으로써 시각적 작업기억의 과부하를 방지할 수 있다.

Mayer(1997)는 그래픽이나 애니메이션을 텍스트와 함께 제시한 조건보다는 나레이션과 함께 제시한 조건에서 학습수행결과가 더 높았음을 보여 주었다. 첫 번째 조건에서는 시각적인 정보를 이중으로 제시하는 형태인 그래픽과 텍스트를 한꺼번에 제시하였기 때문에 학습자로 하여금 시각적 주의분산을 일으켰다. 이에 정보를 통합하는 과정에서 인지부하를 겪게 되고 학습수행에 방해를 받은 것이다. 두 번째 조건에서는 학습자에게 시각적인 정보를 이중으로 제시하지 않았다. 시각적으로는 그래픽이나 애니메이션에 주의를 기울이게 하고, 청각적으로는 나레이션에 주의를 기울이게 하여 인지부하를 줄여 주도록 하여 학습에 긍정적인 효과를 보여 주었다.

Chandler와 Sweller(1991)는 인지부하를 줄이기 위해 감각양식효과(modality effect)를 이용하는 방법을 제시하였다. 즉 텍스트가 청각적 형태로 제시될 때는 청각과 시각채널을 모두 사용하게 됨으로써 작업기억의 양을 증가시키기 때문에 그림과 텍스트를 심적으로 통합하여 작업기억의 부하를 방지할 수 있다. 청각채널 모두를 사용하여 처리될 수 있는 양은 단일채널의 처리용량 이상이기 때문이다. Mousavi, Low와 Sweller(1995)는 기하학 교수자료를 이용한 일련의 실험을 통하여 기하학적 그림과 함께 제시된 진술문은 나레이션과 같은 청각채널로 제시하는 것이 텍스트와 같은 시각채널로 제시하는 경우보다 더 좋은 학습결과를 보인다는 사실을 밝혔다.

Sweller(1998)는 인지부하이론에 의해 인지구조에 따른 교수설계가 가능하다고 하였다. 또한 최적의 교수설계를 위해서는 작업기억에 불필요하게 부과되는 인지부하를 없애면서 제한된 작업기억을 최대한 활용하여 지식을 습득할 수 있도록 구조화해야 한다고 주장하였다. 이와 같이 학습자에게 학습내용을 제시할 때 한 가지 정보만으로도 이해가 충분하다면, 텍스트와 같은 단일미디어의 사용이 학습에 효과적이며, 다른 채널을 사용하여 더 많은 정보를 제한된 작업기억으로 처리 가능하게 해서 학습자의 주의가 분산되지 않도록 했을 때에도 학습에 효과적이다.

이와 같이 학습자의 인지부하를 강조하는 연구자들의 주장은 멀티미디어 개발을 주장하는 연구자들과 대조적인 입장을 보인다. 멀티미디어 개발을 주장하는 연구자들(Paivio, 1986; Tergan, 1997; Nguyen, Watford, Salomon, Hofmann, Pien, Morinobu, Gadina, O'Shea, Biron, 2002)은 언어정보와 청각정보를 함께 제시하는 조건이 학습효과가 있을 것이라고 주장하는 반면, 인지부하를 강조하는 연구자들(Atkinson, Renkl & Merrill, 2003; Pass, 2003)은 작업기억의 적정 인지부하를 확보할 수 없는 학습내용의 제시는 학습자로 하여금 그 내용의 처리를 불가능하게 함으로써 인지적 측면과 정서적 측면에서 부정적일 수밖에 없을 것이라고 주장한다. 따라서 동일한 학습내용일지라도 인지부하를 고려한 교수전략과 설계를 사용한다면, 부과되는 인지부하의 양이 달라질 수 있다(Brunken, Plass & Leutner, 2003).

제5장

교수 - 학습매체의 활용

제1절 교수매체의 개념

1. 교수매체의 의미

매체(media)란 고대 희랍어에서 사이(between)의 의미를 가진 단어로부터 유래되었는데 이는 송신자와 수신자 사이에서 정보를 전달하는 전달수단을 말한다. 즉 매체란 정보를 전달하는 과정 속에서 전달을 위해 사용되는 모든 형태의 채널을 의미하는데 이는 목표 달성을 위한 중요한 수단이 된다.

교수매체(instructional media)는 교수활동에 필요한 일련의 사항을 학습자들에게 조직적으로 전달하기 위해 사용되는 모든 통신혁명의 산물을 의미하는데, 여기에는 교수자, 교재, 칠판 등은 물론 학습 환경까지도 포함될 수 있다.

종래에는 교수매체를 좁은 의미로 한정시켜 교수활동을 하는 데 있어서 내용을 구체화하거나 보충하여 학습자가 학습내용을 명확히 이해할 수 있도록 도와주기 위하여 사용하는 모든 기계나 자료를 의미했었다. 그러므로 시청각매체, 즉 시청각적 또는 언어적 정보를 전달하는 데 사용되는 시청각기재(audiovisual equipment)와 시청각교재(audiovisual materials)를 뜻하였으며 VTR, 영사기, 컴퓨터와 같은 하드웨어는 물론 필름, 비디오테이프, 디스크 및 컴퓨터 프로그램 등의 소프트웨어를 포함하여 말해 왔다.

그러나 현대에 이르러 교육공학에 대한 개념이 바뀌면서 매체를 보는 시각도 보다 넓어지게 되었다. 교수활동을 하는 데 있어서 내용을 보충하는 보조자료라는 협의의 개념을 탈피하여 교수－학습과정에서 교수목표를 달성하기 위하여 학습자와 교수자 간에 사용되는 모든 수단을 교수매체로 생각해야 한다는 광의의 개념이 점차 지배적이 되어 가고 있다. 즉 교수매체를 시청각기재와 교재뿐만 아니라 인적자원(people), 전달하는 메시지 내용(message), 학습 환경(environment), 시설(facilities) 등 모두를 포함하는 포괄적이고도 종합적인 개념으로 보게 되었다.

2. 교수매체의 기여도

교수－학습과정에서 교수매체의 기여도를 다음과 같이 정리할 수 있다 (Kemp & Smelle, 1989).

1) 교수활동이 보다 표준화될 수 있다

모든 학습자는 같은 매체를 보고 듣게 되므로 동일한 메시지를 전달받게 된다. 교수가 수업을 주도할 경우 주제의 내용은 교사에 따라 다양한 방법을 통하여 전달될 수 있으나 매체를 사용하게 되면 전달방법에 의해 초래되는 차이점은 없어지게 된다.

2) 가르치는 것을 보다 재미있게 해 준다

교수매체는 학습자의 주의력을 끄는 특성이 있다. 명료한 메시지, 변화 있는 상의 전개, 특수효과의 사용 등은 학습자를 즐겁게 해 주며 깊이 생각하게 만들고 동기를 유발시켜 준다.

3) 교수이론의 적용을 통하여 학습을 보다 상호작용적으로 만들어 준다

교수매체에 담긴 내용이 잘 조직되어 있으면 학습자를 잘 가르칠 수 있다. 교수매체를 계획할 때 학습자의 참여, 피드백, 강화 등을 고려하여 학습 시 계속적인 상호작용을 유발시켜 준다.

4) 교수에 소요되는 시간을 줄여 준다

매체를 사용하면 메시지를 전달하는 데 소요되는 시간을 줄여 준다. 그러므로 많은 양의 정보를 짧은 시간 안에 학습자에게 전달할 수 있다. 이와 같은 현상은 수업이 진행되는 동안 교사와 학습자 모두가 시간을 효율적으로 쓸 수 있게 해 준다.

5) 학습의 질을 높여 준다

그림과 단어가 합쳐져 잘 조직된다면 교수매체는 지식의 요인들을 분명하게 전달할 수 있다. 그 결과 학생들은 적절한 학습활동과 사후학습을 할 수 있으므로 기대되는 수준까지의 학습이 가능하게 된다.

6) 필요 시 필요한 장소에서 교수활동이 일어날 수 있게 한다

만일 어떤 교수매체가 개별사용을 위해 설계되었다면 학생 개개인은 자기가 편리한 시간과 장소에서 학습을 할 수 있다. 이와 같은 융통성은 특히 개개학생이 기술훈련을 하거나 학습완료에 대한 책임을 자신이 져야 할 때 특히 중요하게 요구된다.

7) 학생들은 배우는 것과 학습과정 자체에 대해 긍정적인 태도를 갖게 된다

학생들은 흔히 학습수단으로 매체를 사용하는 것에 대한 호감을 갖는데 그 이유는 매체가 동기유발적이라는 점과 매체가 학습을 성공적으로 이끌어 갈 수 있다는 사실 때문이다. 학생들은 교수매체를 사용하는 학습에서 즐거움과 만족감을 느끼게 된다.

8) 교사의 역할이 긍정적인 방향으로 바뀔 수 있다

교수매체를 사용하는 가장 큰 이유는 학생들의 학습성취 증진이라고 볼 수 있다. 더불어 교수매체의 사용은 교사들에게도 많은 이점을 가져다 준다. 첫째, 교사들로 하여금 기술이나 내용을 반복 설명해야 한다는 부담을 덜어 줄 수 있다. 둘째, 지식이나 정보의 많은 양이 교사의 발로 제공되지 않으므로 교사는 과목의 중요한 부분에 관심을 쏟을 수 있다. 셋째, 학생들의 상담자로서 교사역할의 기회가 증가된다.

제2절 미디어 리터러시와 미디어 교육

1. 미디어 리터러시의 정의

미디어 리터러시란 '미디어나 테크놀로지에 대한 이해와 사용할 줄 아는 기술뿐만 아니라 미디어나 테크놀로지에 담겨진 내용(message)을 간파할 수 있는 능력'을 의미한다. Ontario Ministry of Education(캐나다의 온타리오 교육부)(1989)는 미디어 리터리시를 다음과 같이 정의하고 있다.

미디어 리터러시란 학생들로 하여금 매스 미디어의 특성과 매스 미디어가 사용하는 기법, 이러한 기법이 주는 영향에 관해 지식과 분별력 있는 이해를 도모하고자 하는 데 있다. 좀 더 구체적으로 말한다면, 미디어가 어떻게 현실을 구성하며, 조직하고, 의미를 전달하며, 어떻게 작동하는지에 관한 학생들의 이해와 즐거움을 증진시키는 것을 교육 목표로 한다.

이 미디어 리터러시 정의는 주로 매스 미디어에 초점을 둔 것이라 할 수 있다. Davis(1992)는 미디어 리터러시란 '좀 더 유능한 시민이 되기 위하여 미디어를 적극적으로 읽으면서(또는 시청하면서) 분석하고 확대하고 영향을 발휘하는 능력'이라고 정의하였다. 분석하는 것은 소비자의 기술이며, 확대하는 것은 사용자의 기술이고 영향을 미치는 것은 제작자의 기술이라고 설명하였다. 여기서 소비자, 사용자, 제작자는 한 사람일 수도 있고 다른 사람일 수도 있다. 정보시대에는 메시지의 전달자와 수용자가 규정지어져 있는 것이 아니라 수시로 변할 수 있기 때문이다. 한편

Aufderheide(1993)는 "미디어 리터러시란 여러 유형의 미디어에 접속, 분석, 평가할 수 있을 뿐만 아니라 이러한 미디어를 이용하여 커뮤니케이션을 할 수 있는 능력을 일컫는다."고 하였다. 또한 Considine(1995)은 미디어 리터러시를 "모든 유형의 미디어에 접속, 분석, 평가할 수 있으며 인쇄 매체와 비인쇄 매체를 포함하여 다양한 미디어 유형으로 정보를 산출해 낼 수 있는 능력"이라고 하였다. 또한 그는 "미디어 리터러시는 고도의 비판적 사고력을 양성하는 방향으로 전환되어야 한다."(Considine, 1994)고 하였다.

이러한 정의를 종합·분석해 보면, 미디어 리터러시란 "단순히 미디어에 접속할 수 있는 능력뿐만 아니라 그 미디어를 통해 얻은 정보를 분석, 평가하며 그러한 분석과 평가를 기초로 자신의 의견이나 사고를 표현할 수 있고 더 나아가서 영향을 미칠 수 있는 능력"을 뜻한다. 그러므로 리터러시는 단순히 도구 사용법에 국한되는 것이 아니라 고도의 사고 능력까지 요구한다. 또한 미디어 리터러시에는 매체와 테크놀로지, 내용, 그리고 이들을 사용하는 사람들이 속한 문화까지도 포함시키고 있다.

이러한 미디어 리터러시 능력을 함양시키는 것을 목적으로 한 것이 미디어 교육이며, 현대를 살아가는 사람 모두에게 이 미디어 교육은 시급히 요구되고 있나.

2. 미디어 교육의 필요성

교육이 실시되어 온 이래 3Rs, 즉 읽기, 쓰기, 셈하기는 교육의 핵심이 되었으며 읽고 쓰고 셈할 줄 모르는 사람은 문맹이라고 일컬어졌다. 1960년대까지만 해도 우리나라에서는 이러한 문맹을 퇴치하기 위한 시민운동이 범국민적으로 실시되어 왔다. 당시에 문맹 퇴치운동은 인쇄매체를 통한 언어 리터러시(literacy) 교육이었다. 읽기를 위한 문맹 퇴치 운동 다음으로 국가적인 차원에서 실시되어 온 리터러시가 바로 컴퓨터의 출현으로 인한 컴퓨터 리터러시였다. 라디오나 텔레비전과 달리 컴퓨터를 사용하기 위해서는 특별한 기술이 요구되었으며, 이러한 기술은 교육을 통해서 습득된다고 생각되어 컴퓨터 리터러시 교육이 실시되기 시작하였다. 우리나라에서는 읽고 쓰는 리터러시와 컴퓨터 리터러시 교육만이 국가적인 차원에서 진행이 되었으나, 북미와 유럽에서는 미디어 교육이 정식 교과과정에 포함되어 실시되어 왔다.

사실 리터러시 교육은 컴퓨터뿐만 아니라 모든 미디어에 걸쳐 실시되어야 한다. 글을 읽고 쓰는 것이 중요했듯이 시각 자료가 전달되고자 하는 메시지를 올바르게 해석하고 이해할 수 있는 능력을 길러 줄 수 있는 시각 리터러시, 텔레비전을 비판적으로 보고 이해할 수 있는 능력을 함양해 주는 텔레비전 리터러시, 컴퓨터에 관한 컴퓨터 리터러시, 인터넷에 관한 네트워크 리터러시, 문헌정보 전문가들에 의하여 주창되기 시작한 정보 리터러시, 컴퓨터, 네트워크, 정보 등을 모두 포함한 테크놀로지 리터러시 등 여러 종류의 리터러시가 그동안 시대적 사회적 요구에 따라 대부분 단편적이며 제한적으로 실시되어 왔다. 또한 모든 미디어가 통합이 되어 가던 1990년대에는 이들 다양한 리터러시를 통합하여 멀티리터러시(New London Group,1996)라고 부르며 체계적이고 통합적인 교육을 하려는 시도가 있었다. 그러나 근래에는 이들 모두를 통합하여 미디어 리

터러시로 부르며 이 미디어 리터러시에는 단순히 매체에 관한 것뿐만 아
니라 이러한 매체를 사용하는 사람들이 생활하고 있는 문화, 즉 문화 리
터러시까지도 포함시켜 고려하고 있다.

　미디어 교육이 실시되었을 때 사용자는 미디어를 선택하고 사용하는
데 조화와 균형을 이룰 수 있으며 미디어에 의해 조정되지 않을 수 있다.
뿐만 아니라 미디어 교육은 21세기, 특히 우리 사회가 요구하는 창의적인
인간, 합리적인 인간, 다양한 사고를 할 수 있는 사람을 기르는 데 일목
을 할 수가 있다. Gardner(2000)는 "창의적인 교육이 따로 필요한 것이
아니라 풍부한 환경, 지혜로운 어른과 대화를 나눌 수 있는 기회를 마련
해 줄 때 아동의 창의력이 개발되는 것"이라고 하였다. 이러한 환경을 마
련해 줄 수 있는 것이 바로 미디어인 것이다. 멀티미디어나 인터넷상에서
사용자는 풍부한 환경에 노출된다. 또한 정보통신테크놀로지의 발달은 여
러 가지 기기나 미디어를 통해 다양한 경험과 지식을 사이버 공간 상에
서 제공한다. 또한 UCC(User Created Contents)가 소개되면서 소비자가
직접 제작하여 정보를 제공할 수도 있게 되어 소비자와 공급자의 구별이
점차 사라지고 있다. 그러나 문제는 이 많은 정보 중에서 올바른 정보,
정확한 정보, 유익한 정보를 선별하기가 용이하지 않다는 것이다. 여기서
문제가 되는 것이 바로 선택이다.

　매스 미디어인 경우, 미디어 접속과 내용분석은 타인에 의해, 즉 통제
자(gatekeeper)나 여론 선도자(opinion leader)에 의하여 통제되어 왔다. 예
를 들어, 영화는 심의를 거쳐 등급을 정하고 미성년자의 관람 가능 여부
가 결정된다. 또한 텔레비전 프로그램도 기획자나 제작자, 또는 심의위원
회에 의해 일단 심사되어 여과된 정보가 제공된다. 그러나 인터넷이나 웹

상에서는 이러한 통제자나 여론 선도자의 역할이 최소화되거나 아예 존재하지 않으며 사용자는 여과되지 않은 정보에 무제한 접속하게 된다. 따라서 이러한 접속의 문제는 기술적인 접속에 제한되는 것이 아니고, 가치관이나 도덕관에 근거한 접속의 선택 여부로까지 확대된다. 인터넷상에서 음란 사이트에 접속하느냐 유용한 정보가 담겨진 사이트에 접속하느냐는 전적으로 사용자의 선택에 달려 있는 것이다. 올바른 선택을 하기 위해서 사용자는 올바른 도덕관과 가치관을 가지고 있어야 하며 이러한 덕목도 미디어 교육에 포함되어야 한다.

1990년대 초부터 주류를 이루기 시작한 멀티미디어와 1990년대 후반에 일반화되기 시작한 인터넷을 고려할 때, 21세기의 미디어 교육은 도구 사용으로서의 리터러시를 기반으로 표상으로서의 리터러시가 실시되어야 한다. 먼저 도구를 자유자재로 사용할 수 있어야 할 뿐만 아니라 사고력과 문제해결력도 요구된다(Carnegie Council on Adolescent Development, 1989).

따라서 모든 미디어를 사고하는 도구로 활용할 수 있어야 하며 그러기 위해서는 도구를 통해 제시되는 정보를 올바로 읽을 수 있고, 도구를 사용하고 활용할 수 있으며, 새로운 것을 창출해 내며 미디어와 테크놀로지를 학습의 자원으로 활용할 수 있어야 한다(Considine,1995).

Masterman(1990)은 미디어 교육의 목적을 비판적인 이해력 증진과 비판적인 자율성 배양에 두고 미디어 교육은 평생 동안 실시되어야 한다고 하였다. 그러므로 미디어 교육은 학생, 교사, 학부모 등 전 국민 모두를 대상으로 하여야 한다. 특히 교사를 위한 미디어 교육이 우선되어야 한다. 왜냐하면 요즈음의 교사는 인쇄 미디어를 주로 대하며 교육을 받아 왔으므로 영상 미디어와 디지털 미디어를 주로 대하며 성장하고 있는 학생들을 교육시키기에는 부족한 점이 많기 때문이다. 그러므로 미디어 교육은 사범대학이나 교원전문대학교에서 교사 교육을 실시할 때 포함되어야 하며, 이미 현직에 있는 교사들을 위해서는 연수 등을 통하여 필요한 기술과 지식을 획득하고 체험할 수 있도록 하여야 한다.

궁극적으로 미디어 교육은 사용자가 미디어에 조종되거나 지배받기보다는 사용자가 미디어와 미디어에 담겨진 내용을 조정하고 지배하는 것을 뜻한다(Masterman, 1985; Thoman, 1998). 따라서 미디어 리터러시는 한정된 지식체가 아니고 하나의 기술이며 과정이고, 동시에 사고방식이며 따라서 항상 변화하고 발전하는 것이라 하겠다.(Thoman, 1998) 그러므로 21세기 정보사회에서 식자는 메시지를 전달받았을 때 올바른 문제 제기를 할 수 있는 사람이어야 한다.

1. 교수방법의 선정

교육방법은 교수 형태, 즉 교수 내용을 제시하는 형태로, 앞서 설정된 교육목표를 성공적으로 달성하기 위해서 선정된 교육내용을 학습자에게 효과적으로 전달하기 위한 수단이다. 학습자, 교사, 학습내용 및 목표 간의 체계적이고도 조직적인 상호작용을 이끌어 내는 방법으로 매체선정의 기초를 마련한다.

교수방법은 수업의 내용이나 목표에 따라서, 학습자에 따라서, 교사의 교육관에 따라서, 또는 교육의 외적 조건에 따라서 결정될 수 있다. 교육방법의 종류로는 강의법, 탐구학습법, 토의법, 협동학습법, 발견학습법 등의 다양한 유형이 있으므로 각각의 경우에 적절한 방법을 선정, 사용하는 것이 좋다.

2. 교수매체의 선정

각각의 매체는 제각기 독특한 특성을 가지고 있다. 따라서 가르치고자 하는 내용과 목표가 어떤 환경하에서 제공될 것인지를 파악하여 가장 효과적인 교수매체를 선정하는 작업이 무엇보다도 우선되어야 하겠다.

특정한 내용을 가르치기 위하여 다양한 교수자료 중 매체를 선정하거나 제작해야 할 때에는 Kemp(1985)의 학습자 집단의 크기에 따른 '매체선택표(media selection diagrams)'를 참조하면 좋다.

3. 교수자료의 선정

학습목표를 달성하기 위하여 교수자료를 선정하는 방법에는 다음 세 가지가 있다.

첫째, 이미 만들어진 기존의 자료 중에 적합한 것을 골라서 사용하는 방법이다. 후보가 되는 여러 자료 중에서 특정한 것을 선택해야 할 때에는 학습자의 특성, 학습목표의 성격, 교수방법 및 학습상황에서의 시설, 환경 등 요소를 고려하여 결정해야 한다.

둘째, 기존의 자료가 적절하지 못할 때에는 이들 자료의 녹음내용이나 캡션 등을 수정하거나 재편집하여 사용한다. 이는 시간이나 비용 관점에서 볼 때 새로 교재를 제작하는 일보다 상당히 효율적일 수가 있다.

셋째, 교재를 완전히 새로 제작하는 방법이 있다. 적절한 교재를 찾을 수 없으면 학습목표를 달성하기에 적합한 것을 교사 스스로 만들이야 하는데, 이때에는 학습자가 성취해야 할 목표는 무엇인가? 학습자의 특성은 어떠한가? 제작에 충분한 비용은 확보할 수 있는가? 원하는 수준의 자료를 만들기에 충분한 기술, 장비, 시설은 확보할 수 있는가? 교재 제작에 충분한 시간적 여유가 있는가? 등을 미리 생각해 보아야 하겠다.

교수활동에 사용할 수 있는 교수매체는 그 종류와 형태가 날로 다양해지고 있다. 최근 몇 년간 상호작용 비디오시스템, 인터넷, CD – ROM 등의 등장으로 인하여 교수매체는 눈부시게 발전되어 왔으며 그 미래를 예측하기도 쉽지 않다. 이들 교수매체를 유형별로 구분하면 인쇄자료, 실물자료, 그래픽자료, 정사진자료, 청각자료, 동사진자료, 컴퓨터자료, 멀티미디어자료로 구분할 수 있다(주영주, 최성희, 1999). 우리 주변의 교육 현장에서 사용되고 있는 매체들은 재래적 형태의 범주와 컴퓨터를 이용하여 첨단매체 범주로 대별되는데 본 절에서는 현장에서 주로 활용되는 투사시각 자료와 교육방송, 컴퓨터와 멀티미디어, 원격교육 등 대표적 첨단매체를 논의한다.

1. 투사시각 자료(Projected Visuals)

여기에서는 교육현장에서 투사시각 자료로 자주 활용되어 온 OHP용 TP(transparencies, 투사물)자료, 실물환등기자료, 디지털자료를 논의한다.

1) OHP와 TP자료

오늘날의 교수 – 학습과정에서는 한정된 수의 교사가 가르쳐야 할 방대한 학습내용이 있으며, 학생의 수는 날로 증가하고 있어 여러 가지 문제들이 생기게 되었다. 이를 해결하기 위해 교수방법에 많은 변화가 일어나고 있는데, 그중 하나가 칠판의 대용품으로 쓰이는 투시물환등기(overhead projector: OHP)의 보급이다. OHP는 교실에서 별도의 암막장치 없이 학생들과 교사가 마주 보고 앉아서 교사의 등 뒤쪽 머리 위로 설치된 스크린에 크고 선명한 상을 비추어 주는 기계이다. OHP는 영사기나 필름스크립 프로젝터와는 달리 조작이 매우 간단하여 누구나 손쉽게 사용할 수 있다.

(1) 특징

오늘날의 교수-학습과정에서 빼 놓을 수 없는 OHP는 아래와 같은 특성을 지니고 있다.

① OHP는 on/off 스위치, 초점조절 나사(focus knob), 상의 높낮이를 조절하는 승강장치(elevator)의 세 가지만 조절하면 되므로 조작이 매우 간단한 교구이다.

② OHP는 교실의 조명을 끄지 않고도 크고 선명한 상을 볼 수 있게 해 준다.

③ OHP는 교실이 앞쪽에 놓고 시용하도록 고안되어 있으므로 교사가 학생늘을 마주 보고 수업을 진행시킬 수 있다. 따라서 교사는 학생들의 빈응을 관찰하먼서 사신의 수업방식이나 속도를 변화시켜 나갈 수 있으며 교재의 제시순서도 조절할 수 있다.

④ 가로 25㎝, 세로 25㎝로 이루어진 넓고 편편한 자료 제시대(stage)에는 투시물 자료는 물론 주판이나 실물 따위의 불투명한 물체와 샬레에 담긴 약품 같은 투명한 액체도 제시할 수 있다.

⑤ 자료 제시대는 오버레이(overlay)나 마스크(mask)의 사용을 용이하게
해 주므로 비교, 전개, 순서적 제시가 가능하다.

⑥ 스크린에 확대 투사되는 큰 영상은 추상적이고 복잡한 사실을 시각
적으로 쉽게 이해시켜 준다. 이때 다른 교수매체를 함께 사용하면
학습효과를 더욱 더 높여 줄 수 있다.

⑦ 교사가 포인터(pointer)나 연필로 투시물 자료의 내용을 지적하면 포
인터의 그림자가 스크린에 나타나 학생들의 주의를 집중시키고 호
흡을 같이할 수 있다.

더욱이 최근에는 기계공학의 발달에 따라 화면을 확대 혹은 축소할 수
있는 투시물 환등기도 소개되고 있다. 화면의 확대축소는 자료 제시대 위
의 원격조정장치에 의해서 움직일 수 있는 별도의 스테이지를 설치하고,
이 스테이지가 올라가고 내려옴에 따라 상이 줌인(zoom in) 또는 줌아웃
(zoom out)되어 화면이 커지거나 작아진다. 또 컴퓨터와 연결하면 컴퓨터
모니터 상의 작은 영상을 큰 화면에 투사시킬 수도 있다. OHP 자료 제
시대 위의 LCD(liquid crystal display) 시스템으로 불리는 프로젝션 패널을
올려놓고 전원을 연결하면, 컴퓨터가 출력시키는 모니터의 영상을 화면에
확대 투영하게 된다. 컴퓨터 대신 비디오카메라나 VTR을 연결하면 움직
이는 생생한 화면을 볼 수 있다.

OHP에 사용하는 TP(transparencies, 투시물) 자료는 아래와 같은 특성이
있다.

① 제작에 경비가 많이 들지 않고 시간이 오래 걸리지 않으며 교사에게 제작에 대한 부담감을 주지 않는다. 그러므로 교사 자신의 특정한 학습목표에 꼭 맞는 적절한 교재를 제작하기에 좋다. 교사가 자작하는 자료 외에도 상업적으로 만들어진 양질의 TP자료가 저렴한 가격으로 여러 분야의 과목에서 제작되어 보급되고 있다.

② 매 시간 다시 쓰고 지워 없애는 판서와는 달리 수업시간 전에 일단 만들어 놓은 TP는 반영구적으로 되풀이해서 사용할 수 있어 판서에 비해 시간이 절약된다.

③ 슬라이드나 필름스트립과 달리 그림이나 글씨의 첨삭이 용이하고 교수－학습과정 중에 자료를 만들어 나갈 수도 있다. 또, 오버레이(overlay)와 마스크(mask)를 사용하여 주어진 내용을 비교하거나 한 스텝씩 과정을 소개하면 효과적이다.

④ 제작 방법에 따라 다채로운 표현을 할 수 있어 자료의 다양한 제시가 가능하다. 즉 사무용건식 복사기를 이용하면 최신의 정보도 몇 초 안에 투시물 자료로 만들 수 있다. 또 정지된 상에 움직임을 제시할 수도 있다. 움직임을 묘사하고 싶은 부위에 편광소자를 붙인 다음 영사렌즈 앞에서 편광판을 회진시키면 편광소사의 삭도가 편광판과 일치되는 부분만 빛을 통과시킨다. 그러므로 투사된 화면을 보는 학생들의 빛이 유동적으로 계속 이어지는 것같이 느끼게 되어 교사의 흥미로운 수업 진행을 가능하게 한다.

(2) 활용

• OHP

OHP를 사용하여 수업을 할 때는 아래의 사항을 명심하여야 한다.

① 불필요한 자료가 투사되지 않도록 한다. 이미 설명이 끝난 자료가
다음 내용을 설명하는 동안 계속 투시되면 학생들의 주의가 그 쪽
으로 쏠리는 수가 있다. 또한 화면으로부터 계속적으로 나오는 반
사광선은 학생들의 눈을 쉽게 피로하게 하므로 설명이 끝나면 반드
시 OHP를 끄고 필요시에 다시 켜도록 해야 한다.

② 너무 많은 자료를 연속적으로 제시하면 교사가 기계적으로 수업을
진행하게 되므로 바람직하지 못하다. 일반적으로 40~50분 수업에
6~7매의 투시물 자료를 제시하는 것이 적당하다.

③ OHP 렌즈로부터 화면의 하단부분과 상단부분까지의 거리가 같지
않으면 사다리꼴의 상을 맺는 키스톤 현상(keystone effect)이 생기게
돈다. 왜곡되지 않은 직사각형 모양의 상을 얻기 위해서는 스크린
의 상당부분을 벽에서 조금 떨어지게 해야 한다.

④ 교사가 스크린 앞을 왔다 갔다 하면서 설명을 하면 학생들의 시야
를 막게 하므로 OHP 앞에 앉아 수업을 진행하는 것이 좋다. 투사
될 상의 일부를 가리키거나 읽을 때는 자료 제시대 위에 놓인 투시
물 자료를 보면서 포인터(pointer)로 지적하여야 한다. 이때 자료 제
시대의 높이는 교사가 앉아서 글씨를 쓰기에 적당한 높이가 좋다.
성인의 경우 바닥에서 75~82㎝ 정도가 적당하다.

⑤ 제시되는 상을 충분히 읽고 또 요약해서 필기할 수 있는 시간적인
여유를 학생들에게 허용하여야 한다.

⑥ 자료 제시대 위에 생긴 먼지나 얼룩자국은 화면에 크고 검게 확대
  되어 나타나서 학생들의 주의를 산만하게 한다. Windex 등을 이용
  하여 항상 청결하게 유지해 주어야 한다. 가끔 카메라용 브러시를
  사용하여 영사렌즈의 먼지를 제거하는 것이 좋고 먼지가 많으면 에
  어클리너로 털어 주면 좋다.

⑦ 교실 전면 중앙에 설치되는 스크린은 칠판을 가리게 되므로 판서와
  병행해서 사용하기가 힘들다. 그러므로 OHP용 스크린은 교실 전면
  의 왼편이나 오른편에 설치되는 것이 바람직하다. 외부로 창이 난
  쪽으로 스크린을 설치하면 창을 등질 수 있어서 더욱 선명한 상을
  얻을 수 있다.

⑧ 스크린에 투사된 상의 가로길이의 2배에서 6배 사이에 스크린 중앙
  을 중심으로 좌우 각 45도 이내의 부채꼴 모양의 위치에 학생이 앉
  으면 왜곡되지 않은 상을 볼 수 있다. 이때 OHP의 위치는 스크린
  으로부터 투사된 상의 가로길이의 1.3배 정도 떨어진 곳이 된다.

• 실물환등기

실물환등기는 빛을 통과시키지 않는 불투명한 자료를 스크린에 투사시
키는 기계이다. 실물환등기는 자료 제시대 위에 놓인 사진이나 그림에
1,000watt 정두의 강한 빛을 비춘 뒤, 반사되어 니오는 빛을 반사경과 렌
즈를 통하여 스크린에 투사하게 된다.

그동안 실물환등기는 그 자체가 15kg 정도로 무겁고 다량의 열을 발산
하여 투시물 환등기에 비해 다소 그 활용이 뒤떨어지는 경향이 있었다.
그러나 최근 일선 학교에 교단 선진화 운동의 일환으로 투시물 환등기와

실물환등기의 두 가지 기능을 동시에 할 수 있는 데이터 뷰어(data viewer)가 보급되고 있어 그 활용이 활발해지고 있다.

실물환등기의 특성을 정리해 보면 다음과 같다.

① 사진이나 그림은 물론 부피가 크지 않은 납작한 동전이나 작은 연장 등의 실물을 크게 확대하여 제시할 수 있다.

② 별도로 교재를 만들지 않더라도 주변에 널려 있는 사진이나 그림엽서 등을 가공하지 않은 채 그대로 사용할 수가 있어 교사들에게 교재 제작의 부담이 없다.

③ 최근에는 공학 기술의 발달로, 제시된 상의 일부 확대는 물론 상의 위치 변환이나 저장 등의 기능도 수행할 수가 있게 되었다.

④ 반사광선에 의존하여 상을 투사하게 되므로 실내를 완전히 어둡게 해 주어야만 선명한 상을 볼 수 있다.

⑤ 책이나 잡지가 자료 제시대 위에 놓일 때 편평하게 펼쳐지지 않으면 그 페이지의 모든 부분을 한꺼번에 초점 맞추기가 어렵다.

⑥ 최근에는 교탁 근처에 설치된 텔레비전 카메라로 실물이나 책을 확대제시해 주는 방법이 대신 사용되기도 한다.

• 디지털 자료

컴퓨터를 이용한 투사자료의 제작과 프레젠테이션을 위해서는 파워포인트가 널리 활용된다. 파워포인트는 마이크로소프트사가 개발한 프레젠테이션 전문 작성 프로그램으로 청중을 대상으로 강의 내용, 사업 계획, 상품 소개 등의 발표 작업이나 업무보고 등을 효과적으로 할 수 있도록 도와주는 소프트웨어다. 파워포인트 프레젠테이션을 구성하는 각각의 페이지들을 슬라이드(slide)라 하며, 하나의 프레젠테이션 파일은 여러 장의 슬라이드들로 구성된다. 각 슬라이드는 간단하게 문자열만으로도 구성할 수도 있으나 동화상, 소리, 그래프, 그림 등을 포함시킨 멀티미디어 슬라이드를 효과적으로 만들 수 있다. 발표 내용을 전달하는 방법으로는 종이에 출력하여 인쇄 자료화하는 방법, OHP 필름에 출력하여 투시물 자료화하는 방법, 슬라이드로 현상하는 방법이 있고, 대형모니터를 통하거나 빔(beam)프로젝터, LCD(liquid crystal display)프로젝터를 이용하여 투사하는 등, 직접 컴퓨터 슬라이드 쇼로 제시할 수도 있다.

파워포인트 기능상의 주요 특징은 다음과 같다.

① 문서 작성이 편리하다. 새로운 문서의 작성, 기존 문서의 수정 등이 일반 워드 프로세서에서와 같이 편리하게 처리되며, 자동 맞춤법 검사, 단어 찾기 및 바꾸기 등의 기능을 갖추고 있어 문서 작성이 편리하다.

② 슬라이드 순서의 재배치가 용이하다. 이미 작성된 슬라이드의 순서를 사용지기 원하는 순서대로 손쉽게 재배치할 수 있다.

③ 사용자가 원하는 다양한 색상을 사용하여 슬라이드를 작성할 수 있다.

④ 윈노우의 다른 응용 프로그램을 프레젠테이션에 포함시킬 수 있다. 엑셀과 마이크로소프트 워드와 같은 프로그램을 쉽게 불러와 슬라이드에 포함시킬 수 있으므로, 표 기능, 계산 기능, 차트 작성 등을 완벽히 지원한다.

⑤ 그래프 및 개체의 삽입이 자유롭다. 다양한 형태의 그래프나 그림들

을 프레젠테이션에 포함시킬 수 있다.

⑥ 서식 관리 기능을 제공한다. 사용자가 원하는 형태의 기본적인 슬라이드를 작성해서 서식 슬라이드로 지정한 후, 필요할 때마다 해당 서식을 지정해서 내용만 수정하여 사용할 수 있다.

⑦ 하이퍼링크 기능을 제공한다. 프레젠테이션에서 사용자가 선택한 슬라이드 제목을 단락으로 하는 요약 슬라이드를 쉽게 만들 수 있으며, 제목에 하이퍼링크를 추가하여 요약 슬라이드를 목차 슬라이드로 쉽게 이동할 수 있다.

⑧ 메모 및 메일 전송 기능이 있다. 노란색 메모를 프레젠테이션에 추가하여 슬라이드의 실제 구성을 변경하지 않고도 다른 사람의 의견을 확인할 수 있으며, 마이크로소프트 아웃룩(Microsoft Outlook)을 통하여 프레젠테이션을 메일로 전송할 수 있다.

⑨ 웹 문서 작성 기능을 제공한다. 프레젠테이션을 HTML 형식으로 저장하여 웹 문서로 전환시킬 수 있으며, 윈도우즈 NT 서버, 노벨 네트워크, 기업 인트라넷, 인터넷 등에 프레젠테이션을 전송할 수 있다.

⑩ 강력한 도움말을 제공한다. 오피스 길잡이에서 사용자들이 파워포인트를 쉽게 사용할 수 있도록 작업에 필요한 도움말을 표시해 준다. 오피스 길잡이를 사용하면 파워포인트 기능을 보다 효과적으로 사용할 수 있는 팁, 도움말, 특정 작업에 대한 예제, 단계별 실행 방법 등을 볼 수 있다.

2. 교육방송

1) 교육방송의 특성

21세기에 들어서면서 방송 역사는 많은 변화와 발전을 거듭하고 있다. 정보통신테크놀로지(Information and Communications Technology, ICT)의 발전은 그동안 해 오던 지상파 방송의 제한을 극복하고 위성방송을 가능하게 하였고 더 나아가 인터넷 방송의 실현도 가능하게 하였으며 이제 디지털 방송 시대를 열어 가고 있다. 이렇게 테크놀로지 부분에서 많은 변화를 이루어 온 방송은 다른 매체와 달리 어떠한 기능을 가지고 있으며, 그러한 기능이 교육에 주는 도움은 무엇일까? 방송이 다른 매체와 다른 점은 방송은 첫째, 현실감이 있으며, 둘째, 즉시성이 있으며, 셋째, 정확하며, 넷째, 대중성이 있다는 점이다. 방송은 다른 매체와 달리 현장에서 일어나는 일을 그대로 보여 줄 수 있다. 물론 영화도 현실감이 있는 매체이나 방송은 영화와 달리 즉시성이 있다. 즉 일어난 사건과 현장을 즉시 보여 주거나 들려 줄 수 있다.

또한 방송은 전파를 타기 전에 실무진에 의해 검증을 받기 때문에 비교적 정확하며 많은 사람들이 보고 들을 수 있기에 대중성이 있다. 이러한 방송이 갖는 특징들은 요즈음 인터넷으로 인해 방송만의 유일한 특징이라고 더 이상 생각하기 힘들게 되었다. 그러나 인터넷에서 볼 수 있는 UCC와는 달리, 방송되는 내용들은 사전에 검토 및 검증을 받기 때문에 보다 객관적이고 정확하며 공정성이 높다고 하겠다. 또한 인터넷은 읽고 쓸 줄 알아야 하며 컴퓨터를 사용할 줄 아는 사람만이 사용 가능하지만,

텔레비전은 읽고 쓸 줄 몰라도 시청이 가능하기에 사용자층이 넓으며 따라서 보다 더 대중적이다.

최근 교육에 이용되고 있는 방송은 주로 텔레비전 방송이며, 교육 텔레비전 방송의 특성은 다음과 같다.

① 텔레비전 프로그램은 효과적인 커뮤니케이션 매체이다. 텔레비전은 다양한 시청각 자료, 즉 음악, 음향, 소리, 사진, 영화, 물체, 표본 등을 화면에 제시할 수 있으므로 효과적인 교육 매체이다.

② 텔레비전 프로그램은 우수한 교사나 인물을 교실 안으로 초빙할 수 있다. 오늘날과 같이 전문성이 요구되는 시대에서 교사가 모든 분야에 걸쳐 전문인과 같은 수준의 지식을 구비하기란 쉬운 일이 아니다. 따라서 과학자나 발명가, 소설가 등 각 분야의 전문인이 텔레비전 프로그램에 출연하므로 많은 학생들이 세계적인 석학을 대할 수 있어 학습의 효과를 도모할 수 있다.

③ 텔레비전 방송은 세계를 우리의 교실 현장으로 즉시 가져올 수 있다. 텔레비전을 통하여 세계 각 곳에서 일어나고 있는 사건들을 교실 현장에서 즉시 볼 수 있어 텔레비전은 현장감과 동시성을 제공해 준다.

④ 텔레비전은 시청각에 호소하는 가장 강력한 매체이다. 텔레비전은 생생하게 현장을 보여 주고 들려줄 수 있기 때문에 잡지, 신문, 라디오와 비교할 때 가장 호소력이 있는 매체이다.

⑤ 텔레비전은 다른 매체와 달리 다양한 시청자 층을 보유할 수 있다. 텔레비전을 시청하기 위해서는 특별한 기술이나 지식이 요구되는 것이 아니므로 시청자의 교육 수준과 관계없이 다양한 층의 시청자

를 보유할 수 있다는 장점이 있다.

⑥ 텔레비전 테크놀로지의 발달은 인간의 육체가 갖는 한계를 뛰어넘을 수 있다. 텔레비전 카메라의 특수 기능을 사용하면 인간의 육안으로 볼 수 없는 미세한 것을 확대하여 볼 수 있을 뿐만 아니라, 순식간에 일어나는 것도 그 진행 과정을 천천히 볼 수 있고, 한 화면에서 변화하는 과정을 비교 관찰할 수 있는 기회도 제공하여 준다.

⑦ 텔레비전 프로그램은 교사와 학생의 시간을 절약하여 줄 수 있다. 교사가 혼자서 준비하려면 많은 시간이 소요되거나, 경제적인 여건 및 시설이나 설비 부족으로 시범이나 제시가 불가능한 것을 텔레비전은 가능하게 해 주므로 시간과 돈을 절약할 수 있다.

⑧ 텔레비전은 교육적이면서도 오락적인 기능을 갖고 있다. 요즘 들어 흔히 교육적이면서도 오락적인 학습, 즉 영어로 말하면 education과 entertainment를 합친 새로운 용어 'edutainment'라는 말을 사용한다. 텔레비전이야말로 'edutainment'의 실현을 가능케 하는 매체이다.

이러한 텔레비전도 다음과 같은 제한점을 갖고 있다.

① 텔레비전도 일방향 커뮤니케이션 매체이다. 교실에서 선생님과 면대년으로 학습할 때와 달리, 텔레비전을 시청하면서는 질문을 할 수도 없고 일방적으로 제시되는 것을 시청하여야 하므로 따라서 수동적으로 참여하게 되는 단점이 있다.

② 텔레비전 프로그램은 일정한 속도로 제시된다. 따라서 시청하는 학생들이 천천히 보고 싶거나 자세히 보고 싶은 경우에 통제할 방법이 없다.

③ 텔레비전 프로그램이 방영될 때에는 다시 볼 수 있는 방법이 없다. 일단 방송이 될 때 주의 깊게 시청하지 않으면 다시 보고 싶은 장면이나 세밀히 보고 싶은 장면이 있어도 다시 볼 수 있는 방법이 없는 것이다.

이러한 제한이 있는 텔레비전 방송도 녹화기를 준비하여 방영되는 프로그램을 녹화하여 여러 번 시청할 수도 있고, 또 필요한 부분만을 여러 번 반복하여 시청할 수도 있다. 녹화를 한 테이프를 시청하는 경우에는 필요시 테이프 재생을 중단하여 교사가 보충 설명을 하거나 질문을 하는 등 효율적으로 사용할 수 있다. 또한 최근 방송과 정보 통신테크놀로지의 결합으로, 인터넷을 통해 방송 프로그램을 다운로드(download)받아 시청할 수 있으며, 필요한 부분을 반복 시청할 수 있게 되었다. 더 나아가 방영된 프로그램이 DVD(Digital Versatile Disk)에 녹화되어 판매되는 등 기존의 텔레비전 방송이 갖고 있던 제한점을 극복할 수 있기에 그 활용이 보다 용이해지고 있다.

2) 교육방송 프로그램의 유형

교육 방송 프로그램을 학습현장에서 이용하거나 가정에서 이용할 때, 우리는 그 유형을 다음과 같이 분류할 수가 있다.

(1) 일관된 전체 수업(Total teaching)

방송 프로그램을 이용하는 교실이나 가정에 또 다른 교사가 없이 방송 프로그램에 출현한 교사만으로 수업이 진행되는 방법으로 통신학교에서 이러한 방법을 주로 사용하고 있다. 즉 방송 교사에 의하여 수업 전체가 진행이 되는 수업 형태를 뜻한다.

(2) 강의를 대치하는 학습 자료(Complementary basic resource)

강의를 대치하는 학습 자료로서의 방송은 교과목과 밀접한 관련하에 제작된 방송 프로그램으로 독립적으로 학습 목표를 달성할 수 있는 프로그램을 뜻한다. 고등학교나 대학교의 물리나 화학, 생물 등의 교과목을 분석한 후, 방송이라는 매체를 통하여 효과적인 학습이 이루어질 수 있는 내용을 선별하여 제작된 프로그램을 의미하며, 이 프로그램을 사용한 후 학습목표가 달성될 수 있는 것을 말한다.

(3) 학습활동을 풍부하게 하는 학습 자료(Supplementary enrichment program)

주어진 교과서에는 서술이 되지 않았지만 학습 내용과 관련된 프로그램으로서 학습자의 이해를 심화시켜 주고 학습경험을 확대해 줄 수 있는 프로그램을 뜻한다. 교과서나 교사의 강의에서 다루어지지 않거나 다룰 수 없는 내용일지라도 방송 프로그램의 내용이 교과목의 내용과 연관이 되거나 새로운 예제로서 학습 경험을 풍부하게 해 줄 수 있는 유형의 프로그램을 뜻한다.

(4) 교사를 위한 프로그램(Teacher training program)

급변하는 시대를 살고 있는 교사들은 새로운 이론과 방법을 도입하는 데 있어 뒤떨어지지 않기 위하여 항상 새로운 것을 배우는 자세를 가지고 있어야 한다. 방학 기간 동안 실시되는 여러 가지 연수 프로그램을 통하여 새로운 것을 배울 수도 있지만, 교육방송을 통해서도 새로운 정보를 획득할 수가 있다. 따라서 교사 재교육을 위한 프로그램은 교육방송에서 중요한 자리를 차지한다.

(5) 유아를 위한 프로그램(Pro‒schooler's program)

유아를 위한 교육은 매우 중요하며 이들을 위한 교육용 프로그램은 아동 발달에 많은 영향을 미친다. 이들 어린이를 위한 프로그램에서 아동들은 새로운 것을 배우고 습득하며 또한 즐길 수 있다. 따라서 오락적 기능도 유아프로그램에서는 매우 중요하며 외국에서는 아동들의 신체적 발달뿐만 아니라 인지적 발달을 고려한 프로그램들이 많이 제작되고 있다. 이러한 이유로 유아용 프로그램 제작 시에는 인지 심리학자들의 참여가 있어야 하지만 우리나라에서는 아직 실현이 되고 있지 않다.

(6) 평생교육을 위한 프로그램(continuing educational program)

21세기는 평생교육의 시대라고 한다. 이제 학교를 졸업함과 동시에 배우는 것을 중단해 버리는 시대는 지났다. 온 국민이 살아가면서 필요한 교육을 원하는 때 받을 수 있는 평생교육의 확대 실시는 현실화되고 있으며, 이에 교육방송은 모든 국민을 대상으로 한 다양한 교육용 프로그램을 제작하여 방송하고 있다.

3) 방송 프로그램 사용 시 유의 사항

방송 프로그램을 교실 수업에 이용할 때 다음과 같은 점에 유의하여야 한다.

(1) 선택과 사용

교사는 방송 프로그램 선택에서부터 효과적인 프로그램 사용까지 고려해야 하며 구체적인 지도 방법도 사전에 고려해야 한다. 즉 청취 전 지도, 청취 중 지도, 그리고 청취 후 지도에 이르기까지 세심한 주의를 요한다.

(2) 물리적 조건

수신상태를 점검하고 사전에 방지할 수 있는 소음, 빛의 반사등을 통제한다. 불필요한 방해가 발생하지 않도록 교실 문 등에 방송 청취 또는 시청 중이라는 표시를 해두는 것도 좋다.

(3) 학습 조건

학습의 목표와 학습 후 기대되는 결과, 즉 방송 프로그램의 사용 목적 내지는 풀어야 할 문제, 답해야 할 질문들을 미리 알고 방송 프로그램을 사용한다면 효과적인 학습이 이루어질 수 있다. 따라서 교사는 방송 프로그램의 목표를 사전에 알려 주고 방송 프로그램을 사용한 뒤 기대되는 결과를 학습자에게 알려 줌으로써 학습자의 내적 준비를 도모할 수 있다.

(4) 교사의 참여

방송을 청취 또는 시청힐 때에는 교사 자신이 주의 깊게 청취 또는 시청하는 태도를 보여 주어야 한다. 교사는 열심히 프로그램을 들으면서 학습자가 이해하기 어려운 단어나 용어 등이 방송될 때에는 시청 후 지도를 위하여 칠판에 써 두고, 어떤 특정한 지역이 거론될 때에도 지도에서 그 고장을 지적해 주는 등 학습의 효과를 높이기 위하여 학습자들을 도와주어야 한다. 또한 학습자로 하여금 청취 중요내용을 필기하도록 권장하되 지나친 필기는 오히려 듣고 이해하는 데 방해할 수 있으므로 알맞은 지도를 해야 한다.

(5) 평가

평가는 매체 사용에 있어 마지막에 실행되지만 빼놓을 수 없는 중요한 단계이다. 그러면 방송프로그램을 청취한 뒤 그 프로그램의 사용이 과연 효과적이었는지 평가 할 수 있는 방법은 무엇일까? 전형적인 방법으로 프로그램 청취 후 질문을 하여 청취한 프로그램의 내용을 얼마나 많이 기억하고 있는가를 알아냄으로써 평가를 하는 방법도 있다. 또는 매 프로그램 청취 후 미리 준비된 설문지에 답을 하는 방법도 있을 수 있지만 권장할 만한 방법은 아니다. 유능한 교사라면 학생들의 반응, 표정, 호기심, 동기유발 등을 관찰함으로써 프로그램의 효과를 측정할 수 있다. 프로그램 청취 후, 프로그램의 주제에 관해 많은 질문을 해 오거나 좀 더 알고 싶어 한다면 설문지나 질문지를 사용하지 않고서도 청취된 프로그램이 효과적인 것을 알 수 있을 것이다.

이러한 교육방송을 학교가 아닌 가정에서 시청할 경우 특히 학령 전 아동이 시청을 하는 경우 부모가 함께 보고 궁금한 내용을 설명해 주고 시청한 내용을 반복해 주고 질문을 제시한다면 아동의 인지 발달이나 학습에 많은 기여를 할 수 있다. 따라서 텔레비전 시청을 일종의 '아이 봐주는'것으로 간주하는 것은 바람직하지 않다. 또한 지나친 텔레비전 시청은 아동들의 언어 발달에 장애가 된다는 보고도 있어 알맞은 시청을 권장하고 있다. 부모가 시청하는 프로그램의 선정 및 시청 시간의 제한을 주도적으로 행사하는 것이 바람직하다.

4) 뉴미디어로서의 교육방송

(1) 뉴미디어의 개념

뉴미디어란 무엇인가? 뉴미디어를 정의하기란 거의 불가능한 일로 생각된다. 왜냐하면 새로운 것, 즉 '뉴(new)'라는 단어의 뜻은 상대적인 것이기 때문이다. 지금 현재 '뉴미디어'로 구분되는 것도 새로운 테크놀로지가 탄생될 때 바로 '올드(old)미디어'가 되기 때문이다. 그러나 사전적 의미로 뉴미디어는 기존의 미디어에 새로운 컴퓨터 및 정보통신기술을 결합시킴으로써 과거와는 다른 형태의 정보 수집, 정보 처리, 정보 가공 및 전송과 분배 그리고 이용을 가능하게 하는 미디어라고 할 수 있다. 뉴미디어라는 말이 컴퓨터와 정보통신기술과 밀접한 관계가 있다.

뉴미디어의 특성으로는 통합성, 디지털화, 그리고 쌍방향성을 들 수 있다. 뉴미디어는 첫째, 여러 가지 매체가 통합되어 단일 매체로 전달된다. 둘째, 매체에 담겨진 내용이 디지털 방식으로 전달된다. 셋째는 정보의 교류가 일방향이 아닌 쌍방향으로 이루어진다. 이러한 뉴미디어를 구분하는 방법에는 여러 가지가 있으나, 첫째는 정보 전달 수단에 따른 구분과 둘째는 정보의 형태에 따라 구분된다. 정보 전달 수단에 의한 구분을 좀 더 세분화하면 패키지계, 유선계, 무선계, 그리고 위성계로 나뉜다. 정보의 형태에 따른 분류로는 문자미디어, 음성미디어, 영상미디어, 그리고 이들 셋을 통합한 멀티미디어로 구분한다.

(2) 뉴미디어와 방송

뉴미디어로서의 방송은 새로운 테크놀로지에 의한 새로운 프로그램 전달 방법 및 시청 방법을 의미하여 여기에는 다음과 같은 것이 속한다.

① 케이블 TV(Cable television, Cable TV)

케이블 TV는 처음에는 산이나 높은 건물이 있어 수신 상태가 좋지 않은 난시청 문제를 해결하기 위하여 시작되었으나 최근에는 방송 프로그램뿐만 아니라 홈쇼핑 서비스, 원격제어 서비스, 케이블전화 서비스, 케이블 인터넷 통신 서비스, 주문형 비디오 서비스 등 다양한 통신 서비스를 제공하고 있어 방송 기능과 통신 기능이 결합된 통합매체로서 발전하고 있다.

케이블 TV의 특성을 살펴보면 첫째, 케이블 TV는 유선망을 통해서 프로그램을 제공하기 때문에 전파를 이용하는 일반 TV에 비해 수신 상태가 매우 양호하다. 둘째, 케이블 TV는 일반 TV에 비해 훨씬 많은 채널을 제공한다. 따라서 채널은 다양화, 전문화되어 드라마 전용채널, 뉴스 전용채널, 영화 전용채널, 오락 전용채널, 교육 전용채널, 스포츠 전용채널 등 다양한 종류의 전문 채널이 가능하다. 셋째, 케이블TV는 특정 가입자만을 대상으로 프로그램을 제공할 수 있다. 넷째로, 케이블 TV는 가입자와 방송국 간에 쌍방향 커뮤니케이션이 가능하다. 정보통신기술의 발달로 최근에는 케이블 TV의 TK의 쌍방향 커뮤니케이션 기능을 이용하여 단순히 방송 프로그램의 전송뿐만 아니라 각종 정보 통신 서비스를 제공하는 매개체로서도 활용이 되고 있다.

② 직접 위성방송(Direct satellite broadcasting)

직접 위성방송은 지상에서 송신한 방송 전파를 지구 상공의 정지궤도를 순환하는 방송위성을 이용하여 지상에 재전송함으로써 소형 수신안테나를 설치한 일반 가정에서 개별적으로 방송을 직접 수신할 수 있도록 하는 방송 방식이다. 초기에는 직접위성방송에 주로 이용되는 위성은 방송위송이었으며 이는 통신위성(Communication satellite)과 구별되었으나 기술발달로 인하여 이제는 하나의 위성체에서 방송용 중계기와 통신용 중계기를 동시에 탑재하여 이용하기 때문에 과거처럼 방송위성과 통신위성이 구별되지 않는다. 우리나라의 무궁화 위성, 홍콩의 AsiaSat2호기는 이렇게 통신과 방송을 겸한 위성이다.

인공위성을 이용하여 방송신호를 송수신하기 위해서는 몇 단계를 거치게 된다. 방송사는 제작된 프로그램을 지상의 지구국(Earth station)으로 보내며, 지구국에서는 이를 지구상공의 방송위성으로 송출한다. 지구국에서 송출된 신호는 방송위성에 부착된 중계기(Transponder)가 수신하여 이를 증폭하거나 변조를 한 후 다시 지상으로 재전송한다. 지상으로 재전송된 신호는 지구국뿐만 아니라 위성수신용 안테나가 설치된 곳이면 어디서나 수신이 가능하게 된다.

인공위성을 이용한 방송의 장점 두 가지는 첫째, 광범위한 가시청 지역, 둘째, 양질의 수신 상태이다.

③ 쌍방향 TV(Interactive TV)

쌍방향 TV는 시청자들이 프로그램이나 광고를 선택해서 시청할 수 있는 TV라고 말할 수 있으며 시청자들이 선택할 수 있는 범위는 유료 프로그램(pay-per-view, PPV)에서부터 첨단 영상편집 및 제작에 이르기까지 다양하다. 현재는 준 주문형 비디오 서비스(Near-Video-Demand,

NVOD) 상호작용적 다중게임(interactive multiuser game), 첨단 영상쇼핑, 홈뱅킹, 주문형 뉴스제공, 쌍방향 교육서비스 등이 시험 중에 있으며 앞으로는 이러한 기능이 현실화될 것이다. 쌍방향 TV도 사용하기 위하여서는 셋톱박스(set‒top box)를 설치하여야 한다.

현재 이용되고 있는 쌍방향 TV는 제공서비스의 상호작용 정도에 따라 크게 두 유형으로 구분할 수 있다. 첫 번째 유형은 기존의 아날로그 방송용 TV에 필요한 장비를 설치하여 프로그램을 수신하는 방식이고, 두 번째 유형으로는 소규모 디지털 교환시스템을 설치하여 원하는 프로그램을 원하는 방식대로 제공받는 방식이다. 현재는 대부분 첫 번째 유형을 이용하고 있다.

④ 고화질 TV(High Definition TV: HDTV)

현재의 TV 방송방식보다 주사선의 수를 늘려 화질과 음향의 질을 증가시켜 주는 것으로 주사선이 종래 TV보다 거의 두 배여서 화면 비율도 커져서 마치 영화 스크린을 보는 듯하다. 미국, 일본, 우리나라에서 사용하고 있는 컬러 TV 방식 NTSC(National Television System Committee)은 주사선이 525였으나 HDTV의 경우에는 1080으로 증가하였으며, 화면의 비율도 4:3에서 16:9로 확대되었다. 이로 인해 화면의 선명도도 매우 좋으며 음질도 3차원의 사운드로서 DAT나 CD음질과 같다.

(3) 웹 TV와 인터넷 TV

웹 TV와 인터넷 TV는 같은 것이나, 미국의 Microsoft사에 의해 개발·보급되고 있는 것을 웹 TV라고 부른다. 인터넷 TV는 텔레비전 모니터 상에서 인터넷을 사용할 수 있는 새로운 테크놀로지이다. 인터넷 TV를 사용하기 위하여서는 셋톱박스를 설치하여야 하며 이 셋톱박스를 이용하여 텔레비전 모니터를 전화선에 연결하여 전화선을 통하여 인터넷에 연결이 된다. 이렇게 하여 인터넷에 담긴 정보를 텔레비전 화면에서 볼 수 있는 것이 웹 TV이다. 인터넷 TV와 컴퓨터와의 차이는 컴퓨터는 계산, 문서 작성 등 여러 가지 기능을 할 수 있지만 인터넷 TV는 한 가지 기능, 즉 인터넷에 접속할 수만 있을 뿐이다. 또한 컴퓨터에서는 새로운 프로그램을 설치하여 사용할 수 있으나 인터넷 TV는 그러한 기능이 없으며 오로지 한 가지 기능만 있을 뿐이다. 또한 컴퓨터는 디스켓 드라이브, CD-ROM 드라이브, 집(zip) 드라이브, DVD 드라이브 등 여러 가지 정보 입력 도구가 있지만 인터넷 TV는 그러한 입력 보조 도구가 없다. 또한 웹 TV는 저장 기능이나 저장 보조 도구도 제공해 주지 않는다. 그렇다면 인터넷 TV를 왜 이용하고자 하며 인터넷 TV를 통해서 인터넷에 접속하고자 하는 이유는 무엇일까? 첫째, 가격이 저렴하다. 둘째, 연결하기 쉽다. 셋째, 배워서 사용하기 쉽다. 넷째, 응접실 소파에 앉아서도 사용할 수 있다. 다섯째, TV를 시청하면서도 사용할 수 있다. 여섯째, 따라서 진정한 가족 오락물이 될 수 있다.

그러나 우리나라에서는 컴퓨터상에서 TV를 시청할 수 있는 것을 인터넷방송이라 부른다. 컴퓨터 스크린은 텔레비전 모니터보다 해상도가 떨어지므로 캠코더(camcoder) 같은 가정용 비디오카메라로 촬영을 하여 내보내기도 한다. 또한 텔레비전 방송국에서는 일부 프로그램을 인터넷상에서 볼 수 있도록 배려하지만 이러한 것을 인터넷 TV라고 말하지는 않는다.

(4) 디지털 멀티미디어 방송(Digital Multimedia Broadcasting, DMB)

디지털 멀티미디어 방송 또는 DMB(Digital Multimedia Broadcasting)의 가장 큰 특징은 이동 중에 디지털 영상, 또는 오디오 방송을 시청할 수 있다는 것이다. 지상파 아날로그 라디오 방송을 대체할 목적으로 처음 개발되었으나 기술의 발달로 한정된 전파에 더 많은 데이터를 담을 수 있게 됨에 따라, 본래 목적인 음성 데이터뿐만 아니라 DVD 수준의 동영상 데이터까지 전송할 수 있게 되었다.

처음 DMB 서비스를 시작한 나라는 일본의 MBCo로 2004년 10월 19일부터 모두 40개 채널의 정식 서비스를 시작했다. 현재 디지털 멀티미디어 방송은 전파 송수신 방식에 따라 지상파 DMB(T－DMB)와 위성 DMB(S－DMB)방식으로 나뉘는데 지상파 DMB 방송은 현재의 지상파 라디오 방송과 마찬가지로 무료로 제공되며, 위성 DMB 방송은 월정액 형태로 유료로 제공되고 있다.

DMB는 차량에 수신기를 부착하거나, DMB 수신기능이 있는 휴대전화, 개인 휴대용 수신기 또는 개인용 컴퓨터에 연결하여 모니터로 출력되는 타입의 수신기 등을 구입하면 시청할 수 있다. 하지만 위성 DMB와 지상파 DMB가 서로 호환되지 않아서 각각의 단말기를 따로 구매해야 된다는 문제점이 있었으나 이러한 기술적인 문제는 해결되었다.

현재 제공되고 있는 지상파 디지털 텔레비전이나 디지털 위성방송과 견주어 볼 때, 고속 차량 이동 중에도 선명한 화면으로 방송을 시청할 수 있다는 장점이 있는 반면, 화질이 떨어지고 채널 수가 부족하다는 단점이 있다.

이러한 DMB 방송의 등장은 문화적인 측면에서 볼 때 온 가족이 함께 즐기던 텔레비전 시청이 혼자서 보고 즐기는 텔레비전 시청으로 시청 형태가 바뀔 가능성이 높다. 또한 이동 중 시청하기에 적합한 미디어의 특성상 TV 프로그램의 길이가 더욱 짧아지고, 간단하면서도 짧은 시간에 커다란 인상을 남길 수 있는 프로그램이 활성화될 것으로 점쳐진다. 앞으로 DMB 방송을 이용하여 교육용 콘텐츠를 방영하게 될 때 내용의 구성이나 내용의 길이를 어떻게 하여야 가장 효과적일 수 있는지에 대한 연구가 필요하다.

(5) IPTV(인터넷멀티미디어방송)

IPTV(Internet Protocol Television, 인터넷멀티미디어방송)는 인터넷 프로토콜을 이용하여 전달되는 실시간 디지털 텔레비전 방송으로 콘텐츠의 복합 제공이 가능하다. 이 IPTV의 특징은 '양방향성'에 있다. 이 IPTV가 구현되는 2008년 하반기에 국내 방송계는 기존 지상파방송, 케이블 TV, 위성방송과는 전혀 다른 개념의 새로운 뉴미디어 시대를 맞게 될 것이다.

지금까지 우리가 인터넷을 제공받기 위해 사용하고 있는 초고속 광대역 통신망을 기반으로, 전용 셋톱박스, TV를 통해 주문형비디오(VOD)는 물론, 생활정보, 게임, 거래형 서비스 등 각종 부가서비스를 이용할 수 있다. 초고속 인터넷 지원을 위한 IP(Internet Protocol, 인터넷 프로토콜) 기술을 이용하기 때문에, 실시간 방송서비스에서 무한대의 채널서비스 이용이 가능하다. IP 기술로 지원되는 실시간 방송서비스는 물론 DVD급의 고화질 서비스가 가능하고 IPTV를 통한 홈네트워크, 홈뱅킹, 홈쇼핑 등을 부가적으로 연결할 수 있는 것이 큰 장점이다. 머지않은 장래에 IPTV로 교육을 하고, 광고를 보면서 직접 물건을 구매할 수 있는 시대가 가능해질 것이다. IPTV가 이처럼 단순TV 역할뿐만 아니라 인터넷, 전자상거래를 위한 플랫폼 역할을 하게 될 것이다.

IPTV는 서비스를 구현하는 전송방식뿐만 아니라, 시청자들이 방송서비스를 시청하는 패턴에도 큰 변화를 제공할 것이다. 이러한 IPTV는 지상파방송, 위성방송, 케이블 TV에 이어 제4의 미디어라고도 불리며 해외에서는 IPTV의 편리함을 이유로 일찌감치 상용화된 것이 많았다. 미국은 1996년, 일본은 2002년부터 IPTV 도입에 맞는 제도가 정비돼 현재 복수의 IPTV 사업자가 관련 서비스를 제공 중이다. 정보통신 분야에서 세계 일류를 자랑하는 우리나라이지만 IPTV 부문에 있어서는 아직 초보 단계이다.

이러한 IPTV가 일상화되면 시청자는 단순히 방송을 '보고 듣는' 사람이 아닌 다양한 정보를 추구하고 방송에 적극적으로 참여하는 '방송 콘텐츠 소비자'로 변화될 것이다. 또한 방송 시장이 다변화된 만큼 콘텐츠도 다양해질 것이다. 방송 콘텐츠가 점점 소비자 중심으로 집중되다 보니 이들의 관심을 끌어당기기 위해 다채로운 맞춤형 서비스가 확대될 것이다. 그동안 CATV를 통해 어린이 교육, 초중고 학습, 여성, 문화, 종교, 여가 생활, 애니메이션, 영화, 외국어, 쇼핑 등 전문방송을 시청하였으나 IPTV는 여기에 '양방향'이라는 특성을 추가해 자유로운 시청자 참여를 유도, 방송 콘텐츠 시장의 급속 성장을 이끌 것이다. 이것은 인프라 중심의 방송이 콘텐츠 중심으로 이동하는 계기를 제공할 수 있다는 의미이기도 하다. 2008년 상반기 중 실시간 방송 서비스를 제공하게 되면 IPTV는 가입자의 폭발적인 증가와 함께 관련 콘텐츠 산업도 도약할 것으로 기대된다. 기술적으로 양방향이 가능하다 해도 소비자가 볼 만한 콘텐츠, 참여할 만한 콘텐츠가 없다면 이러한 기술은 무용지물이 되거나 오히려 시청자에게 유해할 수 있다. 좋은 내용의 콘텐츠 제작을 위한 노력이 필수이며 콘텐츠 관련 산업의 경쟁력, 콘텐츠의 질이 IPTV 사업 경쟁력과 직결될 것이다.

(6) 뉴미디어와 교육방송

이러한 다양한 새로운 미디어가 교육방송에 도입되어 실용화될 때 교육방송은 어떻게 달라질 것인가? 첫째로 대중(mass)을 상대로 한 매체에서 소수를 상대로 하는 방송으로 변화될 것이다. 둘째로 그러한 변화를 가져오기 위해서는 교육방송의 프로그램도 다양하게 사용될 수 있는 조건과 환경을 고려하여 제작되어야 할 것이다. 셋째로 편성의 의미나 중요성이 약화될 것이다. 더 이상 시청자들은 방송국이 정한 스케줄에 의하여 방송 프로그램을 시청하기보다는 개인이 필요할 때 원하는 프로그램을 시청할 수 있기 때문이다. 넷째로 교육방송도 시청자가 원하는 대로 프로그램을 구성하여 제작할 수 있는 데이터베이스 또는 콘텐트베이스를 구축하여야 할 것이다. 앞으로의 교육방송은 지금과 같이 일방적인 커뮤니케이션의 형태를 벗어나야 하며 편성 담당자나 제작자에 의하여 시간과 내용이 일방적으로 결정되어 방영되어 오던 것을 벗어나 시청자 스스로가 시간, 내용, 진개 순서 등을 결정, 재구성할 수 있는 시기가 도래될 것이다.

제6장

시 · 공간을 초월한 학습 환경

 원격교육(Distance Education)의 이해

1. 원격교육의 역사와 정의

원격교육의 근원은 18세기 초의 통신교육에서 찾을 수 있다. 통신교육은 미국 보스턴의 필립스 속기학교에서 유래된 것으로 알려져 있다. 일주일을 단위로 하여 학습내용을 우편으로 배달하고 학습한 내용을 다시 우편으로 받아 평가를 받는 형태였다. 이와 같은 형태의 통신교육은 미국에 이어 스웨덴과 영국 등에서도 실시가 되었으며 여러 가지 이름으로 불려왔다. Correspondence school, Air and Corre-spondence school, Extramural Education, School of External Studies, 그리고 school Extension Program 등 다양한 이름으로 불리어 오다가 근래에는 원격교육이라는 개념하에 연구, 개발, 발전되고 있다.

원격교육이라는 용어가 소개된 것은 1980년 캐나다 밴쿠버에서 열렸던 제11회 국제통신교육협회에서이다. 이어 1982년 국제통신교육협회(International Council for Correspondence Education)의 명칭이 '국제원격교육협회'(International Council for Distance Education)로 바뀌면서 공식적으로 사용되기 시작하였다. 원격교육은 "언제 어디서나 다양한 매체와 테크놀로지를 이용하여 학습이 이루어지는 것"이라고 정의할 수 있으며 원격교육이란 원래 시간과 장소가 다른 곳에서 학습이 이루어지는 것을 전제로 한다. 그동안 테크놀로지의 발달로 인하여 원격교육에도 많은 변화가 있어 왔으며 이제는 세계를 하나로 연결해 주는 가상대학이 출현하여 발전하고 있다. 이러한 원격교육은 어떻게 변천하여 왔는지 그 역사를 살펴보면 [그림 5]와 같이 크게 3세대로 구분이 된다.

제1세대는 가정에서 우편물을 받아 보면서 학습하는 통신 교육이었으며 제2세대는 영국의 개방대학교를 중심으로 한 교육과 방송과 전화를 이용한 원격회의의 교육 그리고 제3세대에 와서야 오늘날 우리가 일반적으로 사용하고 있는 멀티미디어와 네트워크를 통한 교육이 이루어지기 시작하였다. 전산망의 보급과 속도의 발달, 인터넷의 일반화와 멀티미디어의 발전은 가상교육의 전성기를 이루고 있으며 전 세계의 교육기관뿐만 아니라 기업도 이 가상 교육에 많은 관심을 보이며 참여하고 있다.

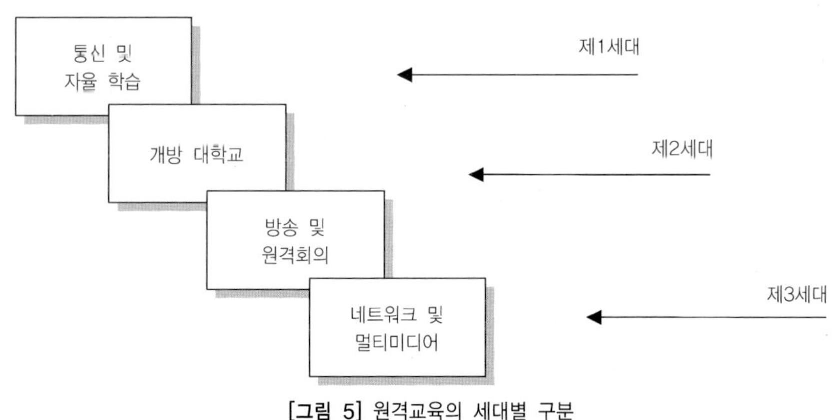

[그림 5] 원격교육의 세대별 구분

1995년 국제원격교육협회가 선정한 세계적으로 명성을 얻고 있는 11개의 원격교육기관으로는 영국의 Open University(BOU)를 비롯하여 우리나라의 한국방송통신대학(KNOU), 중국의 china TV University System (CTVU), 프랑스의 Centre national d'Enseignement a Distance(CNED), 인도의 Indira Gandhi National Open University 사우스 아프리카의 University of South Africa(UNISA), 스페인의 Universidad Nicional de Edication a Distancia(UNED), 타일랜드의 sukhothai Thammathirat Open University(STOU), 터키의 Anadolu University (OEF) 등이 있다.

이렇게 발달되어 온 원격교육은 [그림 5]와 같이 여러 가지 형태로 운영이 되고 있다. 산업기관 또는 공공기관에 의해 실시되는 원격교육, 독립된 원격대학이나 가상 대학을 운영하는 경우, 현존해 있는 교육기관에서 독립적인 부서로 운영되는 원격교육, 여러 개의 교육기관이 합쳐서 원격교육을 실시하는 협력체 형태, 현존 대학이 서비스의 확장 의미로 운영하는 원격교육 등 다양한 형태로 운영되고 있다. 근래에 와서 이 원격교육은 최신 정보통신테크놀로지와 열린 교육이라는 시대적인 필요성에 따라 가상 교육 또는 가상 대학의 이름으로 발전되어 가고 있다.

우리나라에서 가상교육은 1997년 삼성 SDS가 '유니텔 가상대학'을 실시함과 동시에 시작되었으며(유광원, 1997) 대학교를 중심으로 가상대학 운영을 연구해 오던 중 1998년에는 65개 대학교 외 14개 업체가 '사이버대학 실험운영기관(44개 대학교)'이나 '사이버대학 시범운영기관(19개 대학교)'에 참여하여 사이버 캠퍼스를 시작하기에 이르렀으며(이종연, 1998) 1999년에 시범 기간이 끝났다. 이들 중 대부분의 대학은 업체나 다른 대학교와 함께 컨소시엄 형태로 운영을 하나 대학교 자체 내에서 단독(8개 대학교)으로 사이버 캠퍼스를 운영하는 대학교도 있다. 이 외에도 서울디지털대학교(www.sdu.ac.kr), 삼성 멀티캠퍼스(www.sdscampus.co.kr), 가상대학 캠퍼스 21(www.compus21.co.kr) 등이 있다. 또한 2000년 3월부터 9개의 가상대학이 문을 열었다.

이렇게 시작된 가상교육은 부르는 명칭은 다를지 모르지만 이제 명실공히 거의 모든 대학에서 실시하고 있다. 한 학기 강좌를 100% 온라인으로 하는 경우도 있으나 대부분 오프라인과 온라인 교수-학습 방법을 병행하며 시행하고 있다.

2. 원격교육에 활용되는 매체와 테크놀로지

전통적인 교육은 교사와 학생이 같은 장소에 있을 때 교수-학습이 가능했지만 원격교육에서는 교사와 학생이 한 장소에 있지 않아도 교수-학습이 가능한, 즉 언제 어디서나 교육을 받을 수 있다. 언제 어디서나 학습이 가능하노록 하는 것이 바로 매체와 테크놀로지이다. 매체와 테크놀로지는 어떻게 다른 것인가? 매체는 청각 매체, 시각 매제, 시청각 매체로 구분될 수 있다. 청각 매체는 오디오 녹음테이프, 라디오, 음반 능을 들 수 있으며 테크놀로지에 따라 오디오 카세트, LP 음반, Audio CD, DAT(digital audio tape) 등으로 구별될 수 있다. 따라서 매체와 테크놀로지는 다른 것이며 테크놀로지의 발달로 인해 새로운 전달 방법이 증가하고 있다. 원격교육을 가능하게 하는 매체로는 청각 매체, 시각 매체, 시청각 매체를 들 수 있으며 테크놀로지의 발달로 인해 이들 청각 매체와 시각 매체는 혼합된 형태인 시청각 매체로 발전하여 현재 활용되고 있다. 이를 구체적으로 살펴보면 <표 13>과 같다.

〈표 13〉 매체와 테크놀로지의 종류

매체의 종류	테크놀로지의 종류
청각 매체	전화, 오디오, 카세트테이프, 오디오 회의, 라디오 방송
시각 매체	교과서, 학습 안내서, 학습 지침서, 학습지, 교과목 개요 및 강의 계획서, 사례모음집, 텔레텍스트, 전자우편, 컴퓨터 회의
시청각 매체	비디오카세트 테이프, TV방송, 케이블 TV, 위성 TV, 비디오디스크, 인터액티브 비디오, 화상 회의, CAI, CMI, CEC, 인터넷, 멀티미디어, 가상현실

원격교육에 있어서 어떠한 매체와 테크놀로지를 사용할 것이냐를 결정하는 것은 매우 중요하다. 아무리 좋은 테크놀로지라도 학습자가 그러한 테크놀로지를 사용할 수 없는 환경에 있다면 이 테크놀로지는 무용지물이 될 것이다. 따라서 매체와 테크놀로지 선정 시에는 학습 내용과 함께 학습자 환경도 고려하여야 한다. 어느 한 매체나 테크놀로지를 사용하기보다는 이들 매체나 테크놀로지를 목적과 내용에 맞게 선택하여 사용하는 것이 바람직하다. 즉 인쇄물로는 교과의 내용을 전달하고, 비디오테이프로는 교사의 강의를, 그리고 컴퓨터 회의나 전자우편으로는 학생들의 질문과 토의를 진행할 수 있으며, 팩스로는 과제물의 공지나 변경 사항들을 알려 줄 수 있다. 따라서 테크놀로지를 선택할 때에는 각 테크놀로지의 장점과 특성을 이해하는 것이 도움이 될 것이다.

매체와 테크놀로지 선정 준거

Bates(1995)는 원격교육을 실시할 것이냐를 결정하는 과정과 일단 실시하기로 결정한 다음의 매체 선정에 있어서 지침이 될 수 있는 ACTIONS 모델을 [그림 6]과 같이 제시하였다.

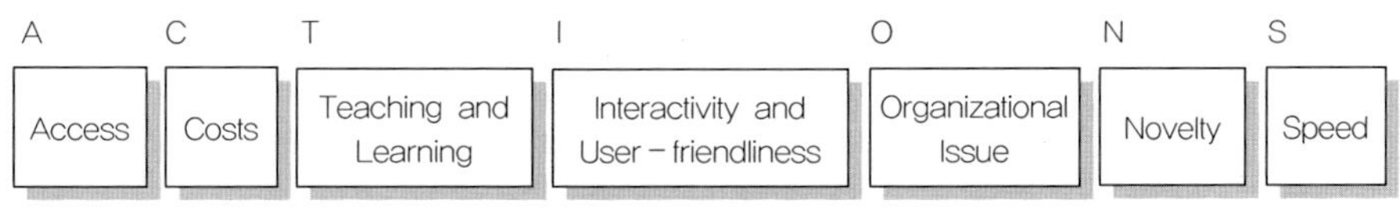

[그림 6] ACTIONS 모델

- A(Access: 접근, 수신, 접속)

  - 특정한 테크놀로지가 학습자에게 얼마나 접근 가능한 것인가?

  - 그것이 특정한 목표 집단에 얼마나 융통성이 있는가?

- C(Costs: 비용)

  - 각 테크놀로지의 비용 구성은 어떠한가?

  - 학습자당 단위 비용은 얼마인가?

- T(Teaching and learning: 교수와 학습)

  - 어떤 유형의 학습이 필요한가?

  - 어떠한 교수적 접근이 이 요구에 가장 부합할 것인가?

  - 이러한 교수와 학습을 지원해 주는 최상의 테크놀로지는 무엇인가?

- I(Interactivity and user - friendliness: 상호작용과 학습자 친화)

  - 이 테크놀로지는 어떤 유형의 상호작용을 가능하게 하는가?

  - 그것을 사용하기가 얼마나 용이한가?

- O(Organizational issue: 조직의 문제)
  - 이 테크놀로지가 성공적으로 사용되려면 사전에 조직이 갖추어야 할 필요조건은 무엇이며, 제거해야 할 장애물은 무엇인가?
  - 조직 내에 어떠한 변화가 이루어져야 하는가?
- N(Novelty: 참신성)
  - 얼마나 새로운 테크놀로지인가?
- S(Speed: 신속성)
  - 이 테크놀로지가 얼마나 빨리 교과에 부합될 수 있는가?
  - 얼마나 빨리 자료들이 수행될 수 있는가?

이러한 점을 고려하여 테크놀로지를 선정한 다음에 개발을 하여야 한다.

3. 원격교육의 코스 설계와 개발

원격교육의 코스 설계와 개발도 교수체제설계(Instructional System Design: ISD), 즉 분석, 설계, 개발, 실행, 평가의 단계에 준하여 진행이 된다.

상호작용의 세 가지 유형으로는 학습자 - 내용 상호작용, 학습자 - 교수 상호작용, 학습자 - 학습자 상호작용을 들 수 있다. 이러한 상호작용이 발생하는 상황은 일대일, 일대다, 다대다 등의 형태를 띠게 된다. 상호작용을 원활하게 하기 위하여서는 학습자와 교수, 학습자와 학습자 간의 상호작용 이외에도 학습자와 원격교육 운영자와도 자주 접촉할 수 있도록 하여야 한다. 특히 과제물에 관한 즉각적인 피드백 제공, 학습을 함께할 수 있는 소그룹의 형성, 교수와의 정규적인 접촉, 운영자와의 메시지 교환 등은 소홀해질 수 있는 상호작용을 원활히 하는 데 촉진제가 될 수 있다.

1) 원격교육의 구성원

원격교육이 성공적으로 실시되기 위하여서는 여러 사람의 적극적인 참여가 필요하다. 원격교육에서 가장 중요한 구성원은 역시 학습자, 즉 학생이다. 훌륭한 교수가 좋은 내용을 전달하고자 하여도 학습자가 없다면 성공할 수 없다. 원격교육에서의 학습자는 전통적인 학습에서의 학습자와는 달리 교수나 동료 학습자들과 시간과 거리상 떨어져 있기 때문에 학습자는 스스로 동기를 유발시킬 수 있어야 하며 학업을 꾸준히 계속할 수 있는 지구력 또한 배운 것을 스스로 분석해 볼 수 있는 분석력과 적용해 볼 수 있는 적용 능력이 요구된다.

다음으로 중요한 구성원이 교수이다. 전통적인 교실 수업과는 달리 교수는 가르치고자 하는 내용의 전문인이어야 할 뿐만 아니라 사용하는 매체와 테크놀로지의 장점과 특성을 잘 이해하고 그것을 실천에 옮길 수 있이어야 하기에 테크놀로지 활용에 능숙하여야 한다. 또한 면대면으로 수업이 진행되지 않기 때문에 면대면 수업에서 학생들이 즉각적으로 주는 반응이 전혀 없는 상태에서 수업이 진행되기 때문에 수업 경험이 중요하다.

학습자와 교수 외에도 원격교육에 있어 중요한 역할을 하는 구성원이 바로 운영자(facilitator)이다. 이 운영자는 학습자들의 요구와 교수의 기대를 잘 이해하고 있어야 하며 학습자와 교수 사이에서 교량 역할을 잘할 수 있어야 한다. 운영자는 기술적인 문제의 발생, 과제물의 수거, 시험 실시 때 감독의 역할을 하여야 하며 현장에서 교수를 대신하여 눈과 귀가 되어 정보를 입수하여 대처할 수 있어야 한다.

다음으로 중요한 구성원이 바로 지원 요원이다. 이 지원 요원은 학생들의 등록, 학습 자료의 복사 및 우송, 교과서 주문 및 배포, 저작권 문제의 타결, 시설 사용에 관한 일정, 성적 처리 및 관리, 그 외에 기술적인 자원을 활용, 관리한다.

마지막으로 원격교육 실시에서 빼놓을 수 없는 구성요원이 바로 행정가이다. 행정가는 원격교육의 방향을 설정하고 다양한 교과목 개설과 프로그램 개발에 지대한 영향을 미치는 사람이지만 일단 개발된 교과목이 선정된 후에는 현실과 격리될 수 있는 성향이 있다. 그러나 성공적인 원격교육 구현을 위하여서는 행정가는 항상 현재 진행되고 있는 모든 일정에 민감하여야 하며 하나의 이론가나 이상형보다는 기술적인 것과 제작에 관한 모든 것을 잘 알고 있는 실천가이며 제작자이어야 한다. 또한 한 기관의 교육적인 책무를 잘 이해하고 수행할 수 있을 뿐만 아니라 원격교육을 받는 학생들의 요구를 즉시 반영할 수 있어야 하는 막중한 임무를 수행할 수 있는 전문인이어야 한다.

원격교육은 이제 가상대학, 열린 교육이라는 지표 아래 더욱 발달할 것이며 새로운 학습 유형으로 발전할 것으로 전망된다.

4. 원격교육의 최근 동향

원격교육은 급속히 발달하고 있는 정보통신테크놀로지로 인하여 사용되는 매체와 테크놀로지가 다양해지고 있다. 웹상에서 이루어지는 e-learning뿐만 아니라 모바일상에서 이루어지는 m-learning, 그리고 과거 교육 텔레비전 방송의 제한점을 극복한 새로운 시각과 접근 방식의 t-learning, 그리고 최근 유비쿼터스 시대를 맞이하여 u-learning이 등장하고 있다.

유비쿼터스 시대 특징 중의 하나는 그동안 무대 중앙에 있었던 컴퓨터가 이제는 무대의 배경으로 위치가 바뀌는 것이다. 지금까지 인간이 컴퓨터를 이해하고 컴퓨터의 요구대로 인간이 맞추어 갔다면 u-시대에는 컴퓨터가 사용자인 인간에 맞추고자 노력하고 설계되며 고안된다(한정선, 2005). u-시대의 기기들은 소형화, 지능화되어 가는 특징과 인간 중심으로 변화해 가는 특징이 있다. 이러한 u-시대의 특징은 '5Any'와 '5C'로 집약된다(김인, 2005).

5 Any는 Anytime, Anywhere, Anybody, Any network, 그리고 Any device이며, 5C는 computing, Communication, Connectivity, Contents, 그리고 Calm이다. 국내에서도 이미 이러한 u-시대를 맞이할 준비의 일환으로 u-korea에 대한 연구가 진행되고 있으며 2008년에는 시범 u-town도 선보일 것이다.

1) 원격교육의 개념

원격이라는 명칭이 정식으로 사용되기 시작한 것은 1982년 국제통신교육협회가 국제원격교육협회로 바뀌면서부터다. 원격교육이란 교수자와 학습자가 직접 대면하지 않고 인쇄매체, 방송매체, 오디오나 비디오 매체

등을 활용하여 교수 - 학습이 이루어지는 활동이다. 시간과 장소가 서로 다른 학습자에게 면대면 교육을 할 수 없는 경우, 교수자와 학습자는 교수매체를 통해 상호작용을 하며, 학습 자료와 결과를 교환하여 교수 - 학습이 이루어진다. 원격교육의 정의는 학자마다 다음과 같이 다양하게 정의되고 있다.

- 원격교육은 교수자가 교실이나 학교 내에서 지속적이고 직접적인 관리감독을 하지 않고 개별 지도체제에 의해서 가르치고 계획하고 지도하는 모든 수준의 다양한 학습형태를 포함한다(Peters, 1993).
- 지리적으로 떨어져 있는 교수자와 학습자가 학습과정을 촉진하기 위해 교수매체를 사용하여 상호작용을 이루는 방법이다(Tach, et al., 1995).
- 원격교육은 자율학습이 아니며 교수자와 학습자의 격리가 그들 사이의 통신의 단절을 의미하는 것이 아니다. 원격교육은 전통적인 교실 수업에서 제공되는 것과 동등한 교육의 기회를 제공해야 한다(Heinich, et al., 1996).
- 언제 어디서나 누구에게든지 교육의 기회를 제공하는 학습자중심의 쌍방향 의사소통을 지향하는 교수 - 학습체제로 일정한 교육목표와 의도를 갖는 계획적인 활동이다(권성호, 1998).

2) 원격교육의 특성

원격교육은 교수자와 학습자가 직접 만나지 않고 매체를 활용하여 교수-학습이 이루어지는 활동이라고 할 수 있는데, 이러한 원격교육의 특성을 살펴보면 다음과 같다.

- 교수자와 학습자 간의 물리적 격리: 교수자와 학습자는 지리적 거리에 의해서 분리되어 있으며, 교수매체를 통하여 의사소통을 한다.
- 교수매체의 활용: 원격교육의 기초가 되는 것은 학습자가 개별적으로 사용하는 교수매체다. 교수매체에는 인쇄자료, 음향, 영상자료, 컴퓨터 코스웨어 등이 포함된다.
- 쌍방향 의사소통: 교수자와 학습자 간의 물리적인 격리가 의사소통의 단절을 의미하지는 않는다. 비록, 학습자가 교수자의 도움 없이 자습용 교재로 학습을 하지만 각종 피드백, 면대면 출석강의, 전화/팩스상담, 컴퓨터통신을 통한 토론, 음성 또는 화상회의 시스템을 통한 쌍방향 의사소통이 필수적이다.
- 다수 대상의 개별학습: 다수를 대상으로 하면서도 공학적인 기재를 사용하여 사전에 계획, 준비, 조직된 교재로 개별학습이 이루어진다.
- 학습자의 책임감: 학습자는 언제, 어디서, 어떻게 학습을 할지 스스로 결정해야 하기 때문에 자신의 학습에 대해 책임감을 갖는다.
- 지원조직의 필요: 원격교육은 형식적인 학교교육과 달리 각종 교재개발과 학생지원 서비스 등을 위한 물리적·인적 조직이 필요하다.

3) 원격교육의 형태

우리나라의 원격교육 유형을 살펴보면 다음의 7가지로 분류할 수 있다.

- 제1유형은 면대면 교육을 실시하는 전통적인 교육기관에서 일부 프로그램을 원격교육으로 운영하는 경우다. 홍천 내촌초등학교와 한양대학교 등의 대학을 중심으로 한 원격교육 강좌 개설이 이에 해당된다.
- 제2유형은 원격교육만을 전문으로 하는 교육기관이다. 한국방송통신대학교와 방송통신고등학교가 해당된다.
- 제3유형은 기업체에서 자사 사원을 교육하는 형태다. 포스코, LG, 모토로라 등에서 시행 중이다.
- 제4유형은 사(私)기업체에서 운영하는 영리목적의 원격교육이다. 삼성의 유니텔 가상대학, 나우누리 사이버 캠퍼스, 시사영어사, 케이블 TV 교육전문채널 등이 있다.
- 제5유형은 공공성을 지닌 직업교육 기관에서 일부 프로그램을 원격교육으로 운영하는 경우다. 농촌진흥청, 한국능률협회 등에서 시행하고 있다.
- 제6유형은 여러 기관이 공동으로 운영하는 컨소시엄형 원격교육이다. 연세대학교와 마이 TV가 공동으로 운영하는 연세대 TV경영자아카데미가 그 예로, 많은 대학이 컨소시엄 형태로 가상대학 운영을 시도하고 있다.
- 제7유형은 정보제공형 원격교육으로 교육관련 기관에서 교육 프로그램을 제공하기는 하지만 다른 교육적 서비스는 제공하지 않는 유형이다. 교육방송, 에듀넷 등이 그 예라고 할 수 있다.

4) 원격교육의 장단점

원격교육은 면대면 수업에 비해 다음과 같은 장단점을 가지고 있다.
먼저 원격교육의 장점은 다음과 같다.

- 학습자는 원하는 시간과 원하는 장소에서 자신에게 편리한 방식으로 교육을 받을 수 있으며, 학습자 수에서도 제약을 받지 않아 학습자의 수가 아무리 많더라도 동시에 교육할 수 있다.
- 가격 효과 면에서 경제적이다. 시스템을 구축하는 데 초기비용은 많이 들지만 일단 시스템이 구축되면 소요경비가 저렴하다. 특히, 재택수업이 가능하기 때문에 통학하는 시간과 노력이 감소된다.
- 학습자는 최신 정보를 필요한 순간에 입수할 수 있으며, 원거리에 있는 교사나 전문가와 접촉이 가능하다.
- 네트워크로 연결된 여러 지역의 학습자가 생동감 있고 상호작용적인 학습 환경에서 협력학습을 할 수 있다.
- 각 지역에 흩어져 있는 학습자원을 공유할 수 있다.

그러나 원격교육은 다음과 같은 단점도 가지고 있다.

- 원격교육이 가격 효과 면에서 경제적이라고는 하지만 원격교육 시스템을 구축하기 위해 초기비용이 많이 든다.
- 형식적인 학교교육과 달리 각종 교재개발과 학생지원 서비스를 위한 지원조직이 필요하기 때문에 계속적인 투자가 필요하다.
- 학습의 질을 관리하고 평가하기 어렵다. 원격교육의 질을 평가하기

위한 객관적인 기준이 없으며, 물리적·인적 지원체제가 복잡하기 때문에 학습의 질을 관리하고 평가하기가 어렵다.

- 시설투자, 지원서비스를 위한 투자 외에도, 학교와 같은 면대면 환경과 달리 교수매체에 의존하는 원격교육은 의사소통 채널의 변경으로 인해 발생하는 교수자와 학습자 간의 의사소통 문제가 있을 수 있다. 교수자와 학습자 간의 심리적 거리감과 이로 인한 상호작용 및 피드백의 감소는 학습효과를 감소시키는 원인이 된다.

1. 인터넷과 월드와이드웹

1) 인터넷의 개념

정보 사회의 학교교육 현장은 학습자가 창의성을 개발하고, 동료 학습자와 함께 대화하고 협동학습하며, 이러한 교수·학습 과정을 통하여 새로운 지식을 발견하고 분석하며 사회에 능동적으로 참여하고 지식을 이해하고 창조하는 능력을 배양하는 곳이다(Bates, 1995). 이와 같이 학습자 중심의 수업을 도와주는 도구, 즉 수업매체가 바로 새로운 정보·통신기술을 활용하는 통신망이다. 초기단계의 통신망은 교육적 도구로서 사용된 것이 아니라 과학자들이 정보를 교환하는 상호 의사소통을 위한 도구로서 사용되었다. 그러나 교육자들은 교육현장에서 통신망의 가능성을 발견하고 교육의 공급자인 교수자 측면뿐만 아니라 수요자인 학습자의 측면에서 교육적 활용을 모색하기 시작하였다. 통신망의 교육적 도입 필요성은 첨단 과학기술의 획기적인 발달, 정보사회의 교육환경 변화, 학습자중심 교육방법의 강조, 평생 교육의 필요성 등과 밀접한 관련이 있다(최성희·전영구·정혜선, 2000).

인터넷은 소규모의 컴퓨터 통신망을 함께 연결하기 위한 세계적인 컴퓨터 통신망이다. 인터넷은 근거리정보통신망(Local Area Network: LAN)

과 같은 소규모의 통신망을 상호 접속하는 형태에서 출발하여 점차 확대되어 지금은 전 세계를 망라하는 거대한 통신망의 집합체가 되었다. 인터넷은 세계 여러 나라의 수많은 사람을 지원하면서 수시로 변화하는 수백만 컴퓨터 통신망의 통신망(network of network)이다. 그러나 인터넷은 개인용 컴퓨터 통신에서 모든 서비스를 제공하는 보관서비스(hosting service)와 같이 중심이 되는 컴퓨터는 없다(한국정보통신기술협회, 2003). 인터넷 사용자는 누구든지 인터넷을 사용하고 있는 다른 사용자와 의사소통을 할 수 있다. 모든 컴퓨터가 서로서로 의사소통할 수 있게 해 주는 표준규약이 있기 때문에, 누구든지 인터넷에서 그들이 가지고 있는 컴퓨터의 유형에 관계없이 모든 정보에 접속할 수 있다.

2) 인터넷의 특성

인터넷은 다음과 같은 특성을 가지고 있다. 첫째, 인터넷은 사용자에게 다양한 서비스를 제공한다. 인터넷 사용자는 개인별 독자적인 주소를 가지고 인터넷에 접속하여 정보를 제공한다. 인터넷에서 사용할 수 있는 서비스는 전자우편(e-mail), 원격 컴퓨터 연결(telnet), 파일전송규약(File Transfer Protocol: FTP), 주제별 뉴스게시판(Usenet News), 인터넷 정보검색(Gopher), 인터넷 대화와 토론(Internet Relay Chat: IRC), 전자게시판(Bulletin System: BBS), 하이퍼텍스트의 정보열람(World wide web: WWW), 온라인 게임 등 다양하며, 동영상이나 음성자료를 실시간으로 방송하는 서비스, 또는 비디오 회의 등 새로운 서비스가 차례로 개발되어 이용이 가능하게 되었다(한국정보통신기술협회, 2003).

둘째, 인터넷에는 수많은 정보가 탑재되어 있다. 이들 정보는 누구든지 인터넷에서 그들이 가지고 있는 컴퓨터를 통하여 검색하여 사용할 수 있다. 그러나 인터넷은 정보를 위계적으로 제공하지 않기 때문에 정보검색이 복잡하다(Smaldino, Russell, Heinich & Molenda, 2005). 하이퍼텍스트 자료를 제공하는 웹에는 종합적인 자료목록(directory) 구조가 없으며 인터넷 자원에 대한 목록도 없다. 인터넷은 모든 책꽂이에 '잡동사니'라는 팻말이 붙은 도서관이라고 생각할 수 있다. 이와 같은 이유 때문에 학습자는 필요한 정보를 찾았다고 해도 그것이 최상의 정보라는 보장은 없다. 실질적으로 인터넷 자원의 대부분은 통신망에 있는 조그마한 정보의 자루(cul-de-sac) 속에 있지만, 자료의 검색이 쉽도록 유사한 자료를 분류하여 연결한 것은 아니다. 사용자는 인터넷에서 정보를 찾기 위하여 검색엔진(search engine)을 사용하며, 필요한 단어(word), 주제어(keyword), 제목(title) 등 관련 내용을 입력한다. 이와 같은 이유 때문에 인터넷 사용자는 유용한 정보사용을 위하여 전문지식이 필요하며 획득된 정보를 미리 작성된 평가기준에 따라서 평가하여 사용하여야 한다. 그리고 정보검색과 사용에서 저작권법과 지적 소유권을 존중하는 것이 중요하다.

3) 인터넷의 교육적 활용

인터넷은 언제, 어디서나, 누구나 자신이 원하는 정보를 검색할 수 있는 기회, 풍부한 정보 획득의 기회, 다양한 사회적 상호작용의 기회, 열린 학습 환경 등의 교육적 상호작용을 가능하게 함으로써 학습자중심의 교육, 열린 교육, 평생교육 등으로 표현되는 정보사회의 교육에 많은 가능성을 제시하고 있다. 이와 같이 많은 잠재력을 가지고 있는 인터넷을 활용한 교수·학습의 특성을 요약하면 다음과 같다(박성익 외, 2001).

첫째, 학습자는 능동적인 정보처리자로서의 역할이 강조된다. 학습자는 전통적인 수업상황에서 적용되는 수동적인 학습자 역할에서 벗어나서 적극적이며 능동적인 수업 참여가 요구된다. 학습자는 능동적으로 수업에 참여하여 비순차적이고 비구조화된 다량의 정보원으로부터 자신이 필요로 하는 정보를 검색하고, 동료 학습자와 교육적 의사소통을 하여야 한다. 이러한 과정에서 학습자들은 자신의 학습속도를 스스로 조절하고, 학습의 분량도 결정하며, 학습의 내용과 계열도 스스로 선택해야 한다.

둘째, 교수자는 학습촉진자로서 역할을 수행한다. 인터넷 학습 환경에서 교사는 더 이상 교육내용 전달자가 아니며, 학습자의 학습활동을 보조하고 도와주는 촉진자(facilitator)로서의 역할을 수행하게 된다. 교수자는 학습자에게 특정의 지식을 전달하는 입장에서 벗어나 학습자의 학습방향을 안내하고, 정보의 바다 속에서 올바른 정보를 찾을 수 있도록 도와주며, 학습자 스스로 필요한 지식을 형성해 나가는 과정을 보조하고 촉진하는 역할을 수행하여야 한다.

셋째, 인터넷 수업환경에서 교수·학습은 최신의 유용한 지식과 정보에 기초한 풍부한 교육내용을 중심으로 학습이 이루어진다. 전통적으로 교육과정은 교과서에 담긴 고정된 정보를 가지고 진행되었지만, 정보사회에서는 지식의 폭발적 증가로 인하여 시대정신을 반영하는 유연성 있는 교육과정 운영이 요구된다. 인터넷에서 제공되는 정보는 매일 수많은 새로운 정보가 생성되며, 이미 탑재된 정보는 주기적으로 최신의 정보로 새롭게 바뀌고 있다. 이와 같은 이유 때문에 학습자는 자신이 학습하는 분야와 관련된 새로운 지식과 새로운 정보를 접할 수 있으며, (비)실시간 상호작용 활동을 통하여 다른 지역이나 다른 나라 사람들로부터 생생하고 현장감 있는 정보를 획득하여 학습에 이용할 수 있다.

넷째, 인터넷을 활용한 수업에서는 다양한 유형의 교수·학습 활동이 가능하다. 앞에서 살펴본 인터넷의 다양한 서비스 기능은 대부분 교육적 의사소통에 유용하게 활용할 수 있는 학습 환경을 구성하고 운영할 수 있다. 예를 들면, 인터넷은 소집단으로 과제중심의 협동학습을 위한 유용한 매체로 활용 가능하며, 전자우편은 개인적 의사소통 수단으로 사용할 수 있다. 그리고 특정 주제와 관련된 내용은 다양한 사람들의 견해를 주제별 뉴스게시판(User News)을 통하여 확인할 수 있으며, 컴퓨터 화상회의(computer conference)를 통하여 (비)실시간으로 활발한 교육적 의사소통을 가능하게 하고 있다.

2. 월드와이드웹의 개념, 특성 및 교육적 활용

1) 월드와이드웹의 개념

인터넷 통신망은 모자이그(Mosaic)라고 하는 인터넷 브라우저(browser)의 개발로 인하여 교육적 의사소통을 위한 정보를 제공하는 차원을 넘어서 다양하고 풍부한 교육정보의 검색 기능과 교수자와 학습자 사이의 상호작용을 쉽게 할 수 있는 기회를 제공하게 되었다. 모자이크는 인터넷 통신망에 연결된 모든 정보 중에서 사용자가 원하는 정보를 쉽게 찾아볼

수 있는 하이퍼미디어와 멀티미디어 자료 검색의 원리를 이용한 프로그
램이다. 하이퍼미디어는 컴퓨터에서 제공되는 정보는 노드(node)와 링크
(link)로 구성되어 비선형적으로 사용자가 원하는 정보를 연결시켜 주는
매체를 말한다. 노드와 링크는 정보의 연결과 검색을 손쉽게 할 수 있는
단위이며, 학습자가 원하는 학습정보의 연결과 정보의 제시순서를 변경하
는 것을 가능하게 해 준다. 이러한 정보의 선택은 학습자가 자료를 이해
하는 것을 쉽게 하고, 학습자의 능력, 선호도, 개인차에 따른 학습자의 인
지적 발달에 도움을 준다. 특히 인터넷 통신망에서 제시되는 교육정보는
학습자가 순서대로 원하는 정보를 볼 수 있기 때문에 학습자에게 원하는
정보를 찾는 항해의 자유를 제공할 수 있다.

월드와이드웹(world wide web: www)은 세계적 규모의 거미집, 또는 거
미집 모양의 정보망이라는 뜻으로 하이퍼텍스트의 기능에 의하여 인터넷
에 분산되어 존재하는 다양한 종류의 정보를 통일된 방법으로 찾아볼 수
있게 하는 광역정보통신망(Wide Area Network: WAN) 서비스 기능을 가
지는 프로그램이다(한국정보통신기술협회, 2003). 월드와이드웹 WWW,
웹(web), W3, W^3 등으로 부르며, 1989년 유럽 입자물리학연구소(European
Laboratory for Particle Physics(영), Conseil Europeen(불): CERN)에서 처음
고안되어 사용되기 시작하였으며, 인터넷을 이용하기 쉽게 만들어 인터넷
을 크게 활성화하는 데 많은 공헌을 하였다. 이 서비스는 사용자가 주로
문자를 기반으로 전송하던 다른 인터넷 서비스들과는 달리 윈도우의 그
래픽 사용자 인터넷페이스(Graphic User Interface: GUI)를 최대한 살려 사
진과 그래픽, 음성, 동영상 등을 하이퍼텍스트라는 편리한 방법으로 검색
할 수 있게 해 준다. 하이퍼텍스트 자료들은 하이퍼텍스트 생성언어인

HTML을 통하여 표현되며, 이러한 문서들은 하이퍼텍스트 전송규약인 HTTP를 사용하여 통신한다.

2) 월드와이드웹의 특성

첨단기술을 응용한 새로운 교수·학습매체가 모든 수업상황에서 적용되는 것은 아니다. 수업매체의 효과는 학습자의 특성, 학습내용의 영역, 교육 방법 등과 같은 여러 가지 요소에 영향을 받는다. 대표적 정보통신망으로 교육적 상황에서 많이 활용되는 웹은 다음과 같은 특성을 가지고 있다(최성희·전영국·전혜선, 2000). 첫째, 웹은 통신망이 가지고 있는 시·공간 제약요소를 극복(time－place independent) 기능, 집단 의사소통(many－to－many communication) 기능, 상호작용(interactivity)의 편리성, 정보전달(information transmission)의 기능, 편리한 정보검색(information search) 기능 등의 특성을 가지고 있다. 둘째, 웹은 정보제공에서 멀티미디어를 구현하는 특성이 있다. 멀티미디어는 문자, 그림, 사진, 동영상, 정지화상, 음향, 음악, 출판 등이 디지털 방식으로 컴퓨터를 중심으로 통합된 의사소통과 상호작용이 수반되는 복합다중매체이다. 웹의 가장 중요한 특성은 학습과정에서 '교육적 의사소통'에 다양한 형태의 이질적인 매체가 통합적으로 사용되고 있는 점이다. 셋째, 웹은 하이퍼미디어의 특성을 가진다. 학습자는 웹에서 학습과정에서 원하는 학습정보의 연결과 정보의 제시순서를 변경하는 것이 가능하다. 이와 같은 정보의 선택은 학습자가 학습 자료를 이해하는 것을 용이하게 해 주고, 학습자의 능력, 선호도, 개인차에 따른 학습자의 인지적 발달에 도움을 준다.

3) 월드와이드웹의 교육적 활용

웹기반 교육은 월드와이드웹을 중심으로 교수·학습이 이루어지는 것, 즉 웹의 다양한 특성을 교육의 효과성과 효율성 증진에 활용하는 교육을 말한다(나일주, 1999; Khan, 1997; Smaldino, Lowther, & Russell, 2008). 웹기반 수업은 학습이 일어나거나 조장되는 유의미한 학습 환경을 조성하기 위하여 웹이 가지는 특성과 웹이 제공하는 학습 자료를 활용하여 전개되는 하이퍼미디어 기반의 교수·학습을 말한다. 이와 같이 웹기반 교육은 인터넷이라는 통신망에서 웹을 이용하여 전통적인 면대면 수업이 아닌 원격교육의 가상학습 형태로 이루어지고 있다. 웹기반 교육은 통신망이 수업 현장을 보조하는 단순한 매체로부터 벗어나서 통신망을 이용하는 원격교육의 형태로 수업을 진행하는 것이다. 웹기반 가상교육은 기존의 원격교육체제에 단순히 새로운 컴퓨터 기술을 연결하는 교육형태가 아니라 다른 교육적 접근 방법을 요구하는 새로운 접근의 교육 형태로 인식되고 있다. 웹이라는 가상공간에서 이루어지는 웹기반 교육의 특징을 요약하면 다음과 같다(최성희 외, 2000).

첫째, 웹기반 교육은 전통적인 교실수업과는 다르게 면대면 수업이 아니라 가상의 시·공간에서 수업이 이루어진다.

둘째, 웹기반 교육은 정보·통신기술이 컴퓨터와 결합된 웹이라는 디지털 상호작용 매체를 사용한다. 지금까지 원격교육에서 활용된 매체는 인쇄매체, 시각매체, 시청각매체 등의 일반적인 단방향의 전달매체에 의존하여 교육이 원격으로 이루어졌지만, 웹기반 교육은 컴퓨터를 중심으로 학습내용의 전달, 교수자와 학습자, 학습자와 학습자의 상호작용이 양방향으로 이루어짐으로 교육적 의사소통이 효과적으로 이루어질 수 있다.

셋째, 웹기반 교육에서는 학습자의 자기 주도적 학습능력이 요구된다. 가상공간에서 이루어지는 웹기반 교육에서는 학습자가 학습과정에 능동적이고 적극적으로 참여할 수 있는 기회제공과 함께 학습자 자신의 자기 주도적 학습능력이 요구된다. 학습자의 자기 주도적 학습능력은 정보사회에서 모든 사람에게 필요한 능력으로 주체적이고 능동적인 학습의 중요성을 강조하는 것이며, 교육의 궁극적인 목적인 학습자가 자신의 학습에서 주인이 되는 자기 주도 학습능력의 획득과도 일치하는 것이다.

넷째, 웹기반 교육에서 성공적인 학습이 이루어지기 위해서는 학습자의 학습 동기가 절대적으로 필요하다. 온라인을 이용한 가상학습에서는 매력적 상호작용을 통한 교육적 의사소통이 원활하게 이루어질 수 있도록 프로그램의 설계, 개발, 활용에서 동기설계는 매우 중요한 하나의 요소이다.

1. e - 학습의 개념과 특성

1) e - 학습의 개념

e - 학습(e - Learning)이라는 용어는 세기의 전환과 함께 교육에서 새롭게 등장하는 용어 가운데 하나이다. 인터넷과 월드와이드웹이 사회의 여러 분야에서 전자적 서비스 혁명을 주도하면서 교육에서도 e - 학습이라는 새로운 개념이 사용되면서 교육의 여러 분야에서 활용되고 있다. e - 학습은 전통적인 교실수업을 대신하는 대안적인 교육방법, 즉 인터넷을 활용하여 가상공간에서 이루어지는 온라인교육을 말하는 용어로 사용되기 시작하였다. 그러나 e - 학습은 개념이 통일되어 사용되지 않고 관점과 상황에 따라서 다양하게 정의되고 있으며, 웹기반 교수, 웹기반 학습, 웹기반 훈련, 사이버교육, 온라인 학습, 통신망기반 학습, 디지털 학습 등의 유사한 용어와 혼용되고 있는 실정이다.

일반적으로 e - 학습에서 'e'는 'electronic'의 줄인 말로서 컴퓨터가 제공하는 가상공간에서 발달된 정보·통신 기술을 활용하여 시간과 공간을 초월하여 학습이 필요한 대상에게 수준별 맞춤형 학습을 가능하게 하는 온라인 교육체제를 뜻한다. 좀 더 구체적으로 e - 학습을 좁은 의미의 개념과 넓은 의미의 관점에서 개념을 규정한 정의를 살펴보면 다음과 같다.

좁은 의미의 e-학습은 기술적 관점에서 매체활용에 초점을 두고 개념을 정의하는 것으로 'e-학습은 텔레비전, 비디오, 인터넷 등 전자매체를 활용하는 모든 학습', 또는 '컴퓨터 및 인터넷과 같은 통신망을 기반으로 디지털 방식의 의사소통 및 교육내용을 활용한 학습'으로 정의되고 있다.

그런 반면 넓은 의미의 e-학습은 '인터넷이나 인트라넷을 통한 교수·학습, 또는 훈련서비스의 설계, 구축, 관리를 포함'하는 개념으로 '정보망을 기반으로 교육이 제공되고, 상호작용이 일어나며, 촉진되는 모든 형태의 교육'을 지칭한 용어라고 할 수 있다. 일반적으로 e-학습에 관한 다양한 정의는 공통적으로 (1) 학습의 기반시설이 통신망에 기초하며, (2) 학습내용이 인터넷의 표준기술을 사용하여 디지털 형태로 제공되며, (3) 단순한 전통적인 교육과 훈련의 관점을 초월하는 '학습'의 관점을 강조하는 개념적 기준을 포함하고 있다. 이와 같은 3가지 기준을 포함하는 e-학습의 정의는 '인터넷의 통신망 기술을 바탕으로 다양한 디지털 매체를 활용하여 시간과 장소를 초월하여 학습자가 학습내용, 동료학습자, 교수자 등과 활발한 교육적 상호작용을 통하여 다양한 학습경험이 가능하도록 지원하는 교육체제'라고 규정할 수 있다.

2) e-학습의 특선

e-학습은 공급자 측면과 수요자인 학습자에서 다음과 같은 특성이 있다. 먼저 공급자에서 e-학습은 '필요한 사람이, 필요한 장소에서, 필요한 내용을, 필요한 시간에, 필요한 양만큼, 필요한 방법을 통하여 자기 주도학습을 할 수 있는 적시형 학습 서비스체제로서 디지털 학습혁명을 주도

하는 학습문화'라고 할 수 있다. 그리고 e-학습은 학습자 측면에서는 '온라인이라는 가상공간에서 유포되는 다양한 디지털 정보, 또는 하이퍼텍스트 정보 중에서 학습자의 인식과 관심을 자극하는 특정 정보를 선택하여 학습하는 독특한 학습경험을 제공받고, 이것을 다시 자신에게 필요한 지식으로 편집하고 가공하여 다른 사람과 공유하도록 하는 자기 주도적 학습활동'이라고 할 수 있다. 따라서 e-학습의 가장 중요한 특징은 '가상공간에서 필요한 자료에 손쉽게 접근이 가능하며, 시·공간을 초월하여 쌍방향으로 상호작용이 가능한 교육적 의사소통 체제'라는 점이다. 일반적으로 e-학습은 다음과 같은 다양한 특징을 가지고 있다.

- 협력(collaboration): 학습과제를 수행하는 과정에서 교수자와 학습자가 정보공유 활동을 포함하는 다양한 협력학습이 가능하다. 온라인에서 상호 협력은 너무 쉽게 일어날 수 있기 때문에 특정한 목적이 없는 경우에도 가능하다. 이러한 상호작용은 전통적인 학교모형과는 대조를 이룬다. 협력학습은 학습자 모둠, 소집단, 전체학급의 수준에서도 가능하다.

- 연결성(connectivity): 학습자는 동료학습자, 교수자에게 전자우편이나 화상회의를 통하여 연락을 취할 수 있다. 그리고 인터넷에서 다양한 검색방법을 사용하여 관련 분야 전문가의 도움을 얻을 수도 있다.

- 학습자중심(student-centeredness): 교수자는 수업설계와 조직에서는 주요 역할을 담당하지만, 학습자는 수업참여와 활동의 방향을 결정한다. 교수자는 학습목표를 결정하고 학습의 과정을 촉진하고 관리한다. 학습자는 자신의 학습내용을 찾아내고 과제를 수행한다. 이것

은 e-학습이 전통적인 수업에 비하여 구조화가 약하며, 학습에 대한 학습자의 책무성을 강조하는 것을 의미한다.

- 무제한성(unboundedness): 학습자는 세계도처에 흩어져 있는 정보와 사람에게 접근이 가능하기 때문에 교실의 벽이 허물어진다. e-학습은 시간과 공간의 장벽뿐만 아니라 원하는 모든 사람에게 학습의 기회를 제공할 수 있다. 특히 e-학습은 소외계층을 포함하여 직장에서 직원교육에 투자되는 시간과 비용문제를 해결하고 원하는 시간, 장소, 내용을 선택하여 학습이 가능하게 한다.

- 학습공동체(community): 가상의 공간에서 진행되는 e-학습은 접근성과 연결성의 증가로 학습공동체 형성이 쉽다. 컴퓨터 통신망(network)은 공동관심사를 가진 사람을 가상공간에서 학습공동체를 형성하게 하고 공동으로 관심 분야 주제의 학습을 가능하게 한다.

- 탐구(exploration): 다수의 e-학습활동은 모험과 발견학습 형태를 포함한다. 특히 초등학생과 중학생은 탐구활동을 좋아하기 때문에 박물관이나 과학관 형태의 e-학습 프로그램을 개발하여 사용이 가능하다. 탐구활동을 위한 문제해결 학습은 가상공간에서 필요한 자원과 전문가 접근이 비교적 쉽기 때문에 전문교육을 위한 강좌의 e-학습에서 많이 이용되고 있다.

- 공유된 지식(shared knowledge): 교육의 핵심가치인 지식공유가 아날로그 형태의 인쇄된 서적에서 가상공간에서의 디지털 형태의 전자출판이 가능하다. 인터넷은 지식공유를 위한 도서관 역할을 담당하고 있으며, 모든 사람이 출판활동에 참여할 수 있다.

- 다감각 경험(multisensory experience): 학습은 인간의 감각기관인 오감

을 적절하게 활용할 때 효과적이다. e-학습은 개별 학습자의 인지
양식에 맞는 다양한 멀티미디어 기술을 제공할 수 있다. 이와 같은
다감각 경험활동을 통한 e-학습은 '강의와 분필'에 의존하는 전통
적인 수업보다 다양한 직접경험을 학생에게 제공할 수 있다.

- 실제성(authenticity): 연결성, 학습공동체, 공유된 지식 등의 상호 관계
는 e-학습이 본질적으로 실제적임을 보여 준다. 가상공간에서 이루
어지는 e-학습은 전통적인 교실수업보다 훨씬 실제와 가깝다. e-학
습에서 학습자는 보다 다양한 실제 정보를 관련기관을 통하여 수집할
수 있으며, 현실과 유사한 상황에서 재생할 수 있기 때문에 전통적인
수업과는 차별화된다.

2. e-학습의 교육적 활용

e-학습은 국가의 정책과 관련 법 규정에 따라서 교육의 실제상황 활
용에 많은 영향을 미친다. 우리나라는 학교교육법, 평생교육법, 공무원법,
근로자직원훈련촉진법, 한국교육학술정보원법, 이러닝산업발전법 등에서
e-학습에 대한 발전을 유도하고 있다. 이들 법 규정에 따라서 산업자원
부(현 지식경제부), 교육인적자원부(현 교육과학기술부), 행정자치부(현 행
정안전부), 정보통신부(현 행정안전부, 지식경제부, 방송통신위원회로 분
리), 노동부 등이 e-학습 산업 및 교육 촉진을 통하여 e-학습의 발전을
위한 다양한 정책과 노력을 펼치고 있다. 다음에서 e-학습의 교육적 활
용을 학교교육, 기업교육, 공무원교육, 평생교육의 4분야로 나누어 분야별

특성을 핵심내용을 중심으로 요약하면 <표 14>와 같다.

<표 14> e-학습의 교육적 활용

구분		특성과 핵심내용
학교 교육	사이버 가정학습	• 16개 시·도교육청 주관으로 스스로 학교수업 보충을 지원하는 인터넷 기반의 무료학습 서비스체제 • 학교교육과 연계된 다양한 학습내용을 제공하여 가정에서 보충학습을 지원하여 저소득층, 농어촌 및 도서벽지의 학생들에게 교육혜택을 제공하고, 사교육비 절감 및 공교육내 실화에 기여하는 것이 목적 • 사이버 담당교사 배정형식과 학생의 자율학습 2가지 학습유형으로 진행 • 학습관리시스템을 통하여 출석, 진도, 평가결과 등 학습정보 기록으로 체계적인 학습지도 기능
	EBS 수능강의	• '공교육 내실화를 통한 사교육비 경감 방안'의 정책 구현 • 대학수학능력시험을 준비하기 위한 전문 채널: ebs plus 1을 위성과 채널을 통하여 방송하고, 방송내용을 주문형 비디오로 제작·공급
	인터넷강의	• 인터넷 강의를 통한 학점 취득: 교수학습개발센터의 지원
기업 교육	인터넷 통신훈련	• 노동부 주관 인터넷통신훈련 과정: 고용보험 환급과정으로 운영 • 사무관리, 정보·통신, 금융·보험, 기계, 금속, 의료, 건설, 전기, 전자 등 다양한 분야의 교육과정 개설·운영
	학위과정	• 대학과 연계, 또는 기업단독의 e-학습을 통한 MBA 학위과정 취득
	복지와 교양강좌	• 임직원의 복지 및 가족의 기업이해를 통한 노사단합을 목적으로 대기업을 중심으로 미술, 음악, 시사상식, 취미, 매너, 성희롱 예방 등의 교양강좌 개설·운영
공무원 교육	중앙정부 공무원	• '공무원사이버교육지침'에 따른 중앙공무원교육원 '공무원사이버교육센터' 구축·운영 • 법제도, 행정실무, 정부혁신, 참여토론 등의 교육과정 개발·운영
	지방정부 공무원	• 16개 시·도별 공무원연수기관을 중심으로 중앙공무원교육원과 공동, 또는 단독으로 사이버 교육과정을 운영
평생 교육	사이버대학	• 가상공간에서 컴퓨터 통신망을 이용하여 교육과정을 운영하고 학위를 수여하는 고등교육 기관
	소외계층	• 소년·소녀가장, 여성, 산간벽지 및 농어촌 지역주민, 빈민층, 장애인 등을 위한 정부주도의 e-학습: 관심과 투자의 필요성 증가추세
	시민교육	• 비영리단체를 중심으로 e-학습에 대한 관심 증가와 투자의 필요성

3. 디지털 온라인 학습매체

1) 디지털 학습매체의 개념

(1) 디지털 학습매체의 개념

디지털 학습매체의 학습자가 학습목표를 달성하기 위하여 학습과정에서 활용하는 전자적인 매체로서 컴퓨터, CD-ROM, DVD, 인터넷, 인트라넷, 화상회의, 위성교육 등 정보·통신기술을 기반으로 하는 다양한 종류가 있다. 디지털 학습매체는 컴퓨터 통신망을 기반으로 하는 e-학습을 지원하는 수업매체로서 'e-학습'에서 'e'가 뜻하는 의미는 기술관점에서 전자적이라는 의미에 추가하여 여러 가지 학습의 경험, 학습 선택권의 확장, 학습기회의 확대, 교수자에서 학습자로 학습권의 이양, 자료 사용의 편리함 등 다양한 의미가 포함될 수 있다. 이러한 관점에서 e-학습은 컴퓨터를 단순한 학습도구로 사용하는 컴퓨터 보조수업에서 시작하여 가상교육, 자기 주도학습, 지식경영체제 구축, e-경영, 글로벌 학습공동체 구성 등의 차원에도 의미를 부여할 수 있다. e-학습의 기능성은 단순히 첨단 기술과 학습의 결합이 아닌 새로운 학습 환경으로 인식되며, 이것을 지원하는 디지털 온라인 학습매체의 개발은 미래학교의 모습에 초점을 맞추어 새로운 방법으로의 접근이 필요하다.

과학기술 발달과 함께 디지털 학습매체를 교육에 적용할 수 있는 가능성이 증가하고 있다. 학습자는 더 이상 인쇄매체의 전형인 교과서에만 의존하지 않고, 학교의 벽을 넘어 먼 거리에 위치한 자료에 접근할 수 있다. 교사와 학생은 세계 전역의 도서관으로부터 다양한 정보를 얻을 수 있으며, 우리가 상상을 초월하는 풍부한 자원들을 모든 사람이 이용할 수 있다. 학생과 교사는 풍부한 학습자원을 이용하여 정보에 접속하기, 또래 학생, 또는 특정 분야의 전문가와 컴퓨터로 소통하기, 그리고 자료 교환하기를 통하여 교실학습을 강화할 수 있다. 교사와 학생은 수업을 풍요롭게 하기 위하여 디지털 학습 자료에 접속할 수 있다. 학생들은 e-학습이 상호작용적 학습 환경을 제공하기 때문에 그 과정에 적극적으로 참여할 수 있다. 학생들은 디지털 자료를 그들의 보고서와 과제에 연결하여 그것들을 하이퍼텍스트 버튼으로 연결된 '살아 있는' 보고서로 만들 수 있다. 이와 같이 컴퓨터를 중심으로 구성하되 디지털 온라인 학습매체는 학습정보를 인쇄물, 비디오, 음성과 음악의 녹음 등과 같은 다양한 형태로 전달할 수 있기 때문에 '담장 없는 도서관'이 되고 있다. 학습자는 문자, 그림, 음성, 각종 자료, 쌍방향 비디오 등을 이용하여 직접 의사소통할 수 있기 때문에 결과적으로 이러한 상호작용은 학생과 교사의 역할을 변화시키고 있다. 교사는 지리적으로 떨어져 있을 수도 있으며, 학생들은 여러 나라의 교실에 흩어져 있는 학생들로부터 배울 수 있다.

(2) 디지털 학습매체의 특징

교실에서 효과적으로 사용되는 디지털 학습매체의 특징은 다음과 같다. 첫째, 매체의 다양성이다. 인터넷은 세계적인 정보선달 수단으로 문자, 음성, 그래픽, 동영상, 비디오 등의 다양한 자료를 필요한 학습자에게 전달할 수 있다. 둘째, 제공되는 자료는 최신의 정보를 담고 있다. 학생들은 지역의 한계를 넘어 세계적인 정보망을 통하여 최신의 자료수집이 가능하다. 셋째, 자료의 이동이 용이하다. 인터넷을 통한 자료교환은 문서 내부에서 이동과 문서들 간의 이동을 쉽게 한다. 넷째, 전문가를 학습과정에 초빙할 수 있다. 학생들은 가상공간에서 특정 분야의 전문가들과 '대화'함으로써 전문지식의 교환이 가능하고 심화학습을 유도할 수 있다. 다섯째, 편리한 교육적 의사소통이 가능하다. 전자우편은 여러 장소에 있는 사람들이 전화로 의견을 교환하는 것과 같이 필요한 정보와 의견을 교환할 수 있다. 디지털 학습매체를 사용하는 학습자는 서로 다른 시간에 '말하고' 자신이 편리한 시간에 '대답할' 수 있으며, 이들의 대화는 기록으로 보존할 수도 있다.

2) 새로운 디지털 온라인 학습매체의 교육적 활용

e-학습에서 과학기술의 변화는 자연스럽게 모바일과 유비쿼터스 기술을 교육에 접목하여 새로운 디지털 학습매체 활용의 시대를 예고하고 있다. 다음에서 e-학습의 새로운 형태를 주목받고 있는 m-학습과 u-학습에 관하여 개념, 특징, 교육적 활용에 대하여 간단하게 살펴본다.

(1) m-학습

m-학습(mobile learning)이라는 용어 이전에는 'mobile e-learning'이라는 용어를 사용하여 기존의 e-학습의 정의에 '모바일'이라는 개념을 추가함으로써 m-학습을 정의해 왔다. 국내의 교육학 분야에서 m-학습에 관한 연구는 아직 도입 초기 단계에 있기 때문에 이에 대한 많은 연구물은 축적되지 않았지만, 최근에는 이 분야의 연구동향을 소개하는 전문서적도 발간되고 있다. m-학습은 e-학습에 포함되는 하나의 학습방법으로 전자매체 중 모바일 환경으로 구현되는 휴대폰이나 개인용 휴대

단말기 등과 같은 통신매체로 이루어지는 학습방법이다. m-학습은 '모바일이라는 정보·통신 기술매체를 이용하는 학습'을 뜻하는 것으로 다른 말로는 '무한통신 e-학습'이라 부르기도 하는데, 무선통신기술을 활용하여 학습하는 것을 의미한다.

이상에서 간략하게 살펴본 것과 같이 m-학습은 '모바일 무선컴퓨팅 기술을 사용하여 학습자의 이동성과 유목성을 원활하게 하거나 촉진하는 방식으로 이루어지는 학습'으로 정의할 수 있으며, m-학습은 e-학습의 특수한 형태로서 그 특징은 다음과 같다. 첫째, m-학습은 e-학습의 시·공간을 초월한 교육에 이동가능성을 추가하는 새로운 학습형태이다. m-학습은 '학습대상(learning object)', 즉 학습내용이라고 알려진 적은 양의 지식을 전달하는 데 적합하며, 이동통신 장치가 교실현장에서 학습자의 학습 능력의 차이에 따른 수준별 학습을 가능하게 하는 도구로서 이용될 수 있는 커다란 잠재력을 가지고 있다. 둘째, 학습에 대한 자기주도성이다. 자기 주도 학습은 시간적, 지리적 자유를 의미하는 것뿐만 아니라 자신의 학습능력에 맞는 학습을 스스로가 진행하는 것을 의미하여 자신의 이해능력, 학습능력에 따라서 학습속도를 스스로 조절할 수 있다. 셋째, 학습장소의 편재성이다. 편재성은 언제 어디서나 실시간으로 학습이 가능한 것을 의미한다. 이동성이 보장되는 휴대용 단말기를 통한 학습이기 때문에 학습자는 장소에 관계없이 항상 학습할 수 있는 환경이 갖추어져 있는 상태이다.

넷째, 즉시접속성이다. 즉시접속성은 무선단말기를 통하여 학습을 위한 사전의 준비 단계 없이 접속하여 실시간으로 학습할 수 있는 특징을 의미하며, 학습을 위하여 학습매체가 구비되어 있는 환경학습, 즉 학습을 위한 장소이동이 필요하지 않으며 개인의 휴대형 단말기를 통하여 편리하게 접속하여 학습이 가능하다. 다섯째, 학습공동체 형성이 가능하다. 학습공동체 형성은 자기 주도적으로 원하는 지식을 습득하는 과정에서 일정한 상호작용이 지속되며, 특정 지식을 공유하는 사람들끼리 새로운 학습공동체를 형성하며, 모바일의 환경에서는 학습내용에 대한 송환정보를 단문전송장치, 또는 전화통화를 이용해 보다 빠르고 쉽게 얻을 수 있으며, 학습공동체 구성원들과 원활한 상호 관계를 유지할 수 있다. 여섯째, 학습의 개인화가 보장된다. 자신의 고유 단말기를 통하여 이루어지는 학습이기 때문에 학습자는 문자, 음성, 동영상 등 다양한 학습형태를 자신의 취향에 맞게 선택할 수 있으며, 학습에 대한 내용도 자신이 특별히 원하는 것을 선택할 수 있다.

우리나라에서는 휴대단말기에 통신모듈이 기본으로 내장되고 기존 온라인 교육업체들이 m - 학습 시장을 속속 진입함에 따라 전자책 기능을 이용한 단순 학습에서 체계적인 학습과정을 실시간으로 제공하는 사례가 늘어나고 있는 추세에 있다. 특히 m - 학습 및 온라인 교육서비스는 시간과 공간의 제약을 받지 않아 계층 간, 지역 간 학습격차 해소에도 큰 역할을 할 수 있을 것으로 기대되고 있다. 현재는 B2C 형태의 m - 학습 서비스가 주류를 이끌고 있으나, m - 학습의 보급이 확산됨에 따라 점차 B2B 형태의 사업모형이 자연스럽게 증가하여 m - 학습 활성화에 공헌할 것으로 보인다.

(2) u - 학습

유비쿼터스화에서 이루어지는 이상적인 교육, 즉 u - 학습은 교육과 관련된 물리적 공간의 관련기관과 사물들을 지능화하고 이들을 연결시켜, 학습자들이 언제, 어디서나, 교육내용에 상관없이, 교육용 디지털단말기를 사용하여 학습정보에 접근하여 필요한 학습을 할 수 있는 이상적인 학습체제이다. 그러나 우리나라에서는 u-학습이 개념적인 수준에서 연구되고 있지만, 궁극적으로 학습자는 유비쿼터스 컴퓨팅 기술의 발달과 함께 교육현장의 접목으로 오프라인 프로그램과 이동통신 프로그램의 다양한 조합으로 이루어지는 학습 환경에서 적시학습과 위치기반학습을 수행하게 될 것으로 전망된다.

　u-학습에서 교육환경은 언제 어디서나, 누구나 접근할 수 있는 전자적이고 지구적인 지식 저장소로서, 학습자중심의 총체적 학습 지원 체계를 종합적으로 지원한다. u-학습 환경에서는 인간의 생활환경이 학습자원으로 전환되며, 맥락 친화적 지식이 보다 중요시되며, 사회적 지식 구성과 공유를 위한 사회인지적 과정에 초점을 맞춘 컴퓨터지원 협동학습이 강조된다. u-학습의 학습 환경의 변화는 교육중심에서 학습 중심으로, 개념중심에서 실천중심으로, 학습통제에서 학습자에 대한 조언으로 교육체제의 변화가 일어난다. u-학습 환경에서는 면대면 교실수업과 인터넷 기반 수업을 통합할 수 있으며, 가상교육의 제한점으로 지적되는 인간적인 접촉의 상실이나 독립학습에 대한 두려움, 그로 인한 동기유발 저하 등을 보완할 수 있다.

　유비쿼터스 컴퓨팅 기술 도입으로 인한 u-학습이 교육환경에 미치는 주요 변화는 다음과 같이 예상된다. 첫째, 초소형 컴퓨터와 무선 정보·통신기술 기반의 교육 환경 변화이다. 기존의 교육환경이 개인용 컴퓨터와 인터넷을 기반으로 한다면, 감각장치 기능을 가지는 초소형 컴퓨터와

이들 간에 엮어지는 무선통신망을 기반으로 하는 유비쿼터스 컴퓨팅과 유비쿼터스 통신망 환경은 분명 새로운 유비쿼터스 교육환경을 제시할 것이다. 즉 한정된 장소에서 이용이 가능했던 기존의 개인용 컴퓨터와 인터넷 기반의 정보 이용의 한계를 뛰어넘는 교육환경을 제공할 것이다. 둘째, 다양한 정보 매체의 융합이다. 새로운 인터넷 주소체계인 IPv6 기술 이외에도 유비쿼터스 통신망 사회로 진화하는 변화는 정보매체의 융합이다. 디지털 학습 자료에 통신기술과 방송기술이 융합하고, 정보 고속도로의 융합과 단말기의 융합이 이루어질 것이다. 이것은 교수·학습과 교육의 융합으로 발전될 것이다.

셋째, 다양한 유비쿼터스 요소기술이 지속적으로 개발되어 보다 다양한 교육환경을 제공할 것이다. 디지털 온라인 기술의 발달은 새로운 정보기술 시대를 초래하였고, 그중에서 인터넷 기술은 정보화 시대의 문을 열었다. 이제 유비쿼터스 시대로 향하는 기술의 변혁은 새로운 교육 환경의 변화와 u - 학습의 도입을 위하여 필수적으로 고려되어야 할 요인이다. 이들은 궁극적으로 교육환경의 변화를 더욱 가속화할 전망이다. 넷째, 유비쿼터스 컴퓨팅으로 인한 교육 환경의 변화는 곧 교육 패러다임의 변화를 의미한다. 이제 학습은 인간이 어디서나, 언제나, 인간에게 편재되는 특성을 가지고 있다. 이것은 유비쿼터스가 이동성이 있고, 편재성이 있는 것과 매우 흡사하다. 이러한 미래 교육환경 구현은 유비쿼터스 컴퓨팅 기술이 일부를 담당할 것이다. 이와 같은 이유 때문에 가장 유비쿼터스적인 것은 가장 인간적이 될 수 있으며, 유비쿼터스 컴퓨팅에 의한 교육 환경의 변화는 교육에서 획기적인 패러다임의 변화를 예고하고 있다.

지금까지 살펴본 새로운 디지털 학습매체가 교육현장에 도입되어 활용되는 e-학습, m-학습, u-학습의 구별요소를 학습공간, 매체활용, 주요 기술 등의 영역에서 비교하면 다음의 <표 15>와 같다.

〈표 15〉 e-학습, m-학습, u-학습의 구별요소

구분	e-학습	m-학습	u-학습
학습공간	• 안정된 물리적 공간에 위치한 가상공간에서 학습	• 물리적 공간에서 이동하면서 가상공간을 통하여 학습	• 물리적 공간에 내재되어 있는 가상공간을 의식하지 않으면서 일상적인 물리적 공간에서 하는 학습
학습활동	• 온라인과 오프라인에서 이루어지는 학습활동이 분리	• 온라인과 오프라인에서 이루어지는 학습활동이 여전히 분리	• 물리적 공간과 학습공간에 존재하는 사람 모두에게 센서·칩·라벨 등을 지능화·통신망화하며 정보화 영역이 온라인·오프라인 통합된 학습활동
학습발생시점	• 접속하고 있을 때: 학습공간과 일상생활 분리	• 접속하고 있을 때: 학습공간과 일상생활 분리	• 생활하고 있을 때: 학습과 일생생활의 통합
학습매체	• PC단말기 기반, PC의 통신망 기반	• PDA 모바일 전화기, 태블릿 PC, 물리적으로 이동하면서 사용 가능한 모바일 장비	• 입거나 들고 다니는 컴퓨터, 다양한 차세대 휴대장비와 휴대장비 통신망 기반
주요기술	• 인터넷, 유선통신망, 웹 기술 활용	• 무선인터넷 활용	• 무선인터넷, 웹 현실화(web presence) 기술 활용

4. 디지털 학습매체 활용과 미래학교의 모습

1) 디지털 학습매체 활용과 교육의 미래

21세기 지식기반사회에서 디지털 온라인 학습매체의 효과적 활용과 함께 전개되는 미래의 교실은 다음과 같은 변화가 예상된다.

첫째, 다양한 분야에서 개별 학습자에게 필요한 맞춤형 교육프로그램의 개발과 활용이다. 학습자중심 교육체제는 대량생산보다는 개인과 공동체를 위한 다양한 맞춤형 교육프로그램을 제공할 것이다. 미래학교의 교육과정은 실제적인 지식을 중심으로 학제적 통합과 확산적 사고를 개발하는 교육내용으로 구성될 것이다. 학습자는 개인의 요구에 의하여 필요한 교육과정을 선택하여 자기 주도적으로 학습하게 될 것이다.

둘째, 첨단 과학기술을 이용한 학교매체센터의 등장과 학습매체의 융합현상이다. 평생학습을 위한 자료는 도서관이나 정보센터, 온라인을 통하여 계속하여 이용 가능할 것이다. 학교에서 매체전문가는 자료를 서고에 배치하고 대출하는 업무를 포함하여 전자적으로 정보를 받고, 저장하고, 색인을 만들고, 필요한 사람에게 정보를 배포할 것이다. 상호작용 디지털 학습매체는 필요한 학습정보를 보는 것뿐만 아니라 활용하고 만들어 내는 새로운 세대의 교사와 학습자들이 나타날 것이다. 그리고 디지털 정보·통신기술이 컴퓨터를 중심으로 융합되어 새로운 학습매체가 탄생할 것이다.

셋째, 교사와 학생의 역할 변화가 예상된다. 양방향 상호작용 디지털 학습매체를 활용하여 학습자는 자기 주도적으로 학습을 진행할 것이다. 교사는 학습자의 학습을 지원하는 학습촉진자, 또는 도우미로 역할이 변화될 것이며, 학습과정의 주도권은 학습자의 몫이 될 것이다. 학습자는 디지털 온라인 학습매체를 활용하여 필요한 정보를 찾아서 교사와 동료 학습자의 협동학습을 통하여 학습목표를 달성할 것이다. 이러한 학습자중심의 개별화 학습의 과정은 평생을 진행될 것이다.

넷째, 미래 교실에서는 학생의 학습을 도와주는 교육대행자의 등장이 예견된다. 교육대행자는 살아 있는 존재와 같은 특징을 가진 컴퓨터 프로그램이다. 교실에서 교육대행자는 정보관리를 도와주는 도우미, 학습을 촉진하는 개인교수자, 학습자의 사고과정을 관리하는 조언자 등의 역할을 담당할 것이다. 그리고 교육대행자는 학생의 정보 과부하를 도와줄 수 있다. 교육대행자는 학습자들이 정보를 조직할 수 있도록 적절한 도움, 송환의 정보, 특별한 학습경험을 만들 수 있도록 도움을 줄 수 있다.

다섯째, 첨단 정보·통신 기술의 영향으로 학교와 가정의 의사소통이 증가할 것이다. 첨단 의사소통매체는 학교와 가정이 친밀하여질 수 있는 기회를 제공할 것이다. 자동응답기와 기록기를 통하여 학부모와 교사는 시간제한 없이 의사소통을 할 수 있을 것이다. 이와 같은 학교와 가정의 증가된 의사소통으로 인하여 학습시간이 늘어날 수도 있다. 학부모, 학생, 그리고 교사는 학습과제에 대하여 서로 상호작용이 가능할 것이다. 학생은 가정에서 학교에서 사용한 개인 자료함과 컴퓨터에 담겨 있는 수업 프로그램을 가정에서도 사용이 가능할 것이다. 학교와 가정의 효과적인 의사소통은 궁극적으로 가정은 첨단기술에 기초한 학습지원 센터의 기능을 담당함으로써 집에서 전체 학습이 가능한 재택수업으로 이어지는 새로운 변화가 예상된다.

여섯째, 미래에는 현장학습과 여가시간 동안의 학습이 강조되면서 교육은 점진적으로 국제화 경향을 보이고, 개인의 삶과 학습이 긴밀하게 연계되는 학습장소의 다원화가 계속될 것이다. 지식이 끊임없이 창출되고 교실의 물리적 벽이 허물어지는 변화되는 미래교육에서는 교사의 일방적인 '교육의 장'은 최소화되고 함께 배워 나가는 학습문화가 구축될 것이다. 그러나 첨단 디지털 의사소통기술을 통한 e-학습, m-학습, u-학습 등 다양한 교육방법은 학습공동체를 지원하고 지구촌 지식연합체를 지향하면서 기술의 삭막함 속에서 인간됨을 실현하는 학습으로 바뀌는 것을 지원하는 수단으로 역할을 수행하여야 할 것이다.

2) 미래 학교의 모습

과학 기술 발달과 함께 디지털 정보·통신기술이 제공하는 온라인 학습 환경은 교육의 세계화에 추가하여 우주수업의 시대를 예고하고 있다. 유비쿼터스 기술의 고도화로 인하여 우주를 인터넷으로 연결하는 시대에는 행성과 행성 간에도 정보교환이 가능한 '우주수업'의 시대가 열릴 것이다. 미국 구글사에서는 '인터넷의 아버지'라고 불리는 빈트 서프의 주도로 우주를 인터넷으로 연결하는 과제에 착수하였다. 먼 훗날 우주시대가 열릴 것을 대비해 우주공간에도 인터넷을 구축하자는 '행성 간 인터넷' 과제를 진행하고 있다.

우주수업에 대한 시도는 20세기 중·후반에 시작되었다. 1986년 1월 28일 최초의 우주수업을 시도했던 챌린저(Challenger) 호가 발사 73초 후 탑승했던 첫 교사 우주인 크리스타 매컬리프(Christa McAuliffe)를 포함한 7명의 승무원과 함께 공중 폭발하였다. 그러나 이 꿈은 2007년 8월 8일 플로리다(Florida) 주 케네디 우주센터(Kennedy Space Center)에서 발사된 챌린저호에 탑승한 7명의 우주인 중 여교사 출신인 바버라 모건(barbara Mogan)에 의하여 실현되었다. 그녀는 국제우주정거장(International Space Station: ISS)에서 위성 동영상으로 아이다호 주의 초등학생들에게 '원격 우주수업'을 약 25분에 걸쳐 실시하였다. 과학기술 발달과 함께 우주수업은 꿈이 아니고 이제 현실이다.

우리나라도 이제 우주수업을 위한 첫발걸음을 시작하였다. 우리나라 최초의 우주인 이소연은 2008년 4월 8일 카자흐스탄 바이코누르 우주센터에서 오후 8시 16분 27초에 발사된 소유즈 호에 탑승하여 국제 우주 정거장(ISS)에서 약 10일에 걸쳐 과학실험(과학적·산업적 의미가 큰 13가지 전문 과학실험과 초·중·고등학생을 위한 5가지 교육실험)을 한 후 4월 19일에 지구로 귀환하여 대한민국의 젊은이에게 우주수업의 가능성과 희망을 열어 놓았다. 우리나라의 첫 우주수업을 진행할 당사자는 독자(학생) 여러분의 몫이다!

제7장

에듀테인먼트의 이해와 활용

제1절 에듀테인먼트의 어원

에듀테인먼트(edutainment)라는 용어를 처음 만들어 사용한 사람은 로버트 헤이만(Robert Heyman)이다. 1973년에 그가 국립지리학회의 영화제작자로 일하는 동안 자신의 영화를 에듀테인먼트라고 부르기 시작한 것이 이 용어가 탄생하게 된 계기가 되었다. 그가 제작한 영화는 시청자에게 서스펜스, 속도감, 설화 등의 오락적 요소와 함께 자연세계와 인류의 문화에 관하여 알려 주는 효과를 담고 있다. 그래서 그는 교육을 의미하는 'edu-'와 놀이 또는 오락을 의미하는 '-tainment'를 합성하여 한 단어인 '에듀테인먼트'라 한 것이다.

요즈음에는 에듀테인먼트가 오락적인 요소가 담긴 교육자료나 매체를 의미하거나, 반대로 교육적인 요소가 담긴 오락물을 지칭하는 말로 널리 사용되고 있다. 교육 및 교수-학습과정에서 정보통신기술의 활용을 논할 때, 게임을 포함한 웹자료나 자칭 에듀테인먼트라고 분류하고 있는 범주의 소프트웨어가 정말로 에듀테인먼트인지를 확인하는 것은 참으로 어려운 일이다.

제2절 에듀테인먼트 활용배경과 전략

1999년 말 한국경제신문에서 새천년을 맞아 각 분야의 전문가에게 듣는 '21세기 21가지 대예측'이라는 기획칼럼에서 21세기의 21가지 유망 분야 중 글로벌라이제이션(globalization), 스마트카드(smart card), 에듀테인먼트, 매스컬처(mass culture)를 가장 비중 있게 소개한 바 있다. 그 후 6년여가 되는 이 시점에서 우리는 이미 교육을 둘러싸고 있는 다양한 변화를 체험하고 있다.

1. 에듀테인먼트 활용배경

1) 학습에 대한 생각이 바뀌고 있다

교육은 단순히 정보를 수집하고 기억하기보다는 한 개인의 사고와 논리를 개발하는 데 보다 많은 기여를 해야 한다. 이 때문에 학습은 학습자가 접하는 정보에 대해서 그들의 기존 지식과 정신적 기술을 적용하는 과정을 통하여 스스로의 의미를 부여함으로써 그들 나름대로의 지식을 구성하는 것이라는 관점이 지배적이다. 이는 학습이 지식의 습득이라는 관점에서 지식의 구성이라는 관점으로 변화되고 있음을 나타낸 것이다.

이와 관련하여 살로몬과 알모그(Saloman & Almog, 1998)는 좋은 학습이란 사회적인 기반을 가진 과정, 맥락화된 지식의 역동적인 공동구성(co-construction) 그리고 그것들 간에 복잡하게 얽힌 관계라고 주장한다.

탑스코트(Tapscott, 1998)는 디지털 네트워크 시대가 도래함에 따라 선형적 학습에서 하이퍼미디어 학습으로의 변화, 주입식 교육에서 참여와 발견학습으로의 변화, 교사중심 교육에서 학습자중심 교육으로의 변화, 주입식 교육에서 학습방법을 배우는 교육으로의 변화를 강조한다. 또한 학교교육에서 평생교육으로의 변화, 획일화된 교육에서 맞춤화된 교육으로의 변화, 괴롭고 지겨운 지옥과 같은 학습에서 재미있는 학습으로의 변화, 완제품으로서의 지식을 전달하는 학습 전달자에서 학습자의 학습활동을 촉진하고 조력하는 학습촉진자로 교사의 역할 변화를 강조한다.

이러한 학습에 대한 관점과 방법의 변화는 기존의 것에 대한 창조적인 비판과 계승뿐만 아니라 발전적인 대안을 요구하고 있다.

2) 학습세대가 변하고 있다

최근의 학습세대는 과거의 학습세대보다 훨씬 다양한 특성을 가지고 있으며, 앞으로도 다양하게 변할 것으로 예상된다. 이러한 특성의 변화를 촉발시킨 요인은 개인은 자신이 성장하고 발달함에 따라 겪는, 우리가 판단할 수 없을 정도의 다양한 개별적 경험에 의존하기 때문이다. 그럼에도 불구하고 이들 학습세대가 겪는 공통적인 여러 가지 환경적인 특징과 그에 따라 이들이 보여 주는 비슷한 삶의 방식 그리고 학습에 관련된 특성이 있다.

빠르고 재미있고, 시청각적이며 네트워크화되어 있는 것을 좋아하는 이들의 특성은 에듀테인먼트에 대한 요구와 가능성을 촉진하기에 충분하리라 생각된다. 이러한 학습자의 삶의 방식과 학습방식의 특성 변화는 기존의 학습세대와는 전혀 다른 변화되고 발전된 학습방법과 교수방법을 필요로 한다.

3) 놀이의 교육적 효과를 기대할 수 있다

어른, 부모, 교사는 자신이 중요하다고 생각되는 것을 아이가 먼저 배우도록 하기 위하여 아이가 좋아하는 것을 나중으로 미루거나 못하게 하기도 한다. 그러나 아이의 놀이에는 재미의 요소만 있는 것은 아니다.

로저스와 소여(Rogers & Sawyer, 1988)는 '만약 구조화된 어른 주도의 활동이 아이의 인생 전체에서 최선을 만드는 가장 좋은 방법이다.'라고 주장하였다. 만(Mann, 1996)은 놀이와 오락은 둘 다 재미와 즐거움을 주는 측면에서 유사하나 놀이는 능동적, 오락은 수동적 특징이 있음을 강조하였다. 또한 놀이는 아이의 참여가 요구되면, 심지어 강요하기까지 하는데, 이러한 점은 학습의 원동력이 되어 놀이 참가자에게 새로운 생각, 혁신 그리고 학습의 기회를 제공한다고 주상하였다. 덧붙여 그는 아이가 놀이에 몰입하는 이유에 대하여 '그들 세상의 제어'와 '호기심', '재미(내재적 동기)', '학습'을 강조하였다.

그러한 이유 때문에 아이가 온라인 게임과 TV, 영화 등에 몰입하여 사용하는 시간과 쏟아 붓는 에너지는 실로 대단한 것이며, 동시에 부모와 교사에게는 '재미'라는 매우 중요한 학습유발 요소와 '제어감', '호기심'

등에 대하여 부정적인 인식을 갖게 하는 것도 사실이다. 현재의 시점에서 아이가 오락을 위해 사용하는 시간과 쏟아 붓는 에너지가 만약 비교육적이고 소모적이라면 심각한 문제가 아닐 수 없다.

4) 매스컬처가 생활 전반에 확산된다

우리는 세계적인 수준의 정보화 기반을 가지고 있다. 그뿐 아니라 우리 주변의 많은 문화적 요소가 디지털 콘텐츠화되어 가고 있으며, 그에 대한 노력 또한 대단하다. 이는 대량 문화 콘텐츠의 빠른 유통을 가능하게 하여, 과거 특정 계층의 전유물처럼 여겼던 문화예술을 모든 사람이 공유하고 참여하는 광장으로 이끌어 냄으로써 누구나 문화예술을 자유롭게 향유하는 것을 가능하게 하였다.

우리의 세계적인 정보화 수준은 큰 움직임인 매스컬처의 유통을 보장할 것이라고 믿는다. 이와 같은 환경에서 교육이 어떠한 방향으로 나아가야 하는지에 대한 모색은 당연한 것이다. 우리는 이에 에듀테인먼트가 효과적으로 한몫을 할 것이라고 기대한다.

5) 평생학습을 지원한다

사이버 공간은 평생학습의 장으로서 그 역할이 기대된다. 현대는 '요람에서 무덤까지' 스스로 개발하지 않고서는 살아남을 수 없는 시대다. 이에 대한 해답으로 인터넷 통신망을 통한 원격학습이 그 중요한 열쇠가 된다. 물론, 원격교육의 과정이 딱딱하다면 참가자의 장기적인 호응을 얻기가 쉽지 않을 것이다. 따라서 원격교육을 위한 콘텐츠의 개발 방향은 어느 정도 분명해진다. 즉 '재미'있고 '현실감'도 있어야 한다는 것이다. 이러한 원격교육이 활성화되기 위해서는 사이버 에듀테인먼트의 발전도 동시에 이루어져야 한다. 사이버 에듀테인먼트란 가상현실을 이용하는 교육과 오락을 의미한다. 평생학습이 만일 재미있고, 누구나 가벼운 마음으로 할 수 있는 것이라면 학습으로 아주 성공적일 것이며, 그 관건은 에듀테인먼트에서 찾아볼 수 있을 것이다.

2. 에듀테인먼트 활용전략

1) 교육적 효과를 얻을 수 있어야 한다

방송이나 영화, 게임을 교육에 활용하였다는 이유만으로 이를 모두 에듀테인먼트라고는 할 수 없다. 단순히 교육적인 내용이 들어갔다는 이유만으로 만화책이나 만화영화, 비디오물, TV오락 프로그램 등에 에듀테인먼트라는 용어를 쓰기도 하는데, 이는 에듀테인먼트가 가지고 있는 교육적인 목적과 특성을 간과한 데서 비롯한 결과다.

에듀테인먼트는 학습자가 '오락' 도구를 가지고 재미있게 '놀다' 보면 저절로 상당한 수준의 교육적인 효과를 가져다주는 학습수단이나 방법을 말한다. 물론, 교육적 성과가 쉽게 판단되는 것은 아니지만, 교육적 목적으로 활용되고 교육적 성과가 분명히 있을 때에만 진정한 에듀테인먼트라고 할 수 있다. 따라서 에듀테인먼트는 교육적 요소와 오락적 요소가 적절히 조화를 이룰 때만이 교육적 효과가 극대화될 수 있다. 최근에 TV

나 컴퓨터 환경의 오락도구를 교육과 접목시키려는 노력이 이루어지고 있으며, 아이의 발달과 학습을 돕기 위하여 아이들의 내적 동기를 끌어내는 다양한 요소와 오락적인 요소의 교육적 구성이 시도되고 있다.

2) 교육과정 속에서 활용에 대한 적절하고 올바른 지원이 있어야 한다

학습자가 에듀테인먼트 콘텐츠와 교육적인 상호작용을 할 수 있도록 하기 위해서는 에듀테인먼트의 적절한 활용에 대한 관심과 노력이 필요하며, 학습자 개인과 적절한 상호작용뿐만 아니라 학교 교실수업에서 적절한 활용도 고려할 필요가 있다.

그러나 모든 교과, 모든 단원에서 일률적으로 에듀테인먼트의 활용을 계획하는 것은 그 효과를 반감시킬 수밖에 없다. 각 교과, 각 단원에서 어떤 부분에 어떤 방식의 에듀테인먼트를 활용하였을 때 가장 효과적인가를 판단하는 것은 교실에서 학생들과 함께 눈과 눈을 맞추며 생활하고 가르치는 현장교사의 몫이며, 그래야 기대하는 효과를 얻을 수 있다. 즉 현장교사 개인의 자의적 판단에 따른 활용에 의존해야 한다. 이미 많은 교사가 재미의 요소를 도입한 수업을 활용하기 위한 노력을 하고 있고, 실제로 그렇게 수업을 진행하고 있다. 그러나 교사가 스스로 필요성을 느끼지 않음에도 불구하고 성급하게 수업의 일정 비율 이상을 강제하게 된다면, 마치 그것은 반드시 하지 않도록 강제하는 것과 같은 부작용을 낳을 것이다. 따라서 교사에게 에듀테인먼트를 수업에 활용하였을 때 생기는 이점을 이해시켜서 그 필요성을 스스로 느낄 수 있도록 하며, 한편으로는 좋은 에듀테인먼트 콘텐츠를 지원해 주는 것이 가장 큰 도움을 줄 것이다.

3) 에듀테인먼트 콘텐츠의 협동적 개발이 시급하다

사실 에듀테인먼트의 소재는 우리 가까이에 너무도 많이 존재한다. 교과의 내용을 직접 가르치는 교사의 창의적 아이디어와 열정은 주변의 많은 오락적인 소재를 교육적으로 교실수업에 적용할 수 있도록 가공하는 것을 가능하게 한다. 그러나 이러한 노력을 기울이는 교사를 돕기 위한 정책적인 시도나 방법을 쉽게 찾아보기가 어려운 것도 사실이다. 현재 에듀테인먼트에 대한 국내의 연구는 아직 초기 국면을 벗어나지 못하고 있으며, 이에 비중을 두고 연구하고 있는 이론가도 드물어 보인다. 결국 소수 이론가의 고되고 더딘 이론적 연구, 교사의 개인적인 아이디어에 의존하는 것으로 에듀테인먼트는 조금씩 그 힘든 발걸음을 내딛고 있는 것이다. 에듀테인먼트 콘텐츠는 교육이론가와 교사 그리고 전문 개발자가 어우러져 학습자의 특성과 수준에 맞는 맞춤식 개발을 하는 것이 필요하다. 에듀테인먼트는 그 특성상 다양한 콘텐츠를 개발하고 확산시키는 것이 절대적이기 때문에 국가적인 규모의 노력이 이루어져야 한다. 지금은 21세기 교육 분야에 새로운 변화의 방향을 가늠할 유망 분야인 에듀테인먼트의 잠재적 가능성을 실현시키기 위하여 실천적이고 구체적인 노력이 필요할 때다.

제8장

유능한 교사

제1절 유능한 교사와 ICT 활용

최근 교육공학이 발전하면서 다양한 처방적 이론이 등장하고 있다. 이 것은 물론 반가운 현상이다. 그러나 이러한 이론이 대부분 경우에 극히 미시적인 관점으로만 흐르고 있지는 않은가 하는 걱정이 든다. 다시 말하면 좋은 교수학습의 효과성과 효율성, 그리고 매력성을 높이기 위한 이론은 많지만 의외로 안전성에 대한 논의는 별로 없다. 그리고 어떻게 하면 좋은 교사가 될 것인가에 대한 것도 거의 다루고 있지 않다. 물론 '교사론'이라는 과목에서 이를 다룬다고 미룰 수도 있을 것이다. 그러나 교직과목을 듣는 학생에 대부분은 이 과목을 들을 기회가 없을 것이고, 최근 취업을 위해서만 수업을 듣는 학생 역시 교육학과라고 해도 이 과목을 들을 시간이 없을 것이다.

교육 공학 관련 이론은 달달 외우면서도 실제로 교수-학습활동에 적용을 못하거나 아니면 적용 자체에 관심이 없거나 어떻게 할 줄 모른다면 이것은 불행이다. 학습자만의 불행이 아니라 우리 교육의 불행이 될 것이다. 여기서는 좋은 교수자의 특성이 무엇인지, 그리고 이러한 특성을 ICT를 통해서 어떻게 활용하여 좋은 교수자가 될 수 있을 것인지에 대해서 짧게나마 논의하는 것이 목표다.

1. 조벽의 유능한 교수론

학생들은 수업을 받는 것이 아니고 교사를 받아들인다. 강의 내용이 기억에서 사라져 버린 지 오래더라도, 심지어 강의 제목마저 잊힌 때라도 학생은 여전히 교사를 기억하고 있다(조벽, 2000).

최근 대학사회에서 명교수로 이름을 떨치고 있는 조벽은 교육학전공자가 아니라 기계공학전공자다. 그럼에도 불구하고 그는 교육학을 전공한 그 누구보다도 우리나라에는 물론 미국에서도 명강연자로 유명하다. 타산지석(他山之石)! 유능한 교사가 되기 위해서 그의 풍부한 경험과 연구에서 나온 '유능한 교수의 핵심 특성'에 대해서 함께 공부하기로 한다.

그는 교사가 갖는 자기지각모형이 중요하다고 강조한다. 교사가 자기 직업의 본질을 어떻게 지각하고 있느냐가 교사의 기본적인 태도와 역량을 결정하기 때문이다.

1) 교사가 갖는 자기지각 모형

교사가 자기 직업의 본질에 대해서 가지고 있는 자기지각 모형은 크게 다음 네 가지로 구분된다고 한다(조벽, 2000).

- 내가 알고 있는 것을 가르치는 교사: 이 유형은 교사의 주요 기능이 학습내용에 대해 지식과 정보를 제공하는 것으로 본다. 교사의 기능으로 봐서는 큰 문제는 없겠지만 학습자에게는 지루하게 수업만 열

심히 하는 교사로 인식되기 쉽다.

- 나 자신을 가르치는 교사: 학습내용 전반보다는 핵심적인 주제에 관심을 보이며 자신이 이 주제를 어떻게 다루는지에 대해서 집중적인 관심을 갖는 유형이다. 이 경우 주관적인 해석에 치우치거나 학생에게는 '자기과시형'이나 '자기도취형'으로 보일 수 있다. 강의 중에 늘 자신의 경험과 에피소드만으로 예로 들게 되어 처음에는 학생들이 재미있어 하지만 점차 관심을 잃게 되는 유형이다.

- 사고력을 단련시키는 교사: 이 유형은 전문가가 학습주제를 어떻게 다루는지, 어떻게 학습하는지를 보여 주기 위해 모범을 보이는 형으로 지적 발달을 강조한다. 이런 유형은 대학원생처럼 기초가 되어 있는 학생들을 위해서는 아주 적절하지만 어린 학생이나 기초가 부족한 학생에게는 부담스러운 유형이다.

- 학생과 인간적으로 함께 공부하는 교사: 이 유형은 전인교육을 목표로 삼기 때문에 두뇌가 성격과 분리되어 있다고 믿지 않는다. 오히려 배우는 것을 인지발달과 비인지발달이 동시에 이루어진다고 믿는다. 따라서 교수활동도 수업내용뿐만 아니라 동기부여, 학생의 자긍심, 교사－학생의 상호 존중 등 여러 가지 요소가 복합된 것으로 본다.

이 네 가지 유형 중에서 학생이 가장 믿고 존경하면서 학습효과도 좋은 유형은 어떤 것일까? 아마도 이는 네 번째 유형일 것이다.

2) 유능한 교수의 핵심 능력

조벽(2000)은 유능한 교수의 핵심 능력을 학생을 위한 배려, 강의 내용에 관한 지식, 흥미유발, 학생에게 충분한 시간을 할애함, 토론을 장려함, 명확하게 설명하는 능력, 열의, 준비의 여덟 가지로 보고 있다. 그는 이 여덟 가지 특성을 교사의 세 가지 역할과 결합시켜 나타냈다.

유능한 교사의 핵심은 결국 '학생을 위한 배려'에 있는데 이것은 단순히 학생들을 위해 준다는 것만이 아니다. 유능한 교사는 학생에게 무엇을 어떻게 가르칠 것인가를 알고 이를 실천하는 마음자세가 있어야 한다는 것이다.

조벽은 또다시 최고 강의의 핵심요소가 다섯 가지 더 있다고 한다. 그 다섯 가지는 첫째, 새로운 정보를 알려 준다, 둘째, 어려운 개념을 설명하고 명료화하고 정돈한다, 셋째, 배움에 대한 존중심을 고취시킨다, 넷째, 믿음과 생각하는 방법을 다시 생각도록 한다, 다섯째, 더 깊게 연구하기 위한 열정과 동기부여를 육성한다 등이다.

새로운 정보를 알려 주기 위해서 교사는 강의내용을 충분히 숙지하고 있어야 하며, 이를 위해 독서와 토론을 게을리하지 말아야 한다. 어려운 개념을 설명하고, 명료화하고, 정돈하기 위해서는 명확하게 설명하는 능력을 키워야 한다. 이를 위해서는 평소에 글을 명확하게 쓰는 연습과 일상생활에서 쓰는 어휘의 숫자와 질을 높여야 할 것이다. 이렇게 준비를 하고 수업하게 되면 학생은 절로 '배움에 대한 존중심이 고취될 깃'이며 '믿음과 생각하는 방법을 다시 생각하도록' 하기 위해서는 수업시간에 토론과 성찰을 장려해야 한다.

결국 최고의 강의란 학생이 무엇을 어떻게 배워야 하는지와 그것을 배우고 싶어 하는 태도를 전달하는 것이며 이렇게 되면 유능한 교수의 핵심인 세 영역이 학생에게 제대로 전달되게 된다.

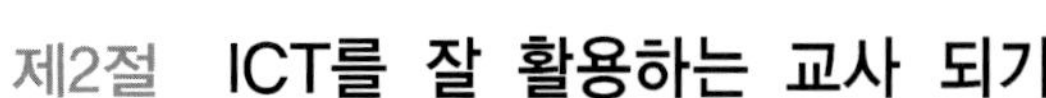

제2절 ICT를 잘 활용하는 교사 되기

ICT를 현장에서 잘 활용하는 것은 쉬운 일이 아니다. 최근에 ICT 활용을 위한 여러 가지 수업모형이 제시되고는 있지만 이들을 매일의 수업에 제대로 적용시키면서 활용하는 것은 엄청난 노력과 준비가 없이는 거의 불가능하기 때문이다. 또한 이러한 수업모형이 미시적인 수업상황에 적응하기 위한 모형이어서 이들 모형을 모두 공부하고 익숙하게 되는 것 자체가 어렵다. 그렇다면 해답은 무엇일까? 하나하나의 수업사태에 맞는 모형 학습도 중요하지만 큰 틀, 즉 거시적 관점을 갖고 이를 수업에 적용시키는 것이 더 쉬운 출발일 수 있다. 이를 위해 김영환(2007)이 초보 교사에게 제안하는 ICT 잘 활용하기는 다음과 같다.

1. 지피지기면 백전백승

학생에 대해 알고, 또 자신을 학생이 알게 해 주어야 한다. 과연 우리는 청소년을 얼마나 알고 있는가? 2007년 7월 초에 서울시 공무원 시험(7, 9급)이 있었는데 그 경쟁률이 80대 1을 넘겼다고 하여 사회적 이슈가 된 적이 있다. 왜 그것이 문제인가? 이런 현상은 우리 청소년과 젊은이가 너무 일찍 늙어 버리고 꿈을 상실한 세대임을 보여 주는 것이다. 이들은 무조건 '안정된 직장'을 위해서 대학 졸업 후에도 몇 년이고 공무원시험이나 교사임용시험에 매달려 있다. 심지어는 중학생마저도 '교사가 되길' 원한다. 교사가 좋아서라면 큰 문제가 없겠지만 그 답이 '안정된 직장이니까….'라고 하는 것이 문제다. 여러분은 어떠한가? 이제는 우리가 청소년을 바로 알아야 하며, 그 후에나 수업이든 학습이든 가능할 것이다.

2007년 일본청소년연구소에서 한·미·중·일 네 나라의 청소년을 대상으로 한 연구결과 역시 우리 청소년과 젊은이가 얼마나 기성세대와 유사한 목적을 추구하고 있는지를 알 수 있다. 타락한 젊음의 꿈이다.

천천히 읽어 보면 알겠지만, 다른 나라 젊은이에 비해 우리나라 젊은이가 하고 싶은 것은 돈과 결혼할 좋은 배우자 그리고 친구다. 이 세 가지는 흥미롭게도 다른 나라의 젊은이에게서는 나타나지 않는데, 매우 목적지향적이다. 그러나 다른 나라의 젊은이가 하고 싶어 하는 일은 과정지향적이고 도전정신이 더 높고 신선하다. 우리는 우리의 젊은이를 도전적이고 신선하고 젊은이답게 키워 줘야 한다. 그것이 진정한 교육방법이고 교육공학이다.

이를 위해서는 다음과 같은 방법으로 학생에 대해 알아야 한다.

- 학생에게 자기소개 메일을 교사에게 보내는 숙제를 하세 하자. 대부분 반이 많기 때문에 단계적으로 하되 사진을 포함한 소개를 하도록 한다. 양식은 PPT를 포함한 어떤 형태의 ICT라도 허용해야 한다. 그리고 반드시 그 편지를 읽어 본 후 답장을 해 준다.
- 학생과 메일이나 문자 또는 채팅을 통해 이야기한다. 아동이 좋아하는 것(물건, 친구, 자신만의 블로그 등)에 대해, 그리고 교사 자신에 대해 말한다. 10만 원이 있으면 무엇을 살 것인지 물어본다. 학생이

과외에서 무엇을 어떻게 배우는지, 방과 후에는 무엇을 하면서 시간을 보내는지에 대해 물어라.

- 이제는 선생님에 대해서 청소년에게 이메일로 이야기를 해 주어야 한다. 선생님에 대한 이야기를 메일로 들려주는 것은 다음과 같은 점에서 좋다. 첫째, 신뢰감을 구축한다. 둘째, 정서를 환기시키며 친밀감을 준다, 셋째, 선생님을 탐구하도록 허용한다. 넷째, 학생의 관점에 영향을 준다. 다섯째, 선생님 자신에게 변화의 기회를 준다.

- 이 시대는 청소년이 이끈다. 청소년이 하는 것을 무시하지 말고 배우자. 그래야 뒤처지지도 않고 청소년과 이야기가 가능하다.

- '무조건 ~하지 마라.'보다는 어떻게 해야 극복할 수 있다는 것을 이야기해 준다. 인터넷 중독에 빠진 아동에게 인터넷 중독이 왜 해로운지 구구절절하게 설명하는 것은 대부분 소용이 없다. 이미 아동은 알고 있지만 스스로 조절하지 못할 뿐이다. 마치 담배의 해악을 알면서도 계속 피우는 성인과 마찬가지다. 정답은 인터넷을 하지 않을 때 무엇을 할 수 있는지를 알려 주고 실천을 도와주는 것이다.

- 시험결과에 대해 가능한 자세한 정보를 엑셀을 이용해 제공해 준다. 이렇게 한 후 학습자가 엑셀을 통해 가능한 한 많은 통계적 발견을 해 낼 수 있는 시간을 만들어 준다. 이런 활동은 공부를 제3자 입장에서 볼 수 있도록 해 준다.

2. 수업의 리듬을 잘 조절하자

첫째, 모든 활동에는 리듬이 있다. 교육도 마찬가지며 학교에서 하는 수업도 마찬가지다. 교사는 학생의 리듬을 이해하며 이를 조절하고 지휘하는 데 ICT는 도움이 된다.

둘째, 학생의 입장에서 보자. 거의 온종일 학생들은 같은 교실, 같은 책상에 앉아 있다. 그리고 수업은 거의 끝없이 지속된다. 모든 성생님은 자신의 수업내용이 이 세상에서 가장 중요한 것처럼 밀어 넣고 나무라고 강조하고 역설한다. 따라서 아동의 두뇌는 하루 종일 시끄러운 시장통이고 대부분의 아동이 정보의 과도한 주입에 시달리고 있다는 것을 이해하자.

셋째, 수업 전 끊기와 잇기를 ICT로 하자. 수업 전 끊기란 학생들의 머릿속에 남아 있는 전 시간(다른 과목)의 내용이나 정리되지 않은 머리를 깨끗하게 청소하고 이번 시간의 내용을 받아들일 준비를 하는 것이다. 우선 끊기는 수업을 시작하기 전에 수업내용과 관련 있는 2~3분 정도 재미있는 동영상이나 스캔한 만화 또는 교사가 좋아하는 시나 디지털카메라로 찍은 사진 등을 음악과 함께 보여 주면서 지루한 수업의 행렬을 끊어 준다. 이를 위해서는 학생들이 읽는 만화와 책을 탐독하는 것도 좋다.

수업 후 이어 가기란 선수학습 내용의 요약을 마인드맵이나 콘셉트 맵을 활용해서 제시하면서 지난주에 했던 수업내용 또는 2~3일 전에 했던 수업 내용과 이어 주는 것이다. 이렇게 수업을 이어 갈 때 흔히 사용하는 전략으로는 요약자와 종합자 두 가지가 있다(Reigeluth, 1999).

- 요약자는 학습한 내용을 다시 체계적으로 정리해서 복습하도록 해 준다. 따라서 요약자는 학습한 사실이나 내용에 대한 규칙(원리)을 다시 간략하게 설명하는 것으로 참고할 만한 예제나 사례를 제시한 후 연습문제 등이 제시된다. 이러한 요약자는 한 시간의 수업을 마친 후 학습내용을 정리하는 내부요약자와 한 단원의 수업을 마친 후 학습 내용을 정리하는 단원요약자 두 가지가 있다.
- 종합자(Synthesizer)란 학습한 내용을 주기적으로 통합하거나 서로 연결하여 개별적인 학습요소를 전체 내용과 유의미하게 통합하고 기존의 도식(schema)에 동화할 수 있도록 해 주는 것이다. 여기에는 다음 네 가지 종류가 있다.
  - 개념 간의 관계를 보여 주는 개념도(Concept Map)
  - 순서나 단계를 보여 주는 플로차트
  - 의사결정 과정을 보여 주는 표
  - 연결선과 화살표로 구성된 인과모델(cause – effect model)

넷째, 주당 시수가 1단위나 2단위 수업인 경우에는 이메일이나 블로그, 카페를 이용한 이어 주기가 더 필요하다. 대부분의 아동은 지난 수업의 내용을 거의 기억하고 있지 않다고 보는 것이 더 타당하기 때문이다. 2주에 1회 정도 자신이 담당하고 있는 반 아동에게 조금씩 다른 메일을 힌트라고 하면서 보내 주는 것도 좋다. 물론 카페나 블로그에는 이런 힌트가 축적되어야 한다. 힌트는 짧을수록 좋다.

3. 학생을 위한 카페를 만들자

첫째, 무료 카페를 만들 수 있는 방법은 매우 다양하고 쉽다. 단지 용기와 결심, 마음의 준비만 있으면 된다. 용기도, 결심도, 마음의 준비도 없다고 하더라도 만들어 보자. 우선 가입 시에 비밀번호를 입력해야 하는 비공개 카페를 만들었다가 나중에 공개카페로 변경해도 된다.

둘째, 카페를 만드는 목적을 분명히 알자. 카페는 그냥 만드는 것이 아니다. 최근 제시되는 교육공학 이론은 ICT 활용의 목적의 대부분을 수업의 효과성과 효율성, 그리고 매력성을 높이기 위해서라고 국한시킨다. 하지만 좋은 교사, 멋진 교사가 되지 않고서 그냥 기술만 좋은 교사는 훌륭한 수업을 할 수 없다. 따라서 교사의 교육활동과 관련하여 카페를 만들 때에는 좀 더 큰 범위의 목표를 설정하여야 한다. 이는 다음 네 가지다.

• 교사로서 나를 알고 이를 토대로 '교사로서 되고 싶은 나'를 알아 가기 위해서다. 이렇게 하면서 '인간적인 매력을 다듬어 가는 교사'가 되기 위해서다. 그런데 이런 목적과 카페는 무슨 관계가 있는 것일까? 카페는 나와 멤버의 상호작용에 의해서 구성되고 운영된다. 많은 사람이 카페를 그저 사람들이 모여서 정보를 교환하는 곳으로 알고 있지만, 사실은 카페의 주인장과 모인 사람들의 성격에 따라 카페의 특성과 유형이 달라지는 것을 볼 수 있다. 카페의 주인장은 카페 운영을 통해 조해리의 창(Johari's window)을 보게 된다. 조해리의 창이란 일명 '마음의 창' 또는 '마음의 네 가지 창'이라고 한다. 이것은

의사소통 구조를 설명하는 이론으로 대인인지 훈련과 인간관계 강화 연수에 많이 활용되고 있는데 이 이론을 만든 사람들인 Joseph 와 Harry의 이름을 섞어서 만든 이름이다. 이 창은 다음 네 가지 하위요소를 갖는다.

- 열린 창(open): 나도 알고 남도 아는 영역
- 비밀의 창(hidden): 나는 알지만 남은 모르는 영역
- 맹목의 창(bind): 나는 모르지만 남은 아는 영역
- 미지의 창(unknown): 나도 모르고 남도 모르는 영역

- 대인관계 및 의사소통의 향상을 위해서는 적극적으로 자기를 보여 주어 '열린 창'을 넓혀 가는 것이 중요하다. 이렇게 열린 창이 많아야 상대의 마음을 열게 할 수 있다. 하지만 사람마다 네 가지 창의 크기가 다르다. 모든 사람은 네 가지 마음의 창을 지니고 있지만 이 네 창이 가진 비율은 차이가 많다. 열린 창이 넓은 것이 건강하고 바람직하다. 비밀의 창이 넓은 것은 마음이 음흉하고, 심리적 트라우마가 많거나, 자신감이 결여되어 있다는 것을 말해 주는 것이다. 맹목의 창이 넓다는 것은 자아도취형이거나 자신에 대한 자각능력이 떨어진다는 것이며, 미지의 창이 넓다는 것은 자신의 잠재능력이나 참모습에 대해 제대로 알지 못한 채 살아가는 것이다. 카페를 만들어서 운영하다 보면 자신이 어떤 창을 많이 가지고 있는지를 스스로 깨닫게 된다. 그리고 어떻게 하면 열린 창이 많은 교사가 되는지도 알게 될 것이다. 카페는 정보만 오가는 곳이 아니기 때문이다.

- 학습자의 피드백을 받기 위해서다. 피드백과 '비판(criticism)'은 다르다. 비판은 부정적인 것만 가지고 있지만, 피드백은 긍정적인 것과 부정적

인 것을 다 포함하고 있다. 다른 사람의 피드백을 거부하는 사람은 늘 맹목의 창에서 머무를 수밖에 없으며 객관적인 눈을 가지기 어렵다.

• 교수학습용 자료와 학생 관련 자료를 모으고 관리하기 위해서다. 학습 자료를 모으는 것은 차력(借力)을 통해서 이루어진다. 차력사에 대해서는 곧 설명이 제시될 것이다. 자료를 모으는 것에는 단순히 학습에 관련된 것만 모으는 것이 아니다. 학생에 대한 자료도 모을 수 있고 모아야 한다. 10년 후 제자가 대학생이나 사회인이 되어서 찾아왔을 때, 또는 후배에게 모범이 될 만한 학생의 활동과 이야기를 생생하게 들려주기 위해서는 지금부터 학생에 대한 자료를 모아야 한다. 수업기법만 좋은 사람은 학원 강사이기 때문이다.

• 은퇴 즈음에 의미 있는 회고록을 준비하기 위해서다. 일본에서는 은퇴 즈음에 책을 쓰는 교사가 적지 않다. 실제로 일본 서점에 가 보면 교수가 쓴 책보다 교사가 쓴 책이 더 많다. 제목부터도 '수학을 30년 가르쳐 보니', '초등 평교사 40년' 등등 평생을 교단에 바친 사람의 이야기와 노하우가 드러난다. 그러나 우리나라 서점에 가 보면 책을 쓴 사람은 모두 다 교수거나 연구원이다. 그리고 교사는 자신의 일생을 정리한 책을 쓰기보다는 어떻게든 빨리 많은 연수를 받고 점수를 채워 남보다 먼저 장학사, 장학관, 교감, 교장으로 승진할까에 관심을 쏟는다. 평교사로 은퇴하는 것을 불명예스럽게 여기는 안타까운 현실이다.

셋째, 쉽게 카페를 시작하려거든 중간고사나 기말고사에 관련된 메뉴를 만들자. 초기에는 학생들의 관심을 끄는 것이 필요하다. EBS도 수능시험으로 얼마나 많은 학습자를 끌어들이는가? 이 메뉴 안에는 기출문제에 대한 자세한 풀이와 통계를 올려놓을 수 있다. 물론 여기에는 질문방도 있어야 한다.

넷째, 교사의 간단한 자서전을 준비하자. 여기까지 어떤 모양으로, 어떤 과정을 거쳐서, 누구와 살아왔는지와 지금 학교에서 좋아하는 사람들과 좋아하는 활동은 무엇인지를 고백하자. 물론 모든 사진을 올릴 때에는 '공개 설정'에서 '스크랩금지'와 '무단복사금지'를 해 두는 것이 좋다. 한 번에 모두 다 하기보다는 시간이 생길 때마다 조금씩 하는 습관을 들인다.

다섯째, '재미있는 공부방' 같은 코너를 만들어서 학생들이 제출하는 숙제 중에서 재미있는 내용을 올려놓을 수도 있다. 이렇게 올려놓을 경우 학생에게는 포상의 의미도 함께 줄 수 있으므로 학습 동기도 올라간다.

여섯째, '학생 소개' 코너도 만들자. 여기에는 학생의 사진과 간단한 자기소개를 올리게 할 수 있다. 단, 힘들더라도 반드시 꼭 올라온 글에는 댓글을 달아 주어야 한다. 그리고 학생이 자신의 블로그나 카페를 소개한 경우에는 꼭 방문하여 방명록에 글을 남겨 주어야 한다.

일곱째, 교사의 라이프타임 프로젝트(Life Time Project)를 학생에게 소개하자. 취미든 여가활동이든 대학원 공부든 스크랩 모으기든 몇 년 후에는 어느 수준까지 성취하겠노라는 교사의 목표를 간단하게 소개하고, 여덟째, 이제는 학생에게 카페주소와 회원등록 시의 비밀번호를 알려 줄 차례다. 한 주일에 한 반씩만 달성하기 위해 노력하는 과정을 써 주는 것도 좋다. 알려 주고 천천히 가입하게 한다.

4. 디지털카메라 마니아가 되자

첫째, 무전취식이 아니라 무전카페공사를 마쳤다. 이제는 뭔가를 계속 올려 주어야 할 단계다. 무턱대고 올릴 수는 없다. 학습자의 흥미를 끌 만한 내용을 올려야 한다. 대학과 달라 초·중등에서는 매주 과제를 내서 강제로 끌어들이는 것도 무리다. 이때 가장 간단한 방법은 디지털카메라 마니아가 되는 것이다.

둘째, 학교, 교정, 교실 등에서 무작위로 사진을 찍어 보자. 그리고 이들 사진을 학생의 입장에서 해석하고 생각해 보자. 단, 학생의 수치심을 불러일으킬 수 있는 사진을 찍는 것은 곤란하다. 자연스러운 모습, 광경, 새로운 각도에서 바라본 학생과 학교, 그리고 사회의 풍경을 스케치하면서 자신의 과목과 연계를 시켜 해석해 보자. 자신만의 'Vj 24시'가 될 수 있는 기회다.

셋째, 이제는 디지털카메라를 들고 학교 밖으로 나가야 한다. 체험학습장, 박물관, 전시장 등 어디를 가든지 반드시 디지털카메라를 들고 다니다가 학습 자료가 될 만한 것이나 재미있는 이야깃거리가 될 만한 것은 모두 찍고 저장하고 간추려서 활용할 수 있는 준비를 하자.

넷째, 학생의 '우수 노트'와 '엉망 노트'도 찍어서 공개하자. 단, 이름은 비밀로 해 주어야 한다.

다섯째, 수업 중에 학생의 양해를 얻어서 학습내용에 관련된 특정 내용이나 원리 또는 개념 등을 몸으로 표현하게 하고 이를 동영상이나 사진으로 보관하자.

여섯째, 이제는 학생에게 카메라를 넘길 차례다. 수업 중에 아동이 졸려하거나 지루해할 때 카메라를 활용해 보자, 대부분의 아동은 UCC 흉내 는 바로 내기 시작할 것이고 이렇게 찍은 동영상을 교실의 프로젝션 TV 나 대형 모니터로 재생하며 함께 보는 것도 좋다.

일곱째, 학생이 교실에서 발표하는 것을 촬영한 후 활용할 수 있다. 또 는 1분 정도의 발표 숙제를 낸 후 학생이 집에서 자신의 디지털카메라로 동영상을 촬영하고 그 파일을 받아서 교실에서 프로젝션 TV를 활용하여 함께 보면서 평가하는 방법도 있다.

여덟째, 창의적으로 디지털카메라를 활용한다. 그 소재는 무궁무진하다. 만드는 즐거움과 보는 즐거움은 학습에 대한 관심을 높인다.

5. 차력사가 되자

첫째, 차력사는 온몸의 힘을 어느 한곳에 모아서 그 모은 힘을 이용해 묘기를 부리는 사람이다. 학교에서 차력사는 학생의 힘을 이용해서 수업 분위기를 개선하는 한편 교사가 추가적인 정보나 자료를 모으는 것을 말 한다. 차력사가 되기 위해서 교사는 하루에 최소한 한 시간은 인터넷을 통해 학생들과 커뮤니케이션 하겠다는 '사명진술'이 있어야 한다.

둘째, 학생에게 어떤 정보나 자료를 찾아서 인터넷으로 제출하는 과제 를 낼 때에는 지식을 묻는 단순한 과제보다는 '창의적'인 과제를 주어야 한다. 단순한 지식을 묻는 과제는 검색을 통해서 바로바로 찾아내기 때문 이다. 엉뚱한 문제, 많은 생각을 요구하되 교과서 내용과 너무 직접적으로 관련이 없는 문제가 더 좋다. 학습내용보다는 학습활동에 관심을 가질 수 있는 과제가 더 좋다.

셋째, 열심히 교사를 따른 학생들에게 좋은 점수만 주기보다는 평생 자랑스러워할 수 있는 '공로배지'를 준다. 공로배지란 공수부대원이 가슴에 달고 다니는 공수마크와 같이 열심히 참여해서 얻은 체험을 나타내는 배지를 말한다. 결국 이러한 공로배지를 가지고 있는 열성 팬클럽을 만들어야 한다. 그리고 이 열성 팬은 수시로 메일을 통해 교사에게 자료와 피드백을 제공하는 학생이어야 한다.

넷째, 공조배지를 가지고 있는 학생과 '사이버발표회'를 주기적으로 가지고 다시 칭찬해 준다. 말로 '참 잘했어요'라며 직접적으로 칭찬하기보다는 홈페이지나 블로그 등에 인용하거나 작품이나 사례를 소개하면서 좋은 점을 풀어서 객관화하여 칭찬하는 것이 더욱 좋다.

6. 전문적인 차력사가 되자

차력사에도 급수가 있다. 가장 낮은 급수는 학생에게 인터넷이나 참고서, 또는 만화책이나 월간지 등 모든 이용 가능한 자료에서 특징 요건을 만족시키는 사례나 그림, 사진, 동영상 등을 모으게 하는 것이다. 높은 급수는 카페에 올라온 질문에 '공로배지'가 있는 우수학생이 답을 해 주는 것이다. 이 방법의 핵심은 학습할 내용을 직접적으로 먹여 주기보다는 학습 과제를 풀기 위한 활동에 학습자가 참여하게 하는 것이다. 그렇게 하여 학습에 대한 동기를 높이는 것이다. 육체적이든 정신적이든 활동이 없이 그냥 입력된 정보는 바로 잊게 된다.

- 암기적 학습과제: 외워야 할 것이 많은 시간이나 과목에서 사용할 수 있다. 이때에는 간단한 암기술을 학습자에게 가르친 후 이를 활용하여 특정 학습내용(암기가 필요한 내용)에 대해 스스로 암기술을 만들고 이를 카페에 올리게 한다. 주기적으로 가장 우수한 암기술에 상을 줄 수 있다.
- 개념적 학습과제: 개념적 학습과제란 개념을 학습하는 것이 주된 학습의 유형으로 어떤 개념의 이름과 그 개념의 공통적 특성을 알고 이를 활용하여 개념이 아닌 비례(非例, matched non−example)와 구별할 수 있는 능력을 갖추는 것이다. 따라서 한 학습내용이 어렵거나 복잡한 개념이 있을 때에는 이를 명확하게 설명한 후 비례를 찾아서 메일로 보내거나 교사의 카페에 올리게 한다.
- 절차적 과제: 어떤 일을 수행하는 절차를 익히는 절차적 과제의 경우에는 학생이 갖고 있는 핸드폰(많은 학교에서는 금지하지만)을 사용한 디지털카메라 사진이나 동영상 UCC를 활용한 보고서를 카페에 올리게 할 수 있다. 아니면 학생 자신의 카페에 올린 후 교사의 카페에 링크를 달아 주면 더 간단하다. 이렇게 학생이 만든 UCC는 수업의 리듬을 끊거나 이을 때 사용할 수 있다.
- 원리적 과제: 원리란 '언제나 진실인' 것이다. 따라서 주로 과학이나 수학과목에서 원리적 학습과제가 많다. 이 경우에는 어떤 원리를 배운 후 이와 관련된 단순한 예, 복잡한 예 그리고 응용된 예를 찾고 이를 제출하도록 할 수 있다.

7. 매력 있는 T자형 선생님이 되자

첫째, 최근 유행하는 두 가지 단어가 있다. 하나는 'T자형 인재'이고 다른 하나는 '행복 추구의 삶'이다. T자형 인재란 하나의 전문지식을 가지고 있되 다른 영역에 대한 폭넓은 지식을 갖추어서 그 전문지식을 다른 영영에까지 넓게 활용할 줄 아는 사람을 말한다. 행복추구의 삶이란 '풍요로운 불행'보다는 '가난한 행복'을 추구하는 행복의 정치학이 영국과 이탈리아 같은 선진국은 물론 태국 같은 개발도상국에서도 핵심 쟁점이 되고 있다.

둘째, 교사는 학교 안에서는 확실한 전문가다. 그러나 사회에서도 그렇다고 자신하기는 어렵다. 학교가 미래의 사회인을 키운다면 교사는 당연히 사회의 다양한 면을 두루 섭렵할 필요가 있다. 그리고 교사야말로 T자형 인재의 면모를 갖추기에 좋은 환경에 있지 않은가? 인생과 사회의 다양한 면을 통달하고 이런 경험을 바탕으로 자신의 과목을 사랑하고 수업을 사랑하는 선생님이야말로 매력 있고 좋은 수업을 할 수 있는 선생님이다.

모든 것은 연습을 통해 완성되기 때문에 좋은 교사가 되기 위해서는 체계적으로 반성하고 수정하는 것이 필요하다. 시기적으로는 매 학기가 시작될 때 자기평가를 주기적으로 하는 습관을 들여놓는 것이 좋다. 교사는 수업을 하고 난 후, 자신이 수행한 학습지도가 소기의 목표를 달성했는지 평가하고 이를 토대로 개선할 수 있어야 한다. 수업평가에는 많은 방법이 있지만 가장 기본적인 것은 자신의 수업을 스스로 평가해 보는 것이다.

Levin과 Long(1981)은 교사의 자기수업평가를 위한 체크리스트를 만들었다. 이 체크리스트는 수업 중의 교사행동에 관한 43개의 진술문으로 구성되어 있는데, 12문항은 피드백 – 수정에 관한 것이고, 19문항은 수업단서에 대한 것이고, 나머지 12문항은 학습집중도를 높이기 위한 것이다.

대개의 경우 교사는 이 체크리스트에 제시된 방식대로 수업을 실시해 오지 않았다는 것을 알게 된다. 그러나 이 체크리스트에 의거하여 자기평가를 하는 가운데 긍정적(＋) 진술에는 '예'라는 반응을, 부정적(－)진술문에는 '아니오'라는 반응을 얻게 되기를 바라므로 시간이 흐를수록 교사는 더욱 긍정적이고 바람직한 행동을 많이 하게 될 것이다.

번호	내　　　용	YES	NO
＋1	학생들에게 그들의 학습진전 상태를 알려 주었다.		
＋2	완전한 학습이나 학습오류의 수정을 위해 더 학습해야 할 것이 무엇인지 알려 주었다.		
－3	성취기준을 분명하게 제시하지 못했다.		
＋4	시험문항에서 틀린 것을 수정하기 위한 보충학습 자료를 말해 주었다.		
＋5	학생이 배운 것을 숙지시키기 위해 서로 협조할 수 있도록 집단학습 기회를 마련해 주었다.		
－6	학생이 성취한 것을 중시하지 않고 주로 성취하지 못한 것을 강조했다.		
＋7	학습 내 학생들의 수준에 맞추어 학습성취기준을 다르게 설정했다.		
＋8	완전한 학습기준에 도달하지 못한 학생에게 추가로 숙제를 제공하였다.		
－9	학생의 대답이 맞고 틀린 것만을 말했을 뿐 보충설명은 하지 못했다.		
＋10	학생의 정답을 모든 학생이 들을 수 있도록 다시 요약해 주었다.		
＋11	시험에서 대부분의 학생이 틀린 문항은 학급 전체를 상대로 다시 설명해 주었다.		
＋12	몇몇 학생의 학습오류를 설명해 주기 위해서 그들이 오후 수업에 참여할 것을 권했다.		
＋13	수업 초에 수업의 구체적 목표를 진술하였다.		
＋14	수업의 개요를 철판에 써 주었다.		
＋15	수업 중에 새로 배운 개념을 앞에서 배운 내용과 관련시켰다.		
－16	수업계열에 맞추어 나가는 것이 대부분의 학생에게 어려운 것 같았다.		
－17	주로 단순한 사고를 요하는 연습문제를 제공했다.		
－18	연습문제는 서로 똑같은 것을 주었다.		
－19	시범을 보일 때, 언어적 설명을 충분히 제공하지 못했다.		
－20	학생 각자의 필요(요구)에 적응하는 여러 가지의 단서를 제대로 사용하지 못했다.		
＋21	단서나 설명을 더 제공해 주어야 할 것인지를 알기 위해서 학생들(또는 대표적인 학생)의 얼굴 표정을 주의 깊게 살펴보았다.		
＋22	수업단서는 대단히 활성적이었다.		
－23	시청각 보조도구를 사용하는 데 어려움을 느꼈다.		
＋24	새로운 주제로 넘어가기 전에 학생들에게 질문할 것을 장려했다.		

제9장

지적 능력의 향상을 위한 교육방법

제1절 지적 능력의 개념

인간이 인간답게 살아갈 수 있고, 만물의 영장이라고 자처할 수 있는 것은 인간이 지력을 갖고 있고, 나아가서 지식을 축적해 갈 수 있다는 능력에 의한 것이다. 교육에서 지력, 지식이 차지하는 비중은 크다. 지력의 개발과 발달은 인간적인 특성을 의미한다는 점에서 이것은 가장 중요한 교육목적이다. 교육에서 '지적 능력' 또는 '지력'이라고 할 때 직접적으로 나타나는 것은 지능의 문제이다.

교육과 밀접한 관계를 맺고 있는 학습자의 특성은 그의 지적 능력이다. 지적 능력, 즉 지능이란 개인이 자신의 환경 속의 여러 사상을 지각하고 인지하고 거기에 내포된 문제를 해결하는 일반적인 능력을 말한다. 명석함, 사물을 이해하는 능력, 문제를 해결하는 능력, 경험을 통하여 학습하는 능력 등을 모두 뜻한다. 지능이란 개념은 개념 자체가 가설적인 것이어서 보는 입장이나 강조점에 따라서 여러 가지로 정의를 내릴 수 있다. 지능의 측정과 더불어 관심의 대상이 되는 것은 IQ(Intelligence Quotient)의 개념이다.

IQ는 지능지수로서 물가지수 등과 비교될 수 있다. 물가지수를 산출할 때 생활에 중요한 품목들을 선정해서 그 값의 변동을 하나의 지수로 산출한다. 이때 어떤 품목을 선정하느냐에 따라 물가지수가 달라질 수 있으며, 우리가 흔히 느끼는 물가와는 일치하지 않는 경우가 있다. 마찬가지로 IQ를 산출할 때 어떤 능력을 포함시키느냐에 따라서 IQ가 달라질 수 있으며 IQ가 곧 지능의 전부를 나타내 주는 것은 아니다.

한 시간 남짓 걸리는 지능검사가 학생에 관한 모든 것을 알려 주리라는 생각은 비현실적이며 경직된 사고방식이다. 여러 심리검사들처럼 지능검사도 완벽한 신뢰성과 타당성을 기대하기는 어렵다. 지능검사는 여러 가지 이유로 부정확할 수 있다는 '건전한 회의론'이 제기되고 있다.

지능은 다양한 의미로 정의되고 있으나, 지능을 정의하는 입장은 몇 개의 유목으로 분류할 수 있다.

첫째, 지능의 적응기능을 강조하는 입장이다. 이들의 정의에 따르면 '지능이란 한 개인의 전체 환경에 대한 적응이며, 생활의 새로운 문제 사태에 대한 일반적인 정신적 적응력'이라고 한다. 따라서 지능이 높은 사람은 새로운 문제 상황에 직면했을 때 보다 효과적이고 적절하게 적응해 나가게 되고, 지능이 낮으면 적응력도 낮아진다고 본다.

둘째, 지능을 학습하는 능력으로 보는 입장이다. '지능이란 개인이 교육받을 수 있는, 혹은 학습할 수 있는 능력의 수준'으로 정의된다. 지능이 높은 사람은 보다 잘 학습할 수 있고 지능이 낮은 사람은 학습능력이 낮다고 보는 것이다.

셋째, 포괄적인 관점에서 지능을 정의하는 방법이다. Wechsler는 '지능이란 목적을 향해 행동하고, 합리적으로 사고하며, 환경을 효과 있게 다루는 개인 특성의 집합적 능력이다.'라고 정의하고 있다. 이 정의는 개인의 지능을 행동의 집합으로 보고 있다는 점과 행동의 목적성을 포함하고 있다는 점이 특이하다.

이처럼 지능의 정의와 의미는 다양하다. 그러나 지능을 어떻게 정의하든 한 가지 명백한 것은 지능이란 단일한 능력이 아니라 몇 개의 구별되는 하위능력을 포함하고 있는 복합적인 능력이라는 것이다. 다시 말해서 지능에는 어떤 구조가 있다. 지적 능력은 결국 지능구조를 지시하는 하나의 근거가 된다.

제2절 지능에 대한 접근방법

오래전부터 사람들은 인간의 지적 능력을 높이 평가하고, 그에 따른 많은 관심을 가져왔다. 그 당시에 지능은 마음, 판단, 영혼, 지식, 정신과 구별되지 않았다. 그러나 18세기부터 과학의 관심영역이 되면서 지능의 개념이 18세기(재능), 19세기(학습능력), 1920년대(세상에 대한 이해 능력), 1960년대(정보처리과정)를 기점으로 전환기를 맞이하게 되었다. 그러나 1960년대 정보과정 심리학의 지능 역시 인간의 독창성을 무시하고 종합적인 틀에서 해석하지 못하고 논리·수학적 과제만을 중시하였다.

현대 지능연구의 가장 두드러진 특징은 지능개념을 협소한 학업성적에서 벗어나 개인이 처한 상황 속에서 발휘되는 정신의 개념으로 폭넓게 이해하려는 경향이다. 이런 경향은 종래의 지능개념이 주로 학교상황에서 요구되는 논리력, 기억력, 언어력 등의 인지능력만을 강조하고, 학교 밖의 현실세계에서 가치 있게 여겨지는 다른 능력들을 무시한 것에 대한 반성에서 비롯되었다. 최근의 지능개념은 학업성적 이외에 창의성, 사회적 능력, 예술적 재능, 정서이해 및 표현능력, 도덕성, 성격 및 동기 등을 포함시켜 확장되며, 또 과거보다 더 현실세계에서의 수행과 밀접하게 관련되는 특성을 띠고 있다. 가드너가 제안한 다중지능이론은 이러한 동향을 반영하는 대표적인 지능이론이다.

가드너는 과거의 여러 지능연구들이 모두 일차적 관점에서 이루어졌기 때문에 인간의 지적 능력을 제대로 설명하는 데 한계가 있다고 주장하고,

보다 다원적 측면에서 지능을 파악하여 내세운 지능이론이 다중지능 (multiple intelligence) 이론이다. 이 이론은 자연히 지능개념을 협소한 학업성적에서 벗어나 개인이 처한 상황 속에서 발휘되는 정신의 개념으로 이해함으로써 그 개념이 확대되었다. 이런 경향은 종래의 지능개념이 주로 학교 상황에서 요구되는 논리력, 기억력, 언어력 등의 인지능력만을 강조하고, 학교 밖의 현실 세계에서 가치 있게 여겨지는 다른 능력들을 무시한 것에 대한 반성에서 비롯되었다고 볼 수 있다. 즉 다중지능이론은 인간의 지능을 다차원적 능력으로 규정하게 되었고, IQ 중심의 지능이론을 탈피하려는 새로운 지능이론인 Sternberg(1985)의 실제적 지능 또는 성공지능이론, Salovey와 Mayer(1997)의 정서지능 이론들이 출현하는 데 기여하였다.

또한 다중지능이론은 학교교육에 있어서도 개인의 장점과 잠재력을 극대화시키는 논리적 근거를 제시하여 기존 교육에서 다소 소외되었던 예술적 능력, 신체적 능력, 사회적 능력 등이 동등하게 그 가치를 인정받게 된 사실은 대단히 큰 교육적 시사를 주고 있다.

다중지능이론은 한두 가지 학업능력만을 조장하는 현행 학교교육을 개인의 다양한 적성을 고려하지 않은 불평등한 교육으로 간주한다. 지능검사는 개개인의 각기 다른 장점이 극대화될 수 있도록 개선되어야 한다는 것이다. 미국의 경우 종래의 획일적인 교육에서 벗어나 개인의 장점 또는 잠재력을 극대화시키는 새로운 학교개혁의 이론적 틀로서 다중지능이론이 크게 부각되었다.

1. 유전과 환경

개인적인 지적 능력의 발생이나 발달은 타고난 기본 능력을 바탕으로 하여 어떠한 환경상황에서 어떠한 경험을 하느냐에 따라 달라진다. 즉 지능이란 유전과 환경의 상호작용 과정에서 발달한다. 환경 요인의 영향의 성질이나 범위는 유전 요인 작용의 정도에 달려 있고, 또 반대로 유전요인이 작용하는 성질이나 범위는 환경요인이 어느 정도 작용하느냐에 따라서 각각 다를 수 있다.

2. 유전이 지적 발달에 미치는 영향

유전과 환경 중 어느 한편의 작용에 결함이 있을 때 원만한 발달이 이룩될 수 없다. 그러나 그중에서도 보다 유선석인 요인에 의해 지장을 가져오는 경우가 있다. 그중 유전적인 요인에 대해 고찰해 보면, 유전요인들이 모두 직접적으로 어떤 심리적 특성을 형성시키거나 발달시키는 데 작용하기보다는 보다 직접적인 영향을 미치는 것에서부터 보다 간접적인 영향을 미치는 것으로의 연속성을 가지고 있다. 따라서 이들 요인이 미치는 영향의 정도에 따라 배열할 수 있다. 즉 어떤 유전적인 요인은 보다 직접적인 작용을 하며, 다른 요인은 보다 간적접인 작용을 통해서 인간발달에 작용한다. 보다 직접적인 작용을 하는 요인으로는 지능을 결정하는 유전인자 자체에 어떤 결함이 있거나 또는 유전과정에서 일어나는 신진 대사 질환 같은 것을 들 수 있다.

이것은 유전인자 자체에 어떤 결함이 있는 것으로 결코 어떠한 환경 작용으로도 그것을 회복할 수 없다. 이와 같은 유전인자는 한 인간의 지적인 능력을 결정지어 주는 것이고 그와 같은 정도면 심하면 정신박약의 상태를 초래한다. 반면 비교적 간접적인 영향을 주는 예로서는 유전적으로 허약한 체질을 타고났을 경우이다. 그때는 병에 걸리기 쉽고 그럼으로 써 지적인 발달이 왕성하게 이룩되어야 할 학교시절에 정상적으로 수업을 받지 못하게 된다든가, 또는 병약으로 인해 주위 환경으로부터 사회적인 고립상태에 빠지게 된다든가 함으로써 지적 발달에 장애나 성격적인 왜곡상태를 일으키는 경우이다.

3. 환경이 지적 발달에 미치는 영향

연구 결과에 의하면 지능발달의 상당한 부분이 환경 조건에 의해 변화될 수 있다는 점에는 의견이 일치되고 있다. 또한 최근의 여러 실험적 연구는 환경의 영향에 의해 상당한 정도의 지적 발달과 변화가 일어날 수 있다는 점을 지적하고 있다.

인간의 발달 초기의 경험이 지능의 발달에 중요한 영향을 미친다는 연구는 많이 있으나 그중에서도 종합적이고 대표적인 실험연구는 동물을 대상으로 한 연구를 들 수 있다. 흰쥐를 세 집단으로 구분하여 제1의 집

단은 흰쥐가 자라는 동안에 여러 가지 탐색적인 경험을 할 수 있는 장치
가 되어 있는 자유환경 속에, 제2의 집단은 이와 대조되는 비교집단으로
비교적 그 활동을 제한하는 환경 속에, 이 두 개의 집단과 비교하기 위한
제3의 집단은 자유환경 속에 있으나, 비교적 그 양육 장소의 크기가 조그
마한, 쥐들이 마음대로 활동할 수 없도록 된 환경 속에 각각 넣어 양육하
였다. 그 결과 자유환경 속에서 양육된 제1집단의 쥐가 제2집단의 쥐에
비해 월등하게 학습능력이 높았으며, 제3집단도 제1집단과 비슷한 정도의
학습능력을 발휘함으로써 결국 활동적인 점에 있어서는 제한을 받았지만,
지각적인 경험을 동등하게 받았을 때에 학습능력의 차이가 나타나지 않
는다는 점을 입증해 주었다. 이것은 발달 초기의 환경에 따라 여러 가지
활동에 제한을 받는 것도 지적인 발달에 영향을 주지만, 그중에서도 지각
적인 경험과 탐색적인 활동이 중요한 역할을 한다는 점을 짐작하게 한다.

　환경을 구조적(Structural) 요인과 기능적(Functional) 요인으로 나누어 지
적 발달에 미치는 영향을 살펴볼 수 있다. 구조적 요인이란 영양상태나
두뇌의 상해 등으로 인하여 나타나는 구조적 변화로 말미암아 장애를 초
래하는 것을 의미한다. 한편 기능적인 환경요인이란 부모의 자녀 양육방
법, 부모가 자녀를 대하는 태도, 그리고 아동에게 주어지는 환경의 제한
성 또는 환경의 문화적 요소 등으로 이들을 모두 심리적 특성의 형성에
간접적으로 작용한다. 연구 결과에 의하면 어머니가 어느 정도 아동의 성
취동기를 높여 줄 수 있는 작용을 하는지에 따라 아동의 지적인 성장이
상당한 영향을 받는다. 또한 문화적인 환경과 변화에 관한 연구들은 문화
적인 환경을 잘 조성해 줄 경우 10～15의 IQ 변화를 가져올 수 있다.

Bloom은 과거의 여러 연구 결과를 종합하여 지능발달에 도움이 되는 환경을 풍요한 환경(abundant environment)이라 규정짓고, 풍요한 환경의 조건으로서 다음의 4가지를 들고 있다.

첫째, 언어의 효율적인 사용과 언어능력의 신장을 자극하는 환경

둘째, 개인을 둘러싸고 있는 주위 환경의 여러 문화적 요소에 대한 경험과 특히 독서 등을 통한 간접적인 경험

셋째, 일상생활에서 논리적 사고와 문제해결을 자극하는 분위기

넷째, 부모와 자녀와의 상호작용의 본질

제4절 다중지능이론

　가드너는 지능이 높은 아동은 모든 영역에서 우수하다는 종래의 획일적 지능관을 비난하고, 인간의 지적 능력은 서로 독립적이며 상이한 여러 상징체계로 구성된다는 다중지능이론을 제시하였다. 가드너는 각종 검사 사이의 상관관계의 연구를 토대로 하여 지능을 개념화하는 심리측정 지능이론을 보충하는 다중지능이론을 제시하였다.

　다중지능이론은 지능이 단일하다는 사고에서 벗어나 인간의 정신, 마음을 다원적이라는 시각에서 접근하고 있다. 인간의 지능은 다양한 얼굴(facets)을 갖고 있으며, 각 개인도 상이한 인지능력 및 인지유형을 지니고 있다는 신념에서 출발한다.

　다중지능이론이 중요시하는 지능의 다원적 개념은 지능이 문화의존적, 상황의존적이라는 성질을 강조하게 된다. 다중지능이론에서는 한 문화와 사회에서 그들의 삶에 필요한 기능이 무엇이며, 어떻게 키워 가는가 하는 자연적 정보를 중요시한다. 예컨대, 남태평양 뱃사공에게는 별자리를 보고 방향을 가능하고 무질서하게 놀려오는 파도를 헤져 가는 능력이 중요하다. 이것이 그들에게 중요시되는 지능적 활동이다. 마찬가지로 외과의사, 엔지니어, 사냥꾼, 무용수, 운동경기 코치는 각기 다른 인지능력을 요구한다. 이것은 곧 지능은 한 가지가 아니라 여러 가지 종류임을 그리고 그것은 문화의존적임을 시사한다. 그래서 가드너는 지능을 문화상황에서 가치 있고 의미 있는 문제를 해결하는 능력 혹은 특정 문화 속에서 중요시하는 산물을 만들어 내는 능력이라고 정의한다.

기존의 지능이론이 언어·수학적 지능만으로 개인의 지적 능력을 평가하는 것은 한계가 있다는 문제의식에서 출발한다. 즉 인간은 언어와 논리-수리 지능 외에도 음악·공간·운동감각·대인관계·개인지각·자연관찰·실존지능 등 9가지의 각각 독립적이고 동등한 지능을 소유하고 있다는 이론이다. 모든 사람이 조금씩 그 발달 정도는 다르지만 9가지 지능을 모두 갖고 있으며, 이 지능들은 적절한 격려와 다양한 학습을 통해 높은 수준까지 개발될 수 있다. 보통 지능이라 하면 IQ점수로만 알고 있는데 9가지의 하부지능이 있다는 게 새롭다. 이 다중지능이론을 구성하는 9가지 지능은 다음과 같다.

언어학적 지능(linguistic intelligence) 언어분석력, 복잡한 어문자료를 이해하는 능력, 은유를 이해하는 능력을 포함한다(작가, 번역가, 편집자 등이 최대한 활용하는 언어능력을 말한다).

음악적 지능(musical intelligence) 가락, 리듬, 소리 등의 음악적 상징체계에 민감하고, 그러한 상징 등을 창조할 수 있으며, 그에 관련된 문제를 해결하는 능력이다(음악가, 작곡가, 지휘자 등에서 주로 나타나는 능력이다).

논리-수학적 지능(logical-mathematical intelligence) 숫자나 규칙, 명제 등의 상징체계를 숙달하고, 그에 관련된 문제를 해결하는 능력이다(과학자, 의사, 수학자 등의 경우에 이 지능이 높다).

공간적 지능(spatial intelligence) 도형, 그림, 지도, 입체설계 등의 공간적 상징체계를 숙달하고, 창조하고, 그에 관련된 문제를 해결하는 능력이다(화가, 조각가, 건축가, 항해사 등은 공간적 지능이 높다).

신체운동 지능(bodily kinesthetic intelligence) 춤, 운동, 표정연기, 악기연주 등의 상징체계를 쉽게 익히고 창조하는 능력으로 자신의 몸을 잘 가누고, 신체나 운동상의 문제를 잘 해결하는 능력이다(무용가, 운동선수, 외과의사, 장인 등의 경우는 신체운동지능이 높다).

개인 내 지능(intrapersonal intelligence) 자기 자신을 느끼고, 자신의 감정과 종류를 구별해 내고, 그런 감정에 이름을 붙이고, 자신과 관련된 문제를 잘 풀어내는 능력이다. 훌륭한 개인 내 지능을 가진 사람은 실행 가능하고 효과적인 모범으로서 자기 자신을 선택하여 자기 자신을 위해 진지한 삶의 목표를 세우고, 그 목표가 자신의 삶에서 효과적으로 작용하도록 한다(상담자, 정신과의사, 시인, 작가 등은 이 지능이 높다).

대인관계 지능(interpersonal intelligence) 사회지능이라고 일컫는 이 지능은 복잡한 사회환경 속에서 미묘한 단서를 활용할 줄 아는 능력이다. 다른 사람을 이해하고, 무엇이 사람을 동기화시키는지 알며, 사람이 어떻게 서로 협동하는가를 아는 능력이다(교사, 연극배우, 정치가, 성공적인 외판원 등은 대인관계 지능이 높다).

자연주의적 지능(naturalistic intelligence) 자연주의적 지능은 사물을 구별하고 분류하는 능력과 환경의 특징을 사용하는 능력을 말한다. 즉 동식물이나 주변에 있는 사물을 자세히 관찰하여 차이점이나 공통점을 찾고 분석하는 생물학자, 과학자, 소설가 등에게서 발견되는 지능이다.

실존지능(existentialist intelligence) 실존지능은 처음에는 영적인 지능으로 불렀던 지능으로 인간의 존재이유, 삶과 죽음의 문제, 희로애락, 인간의 본성, 가치 등 철학적이고 종교적인 사고를 할 수 있는 능력이다.

이 지능은 두뇌에 특정 해당부위가 없으며 아동기에는 거의 나타나지 않으며 철학자, 종교가에게서만 발견되는 능력이다. 이 지능에 대해 가드너는 자신이 제시한 8가지 준거가 모두 충족되지 못한다고 보고 있으며 따라서 이 지능을 반쪽 지능으로 간주한다.

이상에서 살펴본 아홉 가지 지능은 모든 사람에게 어느 정도는 다 있으나 가지고 태어나는 지능의 구성 정도는 사람마다 다르기 때문에 특히 아동기의 환경조성과 훈련을 통해 지능발달을 촉진시킬 수 있으며 이러한 여러 가지 지능이 복합적으로 조화되어 문제를 해결해 나갈 수 있다고 본다.

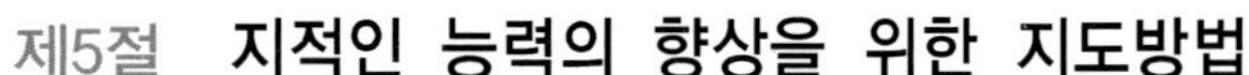

지능의 발달은 환경에 따라 영향을 미칠 수 있다. 문제는 어떻게 지적인 능력을 향상시키느냐 하는 것이다.

1. 지적 발달에 관한 지식

아동의 발달과정에서는 무시할 수 없는 계열이 있듯이, 발달수준에 맞는 아동의 요구가 있다. 또 아동들은 흥미, 관심, 능력에서 개인차가 있다. 따라서 아동의 지적 발달에 관한 지식이란 아동의 지력이 발달해 가는 과정을 알고 있는 것, 지적 약점과 강점을 알고 있는 것을 의미한다. 부모가 아동의 지력의 발달수준을 알고 있고, 그 지력의 강약점을 알고 있을 때 그의 수준에 맞고 약점을 보완하는 방향으로 환경을 조성해 주게 될 것이고, 이로써 지능개발은 효과적일 수 있다.

2. 풍부하고 다양한 자극과 경험

지능개발에 있어서 지각적인 경험이 중요하다. 따라서 이런 경험을 많이 갖도록 하기 위해서는 경험의 기회나 소재, 즉 풍부하고 다양한 자극을 제공해 주는 것이 좋다.

3. 논리적 사고와 문제해결 행동의 자극

논리적 사고력과 문제 해결력은 지능의 하위능력인 유추능력과 밀접한 관련이 있다. 즉 논리적 사고력과 문제 해결력의 육성을 통해 유추능력이 길러질 수 있다. Bloom(1964)은 지능검사에서 논리적 사고력 및 문제 해결력과 같은 지적 능력을 다루는 문항이 많이 포함되어 있는 사실로 보아 일상생활에서 명확한 사고를 요구하는 여러 가지 문제를 자기 나름대로 해결해 나가도록 자극하는 분위기가 지적 발달을 위한 풍요한 환경조건이 된다. 황정규(1968)도 논리적 사고의 발달을 위한 압력은 아동의 지능발달에 중요한 심리적 환경요인으로 들고 있다. 따라서 유추능력과 밀접한 관련이 있는 논리적 사고력과 문제 해결력을 육성하기 위한 방법으로 다음과 같은 것들이 있을 수 있다.

1) 호기심을 키워 준다

지능은 생각하는 힘이고 지능개발이란 생각하는 힘을 길러 주는 것이라고 풀이될 수 있다. 생각하는 힘은 생각하는 훈련에 의해 길러질 수 있다. 따라서 지능발달을 도와준다는 것은 곧 가장 효과적으로 생각하는 훈련을 하도록 도와준다는 의미가 된다. 호기심은 자연발생적인 것이며 이런 호기심에 의해 세상 만물에 의문을 갖게 되고 이러한 의문을 해결하고 노력하는 동안 문제 해결력과 사고력이 발달된다. 이처럼 호기심이란 자연발생적인 것이나 주위에서 이와 같은 호기심의 발로를 어떻게 처리했느냐에 따라 호기심이 조장될 수도 있고 위축될 수도 있다.

단순하고 제한된 공간에서 자란 쥐들보다 여러 가지 다양한 경험과 자유스러운 탐색활동을 즐기며 자란 쥐들이 학습능력도 높고 자신 있게 행동한다는 동물실험의 연구결과에서 사람의 학습도 유사한 경과를 초래할 것이라는 점을 짐작할 수 있다. 지적 호기심을 키워 준다는 것은 없던 특성을 새로이 만들어 주는 것이 아니며, 아동이 갖고 있는 특성을 잘 보호해 주고 격려해 주는 것이다. 우선은 아동들이 나타내는 호기심이나 탐색활동을 받아 주고, 아동들의 지적 호기심에 의한 질문을 진지하게 받아 주는 것이 좋다. 의문을 갖거나 질문을 하는 그 행동 자체를 소중한 것으로 인정해 주어야 한다.

질문에 응답을 줄 때에는 즉각적인 대답보다는 자신의 능력으로 스스로 답을 얻을 수 있도록 단서는 주어 가며 생각할 기회를 주는 것이 지능개발에 효과적이다. 또한 한 가지 질문에 한 가지 대답으로 끝내지 말고, 이에 관련시켜 또 다른 질문을 주어 지식을 체계화시키는 것이 좋다. 지적 호기심이 우수아도 만들고 대과학자도 만든다.

2) 질문을 많이 한다

생각하는 훈련은 일상생활에서 자주 문제의식을 느끼고, 이 문제를 해결하려는 계속적인 노력에 의해서 가능해진다. 아동들은 자연스런 호기심에 의해서 세상만물에 의문을 갖게 되고 이 의문을 해결하려고 질문을 한다. 질문에 의해서 대화가 이루어지고 이런 대화의 기회를 통해 많은 것을 학습하며 지적으로 성장하게 된다. 그러나 자발적인 질문에 의해 이루어지는 대화와 마찬가지로 의도적인 질문에 따른 대화도 지능을 발달시킬 수 있는 좋은 기회가 된다. 다시 말하면, 문제의식을 갖도록 해 주는 일이며, 또한 스스로 그 문제를 해결하려는 계속적인 노력이 이루어지도록 격려해 주고 필요한 도움을 주는 일이다. 그렇게 함으로써 아동은 사고력과 문제 해결력을 기를 수 있다.

문제의식은 아동 자신의 자연스러운 내적 요구에 의해서도 생기지만 보다 적극적인 방법은 적절한 기회에 질문을 하는 일이다. 물론 아동의 마음으로부터 스스로 우러나오는 자연스러운 의문은 의도적인 질문보다 귀중하게 취급되어야 할 것이다. 또한 의도적인 질문이 아동의 자연스러운 의문을 방해하거나 간섭해서도 안 될 것이다.

의도적으로 질문을 줄 때 가장 중요한 문제는 어떤 기회에 어떤 방법으로 질문하느냐 하는 것이다. 질문의 가장 좋은 기회는 자기 자신이 어떤 사태에 깊은 관심과 흥미를 나타낼 때이다.

질문을 할 때 또 한 가지 고려할 것은 질문의 쉽고 어려운 정도이다. 가장 훌륭한 질문은 현재 아동의 능력보다 조금 어려운 것이나 아동 스스로 생각해 해결할 수 있는 것이어야 한다. 너무 쉬운 것은 크게 흥미를 느끼지 못하고 사고를 자극하지도 못한다. 반면 너무 어려우면 흥미도, 생각할 동기도 유발하지 못하고 좌절만을 느끼게 한다. 적당한 곤란도를 가진 질문이 어느 것인가를 판단하기 쉬운 일이 아니지만, 아동에 대한 깊은 관찰과 이해를 게을리하지 않는다면 가능할 것이다. 또한 반응을 보아 조금 어렵다고 느껴지면 그 문제를 푸는 데 관련한 단서나 도움이 되는 유사한 쉬운 문제를 상기시키는 것도 좋은 방법이 될 것이다. 또한 질문에 대해서 귀찮아하거나 싫은 반응을 보일 때에는 적당히 철회하는 아량과 여유도 필요하다. 야단을 쳐서라도 그 질문에 답을 강요하는 것은 오히려 역효과를 초래한다. 흥미를 갖고 또 스스로 생각해서 해결할 수 있는 좋은 질문은 결국 질문하는 교사가 그만큼 더 생각하고, 관찰하고, 이해하는 데서 생길 수 있다.

3) 과학에 관심을 갖게 한다

과학은 인간이 소유한 지력의 산물이기도 하지만 또한 과학은 인간의 지능을 발달시키는 중요한 수단이다. 따라서 과학에 대한 관심도를 높여 주고 과학적으로 생각하는 태도를 길러 주는 것이 지능개발에 도움이 된다.

과학에 대한 관심을 갖도록 하기 위해서는 우선 과학적 사실의 세계에 친숙하도록 도와줄 필요가 있다. 친숙은 관심을 불러일으키기 때문이다. 아동들은 어른과 비교할 수 없을 정도의 강한 호기심을 지니고 있기 때문에 과학적 사실의 세계와 풍부한 접촉을 갖도록 해 주면 자연스럽게 거기에 친숙해지고 관심을 갖게 된다.

여기서 과학적 사실의 세계란 거대한 공장이나 인간이 만들어 낸 문명의 이기 같은 것만을 의미하는 것이 아니다. 자연의 세계가 그대로 과학적 사실의 세계와 관련된 것들이다. 과학적 사실의 세계가 지능개발에 갖는 중요한 의의는 그런 것들이 '왜? 어떻게?'라는 의문을 만들어 주기 때문이다. 의문은 생각을 만들며 이는 곧 지능을 발달시키는 계기기 된다.

4) 성취동기의 발달을 위한 압력

Wolf(1964)는 부모와 자녀의 상호작용 속에서 나타나는 성취동기에 대한 압력이 지능발달과 밀접한 관련을 갖고 있다고 보고, 이를 위해 아동에게 지적 기대를 높이 가질 것, 지적 성취에 대한 보상을 줄 것 등을 제시하고 있다.

성취동기를 높이기 위한 지도방법은 다음과 같다.

(1) 성취경험을 많이 갖도록 한다

아동들이 나타내는 중요한 행동 특징의 하나는 조그만 일이라도 자기 스스로 완수하려는 태도이다. 스스로 무엇인가를 성취하려는 행동이 많이 나타난다. 이러한 행동들은 순수한 성취욕구의 표현이며, 이런 기회를 통해서 나도 무엇인가를 할 수 있다는 성취감을 얻게 된다. 성취의 경험을 토대로 해서 자기의 행동, 능력, 태도에 자신을 갖게 되고, 앞으로의 생활에서 직면하게 될 새로운 경험이나 여러 가지 문제 사태에 보다 적극적으로 대처할 수 있는 활력을 지니게 된다. 특히 지적 활동을 통해서 기르게 되는 지적 성취감은 지능의 발달을 위한 중요한 기반이 된다. 따라서 지능을 개발하기 위한 기본조건의 하나는 바로 다양한 지적 활동을 통해서 지적 성취의 경험을 갖게 하는 일이다.

(2) 사소한 일에서도 성취감을 맛보게 한다

지적 성취의 경험은 어른들의 입장에서는 사소한 것이라도 아동들은 큰 성취의 경험일 수 있다. 단순한 물음표에 대한 대답 등이 모두 좋은 성취의 경험이 된다. 성공적인 경험을 맛보게 하고 자신감을 갖도록 하려면 먼저 쉬운 일을 하여 보도록 지도하는 것이 좋다. 혼자 힘으로 능히 해낼 수 있는 일을 시키면 별다른 부담을 느끼지 않고 그것을 잘 해낼 것이다. 이와 같은 일이 여러 번 되풀이되는 중에 차츰 자기의 능력을 스스로 믿게 되고 자기도 무언가 해낼 수 있다는 자신감이 생기게 된다.

(3) 지적 성취에 대한 보상을 아끼지 않는다

성취하고 난 직후, 그 성취에 대해 스스로 만족하고 기쁨을 얻기도 하지만, 주위의 성인들로부터 주어지는 반응이나 보상은 성취감의 형성을 촉진시킨다. 지능개발을 위해서는 지적 행동을 하기 좋아하고 또 그런 행동을 계속하도록 유도하는 것이 필요한바, 지적 행동을 할 때마다 보상을 주게 되면 점점 더 그와 같은 지적 행동을 많이 하게 되어 결과적으로 지능개발에 도움이 된다.

아동에게 보상을 줄 때에는 다음의 두 가지 점에 유의해야 한다.

첫째는 일관성 있게 보상을 준다. 똑같이 바람직한 지적 행동을 하는데도 아무런 관심을 보이지 않거나 심지어 꾸중을 한다면 어떻게 해야 할지 모른다. 따라서 보상을 주되 일관성 있게 주어야 한다.

둘째는 바람직한 행동을 할 때 즉각적으로 보상을 주어야 한다. 보상을 가장 효과적으로 사용하려면 바람직한 행동을 보인 후 즉시 보상을 주어야 한다.

(4) 결과보다는 과정을 중요시한다

어른의 기준에는 아동들의 성취를 평가하기 쉽다. 그러나 성취감을 길러 주기 위해서는 이룬 성취가 얼마나 잘됐느냐, 또는 틀렸나 맞았나 하는 결과만을 가지고 이야기해서는 안 된다. 결과도 중요하지만 우선 성취하려고 하는 마음과 행동, 또 성취하는 과정 자체를 고귀하게 받아 주어야 한다.

(5) 아동에 대한 지적 기대를 적절히 높이 가진다

아동에 대한 지적 기대도를 높이 갖는 것이 아동의 성취동기를 자극하고 결과적으로 지적 발달에 도움을 줄 수 있다. 아동에게 어떤 가능성의 소유자로 보고, 그에게 어떠한 기대를 하느냐, 어떻게 기대해 주느냐 하는 것이 아동 성취의욕에 영향을 미치고 지능발달을 좌우하게 된다. 그러나 기대감이나 요구는 능력에 맞게 적절해야 하며, 정도가 지나치면 오히려 정서불안을 일으켜 발달을 저해하는 경우도 있다.

4. 정서적 안정

정서적 불안 여부가 지능 발달에 영향을 미칠 수 있다. 즉 가정 안에 문제가 생겨 정서가 불안하면 지능지수가 현저하게 떨어진다. 정서상의 문제로 조성되는 지나친 불안은 곧 자기존재에 대한 위협이기 때문에 모든 정신 에너지를 이 불안을 극복하거나 회피하기 위한 노력에 동원하게 되어 다른 측면의 발달이 장애를 받게 된다. 우리는 흔히 가정적 불화가 학생들의 학업성취를 떨어뜨리는 경우를 보아 왔다. 마찬가지로 정서적 불안정은 지적 발달을 저해하는 요소가 된다. 지능발달에 장애가 될 정도로 심한 정서적 불안을 조성시킬 수 있는 경우를 살펴보면 다음과 같다.

1) 적절한 요구와 기대를 갖지 못할 때

도저히 감당할 수 없는 수준의 성취를 이루도록 강요하면서 이를 이루지 못할 때 꾸중, 짜증, 벌 등을 주어서 심한 불안을 갖게 하는 경우이다.

타고난 능력, 발달수준, 관심 등을 고려하여 요구와 기대가 적절해야지 그 정도가 지나치면 오히려 발달을 저해하게 된다. 특히, 다른 아동과 비교하여 그 아이만큼 또는 그 이상의 것을 강요하는 태도는 아동을 불안하게 만들고 불필요한 적개심을 심어 주는 결과 이외에는 별 다른 소득이 없다. 어떤 상황에 있는 아동이든 그 아동은 나름으로 존중되어야 하며, 그 나름의 능력과 생활을 펴 나가도록 해 주어야 한다.

2) 지나친 간섭과 통제를 할 때

생활에 대한 지나친 간섭이나 통제도 아동을 불안하게 만든다. 좋아하는 것을 못하게 하고 다른 것을 하도록 강요하는 태도도 아동을 불안하게 만들고 불만을 심어 주는 이외의 이득은 없다. 관심과 흥미는 자발적이어야지 강요될 수는 없다.

3) 화목하지 못한 가정 분위기

부모 자신이 정서적으로 안정되는 일이다. 부모의 정서상태는 아동의 정서상태와 직결된다. 특히 어머니의 정서상태는 더욱 큰 영향을 미치며 아동의 연령이 낮을수록 더 큰 영향을 받는다. 따라서 아동이 정서적으로 안정하여 높은 지적 발달을 이루게 하는 첩경은 우선 부모가 정서적으로 안정되는 일이다. 아동을 불안하게 만드는 최대의 악조건 중 또 다른 하나는 부부간의 불화이다.

지적 발달은 왕성한 지적 탐색활동에 의하여 촉진된다. 아동의 지적 탐색활동은 아동의 정서적 특징과 밀접한 관계를 맺고 있다. 예를 들어, 어떤 장애물을 극복하고 높은 수준에 도달하려고 한다든지, 다른 사람보다 나아지려고 하는 성취동기가 높은 사람은 낮은 사람보다 많은 지적 탐색 활동을 나타낸다. 또한 자기 자신을 높이 평가하고 자신감에 차 있을 때, 그리고 무엇인가 알아내고자 하는 지적 호기심에 가득 차 있을 때 지적 활동이 높아진다. 원만한 대인관계도 지적인 상호작용을 확립하는 데 공헌할 수 있다. 이러한 의미에서 볼 때 아동의 지적 발달을 촉진시키기 위해서는 건전한 정서적 사회적 발달이 수반되어야 한다.

제10장

감성능력과 인간관계론

제1절 감성지능의 배경

그동안 우리 사회는 감성보다는 지성을 중시해 왔다. 일찍이 플라톤은 감성을 길들여지지 않은 말로 지성은 말의 고삐를 붙들고 있는 마부로 비유하면서 지성을 통해 감성을 길들여야 한다고 하였다. 또한 그리스 시대 한 철학서에서는 '너의 감정을 지배하라, 그렇지 않으면 너의 감정이 너를 지배할 것이다'라는 글이 실려 있다. 이렇듯 오랜 역사 속에 인간의 감성은 억제되어야 할 골칫덩어리인 것처럼 여겨져 왔다. 하지만 정보화 시대로 불리는 현대사회에서는 지성보다 감성을 강조하는 흐름으로 돌아서고 있다.

개개인의 능력보다는 팀워크가 강조되며, 개인의 IQ보다는 집단 IQ를 더 중요시하고 있다. 집단 전체의 IQ는 집단에 소속된 개인의 IQ를 산술적으로 화합한 값으로 설명될 수 없으며, 집단 IQ가 극대화되기 위해서는 개개인의 높은 IQ보다는 높은 EQ가 더 중요하다고 본다. 또한 현대는 변화의 불확실성의 시대이다. 새로운 변화 및 스트레스에 대처하는 감성적 능력은 개인이 지니고 있는 잠재적인 지적 역량을 최대한 발휘할 수 있는 최적의 조건을 마련해 준다 할 수 있다.

한편, 학술적으로 볼 때, 기존의 지능이론 및 인지중심의 심리학과 교육학 이론이 개인의 사회적 성공과 실패를 예측하고 설명하는데 한계점에 도달했다는 사실에 많은 학자들이 동감하고 있다. 즉 지능은 미래의 능력에 대한 예측 정도가 약하다는 것이다. 예를 들어, 헌터와 헌터(Hunter & Hunter)는 지능의 예측력을 25%로 보고 있으며, 실제적 지능을 주장한 스턴버그(SternBerg)는 10% 정도로, 그 밖에 다른 학자들은 심지어 4% 정도로 보기도 한다.

세계적으로 가장 유명한 지능검사 중 하나인 웩슬러 지능검사를 제작한 웩슬러(Wechsler)는 이미 1943년에 '지능검사에 비지적인 능력의 측정이 포함될 때 비로소 완벽한 의미의 지능을 측정한다 할 수 있다'고 하여 이미 인지적 지능만으로는 인간의 능력을 설명하는 데 완전하지 못함을 피력하였다.

한편, 한 아동심리학자에 따르면 인간은 최소한의 감성적 능력을 선천적으로 가지고 태어난다고 한다. 어린 시절 감성에 대해 적절한 훈련이나 교육을 받고 자라지 못한 아이는 성장 후에도 자신과 타인의 감정을 이해하고 조절하는 데 심각한 문제를 지니며, 지적인 잠재능력을 극대화하는 데 종종 실패할 수 있다는 사실이 여러 연구를 통해 확인되어 왔다. 본고에서는 감성에 대한 올바른 이해를 위해 감성이란 무엇이며, 어떻게 가르칠 수 있으며, 어떻게 측정되어지는가에 대해 알아보고자 한다.

Darwin은 1872년에 [인간과 동물의 정서표현]이란 책에서 감정과 정서가 적자생존이라는 생존경쟁을 이겨 내고 성공할 수 있는 가장 지능적인 능력이라고 적고 있다. 다시 말하면 감정과 정서는 인간과 동물 모두에게 가장 중요한 생존지혜라는 것이다. 성공의 열쇠는 균형 잡힌 감정이나 열정, 인성 등에서 나온다는 것이다. 교육학자들은 그래서 IQ에 EQ가 더해졌을 때 성공적인 인물이 창조된다고 믿고 있다.

인간의 성공, 건강, 행복에 관한 새로운 관점을 제공한 감성지능과 이의 측정개념인 감성지수 [Emotional Quotient: EQ]가 많은 학자들의 관심을 끌고 있다. Goleman(1995)은 그의 저서 감성지능(Emotional Intelligence)에서 "한 사람의 성공을 예측할 때 지능 검사나 학력평가에 의해 측정된 지적 능력보다는 '인성'이라는 지칭된 '마음의 특성'이 유용하다."고 주장하였다.

그동안 인간능력의 측정은 지능지수(IQ)에 전적으로 의존해 왔다. 1905년 프랑스의 심리학자 Binet가 연상, 주의, 상상, 기억, 추리 등 특수능력을 토대로 인간능력을 평가하는 지능지수를 고안해 낸 이후 산업과 교육현장에서 널리 이용되었다. 그러나 근년 들어서는 지능지수의 효율성에 의문이 제기되었다. 지능지수가 인간의 성공 여부를 좌우하지 않는다는 것이다. 한 인간의 능력은 지능지수로 표시되는 두뇌력보다는 인간관계를 결정짓는 성격에 의해 보다 정확하게 측정될 수 있다는 것이다. 1995년에 들어와 정서기능(Emotional Intelligence: EI) 또는 정서지능지수(Emotional Intelligence Quotient: EIQ OR EQ)라는 개념이 등장하여 인간 능력에 관한 새로운 관점을 제공하고 있다.

즉 IQ가 높다고 해서 반드시 사회생활에서 성공하는 것이 아니라 감정 조절, 동기부여, 타인의 기분 살피기, 적절하고 유쾌한 말투와 제스처 등과 같은 대인관계를 원만하게 풀어 나가는 감성능력이 개인으로 하여금 집단 속에서 동지를 만들고 힘을 얻어 성공의 반열에 올라설 수 있게 하는 힘이라는 것이다.

감정 없이 사고만 하는 기계적 인간 대신 따스한 감정과 사랑을 느끼고 나눌 줄 알며, 철저한 자기중심적 이해관계를 따지는 컴퓨터적 인간 대신 충동이나 욕망을 조절하고 뚜렷한 자기 세계관 위에 꿋꿋이 견뎌내는 참다운 '나'를 구축하기 위해 새로운 삶의 패러다임으로 전환할 필요가 있다는 것이다. EQ가 생활 전반의 적응이나 성취 면에서 보다 중요한 능력이 된다는 점을 환기시킨 실험의 예가 있다.

미셸(W. Mischel)이란 심리학자는 네 살짜리 아이들을 빈 방으로 따로 불러 맛있는 과자를 한 개씩 나눠 주면서 '지금 내가 볼일이 있어 잠깐 외출하고 돌아올 테니, 기다리고 있는 동안 이 과자를 먹이도 되지만, 만일 먹지 않고 내가 돌아올 때까지 기다리고 있으면 과자를 두 개 더 줄게요.'라고 말하고는 외출하였다. 그러자 아이들의 반응은 다양했다. 그 심리학자가 문을 열고 나가자마자 과자를 먹어 치운 아이들도 있고, 어느 정도 참다가 마침내는 유혹에 지고 마는 아이들도 있는가 하면, 눈을 감기도 하고 머리를 숙이기도 하며 놀이를 하거나 그만 잠을 자는 등 유혹을 뿌리치며 심리학자가 돌아올 때까지 기다린 아이들도 있었다. 이 실험이 있은 후 10년이 조금 넘어 그 심리학자는 그들이 아주 다른 모습으로 성장했음을 발견했다. 즉 끝까지 잘 참아서 과자를 두 개 더 받은 아이들은 학교에 잘 적응하고, 인내가 있고, 창의적, 생산적이고, 모험심이 있고, 믿음직하고 신뢰로우며, 자신감이 있는 반면에, 유혹을 못 이겨 이에 굴복한 아이들은 스트레스와 도전적인 일에 쉽게 좌절하고, 친구들을 잘 사귀지 못하고, 고집이 세고, 성취의욕이 낮고, 성격상의 부적응을 나타내며, 외톨이로 지내는 경우가 많은 것으로 밝혀졌다. 더구나 대학 진학 적성검사(SAT)에서도 유혹에 넘어가지 않고 참고 견딘 아이들이 그렇지 않은 아이들보다 평균 210점이나 높은 점수를 받은 것으로 나타났다. 이와 같은 차이는 '머리의 힘' 때문이 아니라, '마음의 힘' 때문에 생긴 것이라는 주장이다. 즉 과자를 먹지 않고 기다린 마음의 힘이 훌륭한 사람으로 성장할 수 있는 원동력이 되었다는 것이다.

제3절   감성능력의 구성요인

현대를 감성의 시대라고 말한다. '감성'이라는 말을 붙인 용어들도 생겨나고 있다. 물질중심의 사회에서 감성에 중점을 두는 감성사회, 제품개발에 감성을 이입시키는 감성공학, 감각이나 기분에 기준을 두고 재화나 서비스를 소비하는 감성소비 등이다. 감성은 인간이 능동적이고 이성적 사고를 하는 데 있어서 감각적, 감정적 소재를 마련해 주는 기능을 한다. 따라서 감성은 인간의 기본적 영역을 열어 주는 역할을 한다. 자기 자신의 감정과 타인의 감정 사이의 교감하는 능력과 삶을 보다 풍요롭게 상승시키기 위한 수단으로서 감정조절 능력이 중요하다.

감성지능의 대표적인 종류는 다음과 같은 다섯 가지 영역으로 구분된다.
첫째, 자신의 감성을 스스로가 인식하는 것(Emotional self-awareness)으로서, 자신의 감정을 인지하고 그 감정에 이름을 붙이는 능력, 자신의 감정이 발생한 이유를 이해하는 능력, 감정괴 행동 사이익 차이를 인지하는 능력 등으로 구성된다. 일상생활 중 매 순간 자신에게 일어나는 느낌, 감정을 알아차리는 능력으로, '나는 기쁘다, 슬프다, 화난다, 두렵다……'와 같은 식으로 자신의 마음상태를 아는 것이다. 자기 자신을 의식하고 인식하며 자신의 삶, 특히 자신이 가지고 있는 감정을 인지했다는 뜻이다. 즉 자신의 감정상태를 정확하게 읽어 내는 능력이다. 인생에서 중대한 결정을 내릴 때는 이 능력이 필수적으로 강조된다. '너 자신을 알라'라는 소크라테스의 명언은 자기 자신의 내부에서 일어나는 감정을 알라는 뜻으로 자신의 감정변화를 안다는 것이 곧 자신을 알게 되는 길잡이란 점을 강조한 것이다. 예를 들어, 지금 너무나 화가 나 당장 너를 때려 주겠다고 하는 중이라도 잠깐 생각해 보니 비록 내가 몹시 화가 나 있지만 '내가 지금 느끼고 있는 것은 단지 분노에 불과하다.'라고 느끼도록 하는 것이다.

"자기를 안다는 것은 자기의 마음속에서 일어나는 기분과 이 기분에 따라 생각하게 된다는 것 두 가지를 안다."는 것이다. 사람들 가운데는 자신의 가슴속에 일어나는 감정을 민감하게 느끼고 이를 표현하는 데 익숙한 사람들도 있다. 시인, 소설가, 작곡가, 또는 정신치료가들은 이러한 자기 내면의 욕구나 감정의 세계를 알고 표현하는 데 능숙한 사람들이다. 흔히 우리가 말하는 '이렇게 느껴서는 안 돼', '기운을 내기 위해 생각을 바꿔야 해' 따위의 생각은 자기의 감정을 먼저 살핀 후에 나타내는 판단적인 반응이다. 자신의 감정을 알아차린 후 이 감정을 적절하게 바꿀 수 있는 능력이 바로 감성지능이다. 만일 내 마음 안에서 일어나는 감정을 깨닫는 과정 없이 분출하는 감정대로 행동한다면 이는 바로 충동적 행동으로 파괴적 결과를 초래하게 된다. 그러나 지금 나에게 일어나고 있는 감정이 노여움이란 것을 알게 되면 화난 그대로 행동할 것인지 아니면 분노를 조절하면서 행동할 것인지를 선택할 수 있게 된다.

둘째, 자신의 감정을 관리하고 조절하는 것(Managing and controling one's emotions)으로서, 자신의 감정을 적절히 표현하고 관리하는 능력, 공격적인 행동과 자기 파괴적인 행동을 절제하는 능력, 스트레스에 잘 대처하여 다루어 나가는 능력, 고독과 사회적 불안감을 덜 느끼는 능력 등에 포함한다.

　감정과 정서를 통제하고 조절할 줄 안다는 것은 곧 행동을 통제하고 조절할 줄 안다는 것이다. 예컨대, 한 사람이 무척 화가 나 있다고 할 때 그 화를 그대로 발산해 버릴 수도 있고 화를 참고 조절해서 삭이거나 주위 사람들에게 피해를 주지 않는 방식으로 표출할 수도 있다. 또 이런 예도 있을 수 있다. 어떤 사람이 세 끼를 굶어서 배가 무척 고픈 상태이다. 그는 허기를 참지 못하고 남의 물건을 훔칠 수도 있고 허기를 참다가 기진하여 실신할 수도 있다. 이런 두 가지 예는 바로 감정과 정서의 통제가 곧 행동의 적응성과 부적응성을 결정하는 중요한 요소임을 보여 준다.

　감정통제 능력의 본체는 자기 자신과 타인의 감정에 예민할 수 있는 능력과 그런 예민성을 토대로 자신과 타인의 감정을 정확히 인지하는 능력으로 이루어진다. 예컨대, 자기 자신이 화가 나 있다는 것을 인정하지 않고서는 화를 통제하거나 다스릴 수 없다. 또 주변 사람의 감정을 예민하게 파악하지 않고서는 그 사람의 감정을 고려해 자신의 행동을 통제하기가 어렵다.

　어떻게 하면 분노를 낮출 수 있을까? 이런 능력을 갖추고 있으면 정서를 잘 관리하는 정서지능이 높은 사람이라고 할 수 있다. 분노가 일어나게 된 이유를 먼저 찾아보는 것이 분노관리의 첫 관문이다. 말하자면, 어떤 상황에서 화난 감정을 느꼈다면 이를 충동적으로 표출하기 전에 먼저, 왜 화가 났을까? 그 원인을 생각해 보고 화를 풀 수 있는 방법을 다양하게 생각해 보는 것이다.

　감정조절은 또한 삶에 있어 중요한 적응적 기능을 한다. 자기의 감정을 조질하여 관리할 줄 아는 사람은 대체로 부정적 정서는 억제하고 긍정적 정서는 유지하거나 강화하려고 하며, 때때로 일어나는 부정적 정서는 긍정적 정서로 변환시키려는 노력을 하고자 한다. 적대적인 생각을 중단하고, 관심을 바꾸고, 명상을 하고, 과잉자극을 피하고, 자기 자신을 주장하는 등 이 분노의 관리를 위해서 중요하며, 적응성을 높여 준다.

아동들은 아직 자기중심성이 강하여 또래 간에 서로 배려하는 일이 적다. 따라서 부정적인 생각이나 느낌을 갖기 쉽다. 그러나 이와 같은 성향도 감정조절을 위한 다양한 경험의 기회를 갖는다면 긍정적 효과를 가져올 수 있다. 자기감정의 관리 면에서 특히 문제가 되는 것은 정서보다는 부정적 정서라고 할 수 있다. 기쁘고, 신나고, 자랑스럽고, 행복한 감정의 긍정적 정서도 다른 사람에게 폐가 될 정도로 지나치게 표현된다면 곤란하지만, 분노, 우울, 성급한 데서 나오는 지나친 화와 같은 부정적 정서의 즉흥적 표현은 정서적, 도덕적 위기를 초래할 수도 있다. 그러므로 아동으로 하여금 자신의 감정을 관리할 수 있는 능력을 길러 주기 위해서는 무엇보다도 아동에게 감정을 표현할 수 있는 다양한 흥미 거리를 제공할 수 있어야 한다.

셋째, 자신의 감정을 생산적으로 이용하는 것(Harnessing one's emotions productively)으로서 자기 자신에게 동기를 부여하는 능력이고, 어려움을 참아 내고 자신의 성취를 위해 노력할 수 있는 능력을 말한다. 여기에는 보다 책임을 지는 능력, 현재 하고 있는 일에 집중하는 능력, 보다 인내심을 갖고 충동적이 아닌 사려적으로 일을 처리하는 능력, 희망과 낙천적 태도를 갖고 긍정적으로 생각하는 능력 등이 포함된다. 다시 말해 혼신의 힘을 다해 지치지 않고 열심히 일하며, 어떤 장애물이나 난관에 부딪혀도 좌절하지 않고 희망을 갖고 지속적으로 해쳐 나갈 수 있는 힘이 정서지능의 한 요인이다.

인간은 성취 지향적 존재이므로 나름대로의 목표가 있는 행동을 할 수 있다. 지금 눈앞에 보이는 것을 당장 원하기보다는, 조금 참아서 더 큰 것을 구할 수 있다면 참고 기다려 보겠다는 의지를 가질 수 있다. 당장의 만족을 얻으려는 욕구를 지연시킬 수 있기까지에는 자신이 현재 처한 상황에 대한 인지적 판단과 정서적 조절능력이 작용하게 된다. 가령, 그네를 빨리 타고 싶은데 줄 서 있는 친구들을 새치기할까, 차례를 지킬까, 엄마 부탁대로 동생을 봐 줄까, 친구들이랑 신나게 놀까 등은 흔히 일어나는 일들이다. 이와 같은 상황에서 당장 떠오르는 생각대로 하기보다는, 어떻게 하는 것이 더 좋을까를 잠시 생각해 보는 가치판단의 기회를 가지고 정서를 안정시켜 행동을 결정하는 것이 자기동기화가 높은 아동이 될 수 있다. 자기동기화가 높은 아동들은 우선 정서적으로 안정감이 있으며, 다른 사람에 대한 신뢰가 있고, 어려운 일이라도 호기심을 갖고 계속 해결해 보려는 의지가 있으며, 실패한 것에 좌절하기보다는 극복해 보고자 노력하고 다른 친구들과 잘 어울리는 행동성향을 보인다. 따라서 아동이 스스로 행동을 통제할 수 있는 기회를 많이 제공하는 것이 좋다.

넷째, 다른 사람의 감정을 읽을 줄 아는 것(Empathy: reading other's emotions)으로서, 타인의 감정을 수용하는 능력, 타인의 감정에 민감해지는 능력, 타인의 말에 귀를 기울이는 능력 등을 가리킨다. 다른 사람의 감정을 읽을 줄 아는 능력을 공감 혹은 감정이입이라 하는데, 자신의 감정을 잘 표현하면 할수록 남의 감정도 잘 읽을 수 있다. 사랑받고 자란 아동들이 남을 사랑하고 인정할 줄 아는 데 비해 사랑받지 못한 아동들은 표정이 어둡고 표현하지도 않고 남을 사랑하지도 인정하지도 않는다.

또한 공감 능력이 두뇌의 기능에 근거한다는 증거도 발견되고 있다.

감정이입은 다른 사람의 정서를 공유하여 타인이 느끼는 것을 공감하고 이해하는 능력이다. 공감적 이해력은 동정심과는 다르다. 동정심은 타인과 함께 느끼고 괴로워하며 연민의 감정을 교감하는 것이지만, 공감적 이해력은 스스로 타인의 입장이 되어 느낄 수 있는 능력이다. 다른 사람이 슬퍼할 때 함께 슬퍼하고 행복해할 때 함께 행복해하는 그 사람은 그 사람에게 감정이입이 된 것이다.

다섯째, 다른 사람과의 인간관계를 맺는 것(handing relationships)으로서, 대인관계를 분석하고 이해하는 능력, 의견이 상충할 때 갈등을 협상하는 능력, 보다 능동적이고 적극적으로 의사소통을 하는 능력, 보다 사교적으로 되는 능력, 인기를 얻는 능력, 보다 관용적으로 타인을 대하는 능력, 집단에 보다 동조하는 능력, 민주적으로 일을 처리하는 능력 등을 포함한다. 다른 사람과 효과적으로 인간관계를 유지해 나가는 사회의 기술인 대인관계 능력이 없으면 세상을 살아가는 기술이 부족하여 인간관에서 불행을 초래하게 된다.

대인관계 기술이 유능한 사람은 다른 사람과 관계를 맺고 그 관계를 계속적으로 유지하여, 사회적으로 바람직하다고 여겨지는 행동을 할 수 있는 사람이다. 인생의 방관자가 아니라, 타인들과 함께 세상살이에 적극적으로 참여하고 더불어 살아가는 능력이다. 타인과 훌륭한 관계를 유지하며, 이런 대인관계를 통하여 삶의 기쁨을 느끼고, 사람들과 함께 살아가는 능력이다.

첨단산업이 주종을 이루는 시대에는 개인의 능력만으로 새로운 것을 만들어 낼 수 없다. 다른 사람의 기분을 무시하고 인간관계를 원만히 해

낼 수 없는 사람은 쓸모없는 사람이 된다. EQ가 낮은 사람은 팀워크가 강조되는 시대에 적응하기 어렵다.

위의 다섯 가지 내용을 종합해 보면, 감성지능 혹은 EQ란 자신의 내부에 감정이 발생했을 때 어떤 감정이 어느 수준으로 왜 일어났는가를 인식하는 능력, 자신의 불안이나 분노와 같은 부정적 감정을 달래고 조절하는 능력, 어떤 일을 할 때 자신을 적절히 분발시키는 능력, 상대방의 기분이나 분위기를 파악하고 이해하는 능력, 대인관계를 효과적으로 맺는 능력 등의 의미가 총체적으로 내포된 말이라고 할 수 있다.

제4절 감성지능과 교육

올바른 감성교육을 위해 가장 기본적인 것은 부모나 교사의 높은 감성 수준이다. 아이들이 관찰을 통해 배우는 정도는 우리가 생각하는 것보다 훨씬 더 많다. 아이들 앞에서 무심코 한 행동을 어느새 그대로 따라하는 것을 종종 볼 수 있다. 따라서 자녀의 감성교육에 앞서 부모나 교사가 먼저 높은 감성수준을 지니고 있다는 사실은 일단 아이의 감성교육의 절반을 이미 하고 있다는 의미로 생각해도 무방하다. 따라서 자녀의 감성교육에 앞서 부모나 교사가 먼저 높은 감성지능을 가져야 할 것이다.

보다 구체적인 감성교육 방법을 몇 가지 이야기한다면, 우선 아이들의 감정을 그대로 인정하고 받아 주어야 한다는 것이다. 아이들이 느끼는 감정은 성인들의 감정에 비해 꾸밈이 없는 그대로인 것이다. 성인의 방식에 맞추어서 '그까짓 것을 가지고 울긴 왜 울어!'라고 야단치는 것은 옳지 못하다. 아이들이 슬퍼 울고 있다면 일단 아이의 그러한 감정은 인정해 주고 지나치다 생각된다면 그 자리에서 아이가 어떻게 표현을 해야 할지에 대해 가르쳐 주는 것이 옳다.

또한 충동적인 욕구를 참을 수 있는 연습을 시킬 필요가 있다. 자신의 욕구가 채워지지 않아 떼를 쓰거나 과도한 행동을 보이는 경우 행동수정에서 사용하는 '소멸(관심이나 강화를 더 이상 주지 않는 기법)'을 사용하여 관심을 주지 않고 무시함으로써 바꾸어 줄 수 있을 것이다.

화나 분노를 조절할 수 있는 능력을 길러 주어야 한다. 화나 분노는 아이들에게 중요한 정서이다. 실제 성인들의 경우에도 한순간의 분노 때문에 일을 완전히 망쳐 버리는 경우를 주위에서 어렵지 않게 찾아볼 수 있다. 이러한 능력은 성인이 된 다음에는 이미 고착화되어 바뀌기가 어렵다. 유아들이 화나 분노를 보다 부드러운 방식으로 표현할 수 있도록 가르쳐야 한다.

상대방의 입장을 바꾸어 생각하는 습관도 길러 주어야 한다. 이는 말처럼 쉬운 일은 아니나 늘 인간관계에서의 문제는 서로의 입장만을 고집하기 때문에 생겨나는 경우가 대부분이다. 아이들에게도 이와 같은 훈련은 중요하다. 간단한 역할놀이를 통해 상대방의 입장이 되어 보는 것도 좋은 방법 중의 하나일 것이다.

감성교육은 가정에서 부모의 역할도 중요하지만 학교나 유치원과 같은 교육기관에서도 체계적으로 가르칠 필요가 있다. 여기서 미국의 캘리포니아 주에 위치한 누에바스쿨(Nueva School)에서 시행하고 있는 감성교육프로그램을 간단히 소개해 본다. 감성교육을 하나의 교과로 하여 학교에서 가르치는 곳으로 다이넬 골만이 자신의 저서 '감성지능'에서도 이미 소개된 바가 있다. 이 학교는 영재학교로서 교과활동의 일환으로 자기과학(Self-science)이라는 이름의 교과목을 통해 1960년대부터 아이들에게 감성교육을 실시해 왔다. 이 학교의 교실에는 감정의 신호등이라 해서 빨강, 노랑, 파란색 신호등 그림이 그려져 있다. 신호등은 아이들에게 감성의 길잡이 역할을 한다. 예를 들어, 아이들이 몹시 화가 나 있을 때 우선 빨간 신호등을 보며 자신의 격양된 감정을 일단 멈추도록 하고, 노란 신호등을 보며 잠시 동안 지금의 감정을 보다 적절하게 표현할 다른 방법을 생각하도록 하고, 마지막으로 파란 신호등을 보며 방금 결정한 방법대로 감정을 표현하도록 한다.

또 다른 예로서, 이 학교에서는 수업에 앞서 출석을 부를 때 아이들이 자신의 이름이 불리게 되면, '네!'라는 대답 대신 1부터 9까지의 숫자로 대답을 한다. 여기에서 1은 기분이 극도로 안 좋은 상태라는 뜻이며, 9는 기분이 최상의 상태임을 말한다. 이러한 방법을 통해 아이들이 자신의 감정수준을 보다 정확하게 이해하고 이를 타인에게 알리게 함으로써 서로의 감정을 더욱 손상시키지 않도록, 또는 격려해 줄 수 있도록 하고 있다. 이 학교의 감성교육프로그램에서 가르쳐지는 주 내용을 보면 다음과 같다

- 자신의 감정을 인식하는 능력
- 자신의 결정을 지배하는 것이 사고인지 감정인지 판단하는 능력
- 불안, 분노, 슬픔을 다루는 능력
- 스트레스 처리능력
- 타인의 감정을 이해하고 느끼는 방식의 차이를 이해하는 능력
- 감정의 효과적인 표현 능력(효과적인 경청자와 질문자가 되는 훈련)
- 협력과 갈등을 해결하는 기술, 즉 타협을 유도하는 능력

EQ는 후천적인 학습에 의해 얼마든지 좋은 방향으로 개발이 가능하다. 원시적이긴 하지만 동기부여에 의한 감정조절이 좋은 예이다. 가령 어린이들에게 앞에 놓은 과자를 지금 당장 먹을 경우 하나밖에 먹지 못하지만 10분 정도 기다리면 두 개를 먹을 수 있도록 하면 스스로의 욕구나 감정을 조절할 수 있는 능력이 향상된다.

Erickson(1963)에 의하면, 인간이 태어나 이 세상에 대해 신뢰감을 형성하고 죄의식이나 수치심과 같은 정서의 기반을 학령기 이전에 형성한다.

그는 초기 아동기에 부모와의 관계에서 겪는 경험, 특히 애착관계의 형성과 독립적인 정체성의 확립과 관련된 경험, 주요 대상으로서의 부모의 반응은 자녀의 정서적 특성에 영향을 미쳐, 그때 형성된 정서적 형태와 틀은 그의 일생을 결정한다고 하였다. 그러나 탁구나 농구를 자주 하게 되면 실력이 느는 것처럼 감정과 정서를 이용하고 통제하여 약하게 또는 강하게 하는 연습을 하게 되면 감정과 정서를 활용하는 기술이 늘어난다. EQ는 감정을 참거나 부풀리는 능력이기 때문에 얼마든지 그 자신이 통제할 수가 있다. 결국 감정과 정서를 통제해 본 경험이 많은 사람일수록 감정통제를 더 잘할 가능성이 높다. EQ는 생생한 삶 속의 대인관계를 통해서 가장 잘 개발된다. 사람 속에 섞여 진한 감정적 경험을 많이 하는 것이 EQ를 높이는 중요한 방책이 될 수 있다.

EQ개발의 원리는 우리들에게 많은 교훈을 준다. 자녀들을 장난감, 비디오 게임, 인형만으로 키우지 말라는 것이다. 감정의 발산만이 가능한 일방적인 게임상황에 자녀를 방치하지 말고 동년배 친구, 어른들과 자주 어울리게 해서 감정의 쌍방교류를 경험하도록 해야 한다는 교훈이다.

한편, 정서지능의 주요 구성 요소인 낙관성 척도 검사(미국의 한 기업의 심리학자인 밑니 셀리그먼에게 의뢰하여 제작) 결과에 의하면 낙관성 점수가 낮은 사람인 경우, 즉 비관적인 성향이 강한 사람은 하나의 좌절을 겪게 될 때 그 좌절을 영구적인 것으로 받아들인다. 반면 낙관성 점수가 높은 사람인 경우, 즉 인생에 대해서 낙관적인 견해를 가진 사람은 그 좌절 상황을 일시적인 것이라고 생각하고 인내하며 잘 극복해 낸다. 모든 상황이나 사물에는 이중적인 측면이 있다. 가능하다면 긍정적인 측면을 언급하고, 사물의 기능적인 면을 살려 주도록 한다.

많은 사람들은 '감성지능' 자체에 대한 관심보다 감성지능을 측정하는 방법에 대해 더 많은 관심을 갖고 있다. 물론 감성지능을 어떻게 높일 수 있는가에 대한 교육적 노력은 결국 현재의 감성지능 수준을 파악하는 일이 선행되어야 한다고 할 수 있기 때문에 감성지능 수준을 측정하는 신뢰롭고 타당한 도구의 필요성은 절실하다 할 수 있다. 하지만 불행히도 아직까지 IQ를 재는 지능검사만큼 신뢰롭고 타당한 EQ검사가 개발되지 못했다. 이는 감성지능이 포함하고 있는 모든 요소들을 종합적으로 측정할 수 있는 검사도구가 없을 뿐 아니라 감성을 측정하기 위해 아직 해결되지 않은 여러 가지 문제들이 존재하기 때문이다.

1995년 감성지능이 매스컴을 통해 처음 소개된 이후 많은 신문이나 잡지, 서적에 소개하고 있는 각종 감성지능 검사들은 대부분 학술적인 검증을 거치지 않은 채 일반인들의 궁금증을 풀어 주기 위해 제작된 것들이라 할 수 있다. '감성지능(Emotional intelligence)'이라는 책의 저자로 널리 알려진 다니엘 골만이 직접 제작하여 잡지에 공개되었던 감성지능검사 역시 감성지능을 측정하는 방법에 관한 수많은 독자들의 문의에 답하기 위해 간단히 만들어본 검사일 뿐 그 신뢰성이나 타당성에 대한 검증은 거치지 않은 것이다. 현재 나와 있는 많은 감성지능 검사들은 바로 골만의 이러한 '가상적' 검사문항을 모방한 것들이다.

감성지능검사 개발을 위한 가장 큰 어려움은 검사의 본질적 성격을 결정하는 데 있다. 이는 감성을 능력으로 볼 것이냐 성향으로 볼 것이냐의 문제에서 시작한다고 볼 수 있다. 만일 감성을 성격이나 흥미처럼 개인의 특성이나 성향을 측정하는 것으로 본다면 자기보고방식에 따라 측정할 수 있을 것이다. 하지만 감성지능을 자기보고방식으로 만든다면 검사결과를 본인이 원하는 대로 높은 점수를 얻을 수 있다는 문제점이 있다. 만일 지능검사의 문항이 '나는 똑똑하다고 생각한다', '나는 수학문제를 잘 푼다'와 같은 내용에 대해 '그렇다'거나 '그렇지 않다거나' 하는 식의 답을 통해 측정되는 것이라면 과연 그 검사결과로 나온 지능지수를 얼마만큼이나 믿을 수 있을 것인가? 최근 샐로비와 메이어 교수의 의해 개발된 TraitMeta－Mood Scale이란 검사도구 역시 자기보고방식의 검사로서 감성지능의 일부를 측정하고 있다. 이 척도는 3개의 하위척도를 포함하고 있는데 그중 하나의 요인은 자신의 정서에 대한 집중 정도를 재고 있다. 두 번째는 자신의 감정에 대해 얼마나 명확하게 의식하고 있는가를 측정하고 있으며, 세 번째 요인은 자신의 부정적 정서에서 얼마나 빨리 회복될 수 있는가이다.

한편, 감성을 하나의 능력으로 보고 지능검사나 학력검사처럼 능력검사로 만든다면 또 다른 문제점을 갖게 된다. 왜냐하면 인산의 정서나 감싱에 있어 정답이 존재할 수 있다는 것 자체가 문제가 될 수 있기 때문이다. 설사 정답이 있다 할지라도 지능검사와는 달리 문화나 사회적 환경에 따라 정답이 다를 수도 있기 때문이다. PONS검사라 해서 비디오를 이용하여 화면에 나타나는 등장인물의 표정을 보고 그 사람의 감정상태를 답하게 하는 검사가 한 예이다. 요약하면, 감성지능은 기존의 지능검사에서 사용하는 지능지수(IQ)처럼 단일의 지수로 표현되기에는 아직도 해결할 여러 가지 심리측정학적 문제들이 남아 있다. 따라서 EQ라는 개념이 이미 일반인들에게 널리 알려져 있지만, 사실 아직 EQ란 존재하지 않는 지수이다.

특히 유아들의 감성수준을 판단하기란 성인들에 비해 더 힘들다. 유아들은 한창 발달이 진행 중이라서 변화 가능성이 크기 때문에 감성지능의 정확한 수준을 파악한다는 것이 어렵다. 그리고 유아의 감성수준은 수치만으로 높고 낮음을 판단하기보다는 발달상 앞서 가는지 지체가 되었는지를 비교하는 것이 더 적합할 것이다.

현재 유아의 감성 수준을 평가하기 위한 최선의 방법은 아이들의 행동을 직접 관찰하는 방법이다. 아이들의 갈등장면이나 문제 상황을 유심히 관찰하면 아이의 감성 수준을 보다 자세히 파악할 수 있다. 예를 들어, 다른 아이들이 다쳤을 때나 집안의 식구가 아플 때 어떤 반응을 보이는지, 다른 사람의 얼굴 표정을 보고 그 사람의 기분 상태를 잘 알아차리는지, 자신의 욕구가 거절이나 좌절되었을 때 어떤 방식으로 감정을 표현하는지, 가족들이나 친구들에게 화가 났을 때 어떤 표정과 행동을 보이는지 등 일상생활의 다양한 장면에서 아이의 감성적 상태를 파악할 수 있을 것이다.

간혹 감성 지능이 IQ를 대체할 수 있는 개념으로 오해하는 사람들이 있으나 이는 잘못된 생각이다. 훌륭한 EQ검사가 개발된다고 해서 더 이상 IQ검사가 사용되지 않는다거나 중요하지 않다는 말이 아니다. 또한 감성능력과 지능은 서로 상반되는 것이 아니다. 감성이나 정서란 인지적 활동과 후속 행동을 구성하고 조직해 주는 것으로서 지능의 반대편에 놓이는 것이 아니라 서로 다른 차원에서 존재한다고 할 수 있다. 이렇듯 정서는 분명 지능과는 독립적으로 존재하면서 인간의 지적 능력이나 문제 해결 능력에 영향을 미치는 중요한 요인인 것이다. 한편, 간혹 감성지능이 높으면 보다 도덕적일 것이라 잘못 생각하기도 한다. 감성과 도덕성은 지능과 도덕성과의 관계처럼 서로 관련이 없다. 감성능력이 뛰어나다 해서 보다 도덕적이라 할 수 없다는 것이다. 지능이 높지만 간혹 그 지능을 잘못 사용하면 비도덕적이거나 비윤리적인 범죄를 교묘히 행할 수 있는 것처럼 높은 감성을 이용해 다른 사람을 교묘히 속이거나 나쁘게 사용될 수도 있기 때문이다.

현재 많은 학자들이 감성지능을 측정하기 위한 도구를 개발 중에 있다. 하지만 설사 훌륭한 EQ검사도구가 개발된다 할지라도 검사도구가 지니는 심리측정학적 오차는 배제될 수 없기 때문에 그 검사결과 하나만을 절대적으로 믿어서는 안 되며 실제 관찰결과와의 일관성을 확인함으로써 최종적으로 판단해야 한다.

현시점에서 정확히 이야기할 수 있는 것은 감성지능은 IQ 못지않게 사회적 성공과 실패를 좌우하는 중요한 개인의 능력 또는 특성이라는 것과 개인의 감성은 훈련과 연습 그리고 교육을 통해 계발이 가능하다는 것, 그리고 현재로서 감성을 신뢰롭고 타낭하게 측정할 수 있는 도구는 아직 없다는 사실이다.

제6절   인간관계론

1. 인간관계의 의의

우리의 한평생은 타인과의 관계를 떠나서 혼자 있는 것은 상상하기 어렵다. 사람은 본질적으로 다른 사람과 분리된 개인이 아니라 관계를 맺고 사는 존재다. 너와 나의 관계, 이는 인간 실존의 본질적이고 필연적인 측면이다. 전통적인 대가족 제도에서는 특별한 경우를 제외하고는 자기가 출생한 고장에서 일생을 사는 것이 일방적이었다. 이런 사회에서는 자라면서 자연스럽게 가족의 한 사람으로서 또는 마을 공동체의 일원으로서 관계를 맺으며 성장하고 그러한 관계 양식이 일생동안 지속될 수 있어서 인간관계를 새롭게 맺어 가야 할 필요가 별로 없었다.

그러나 현대 사회에서는 핵가족이 위주가 되었고 한 마을에서 오래 사는 것이 아니라 도시에 이주하여 생활하는 것이 특징이다. 그리고 일생동안 직종을 바꾸어야 하는 경우가 자주 생기고 직장 때문에 이사해야 할 경우도 많아졌다. 이런 변화로 이웃과의 관계는 피상적인 관계에 머무르기 쉽게 되었고 직장에서의 인간관계도 수시로 변화하게 되었다. 이렇게 변화된 환경에서 인간관계를 지속적이면서 친밀하게 형성하는 일은 쉽지 않다.

사람은 혼자 살 수 없는 존재이다. 기쁠 때에는 함께 기뻐해 줄 사람이 생각나고 괴로울 땐 하소연 들어 주고 위로해 줄 사람이 필요하다. 이 세상에서 고독하고 소외될 때 어떻게 될까? 심한 우울증에 걸릴 수도 있고 도저히 살기 어려워 자살할 수도 있다. 자기 이야기를 들어 줄 친구가 한 사람만 있어도 자살은 하지 않는다고 자살 전문 연구가는 주장한다. 혼자 살기 어려운 것은 유아뿐 아니라 어른도 마찬가지다. 청년기와 중년기에도 고립되고 소외된 사람은 우울증이나 정신병에 취약하고 질병에도 잘 걸리며 스트레스 대처 능력이 부족하고 사망률과 자살률도 높다는 연구 보고가 있다. 이와 같이 사람은 혼자 못 산다. 더불어 사는 법을 배워야 한다. 또한, 유아기부터 노년기까지 그때그때에 가져야 하는 인간관계를 원만하게 맺어 갈 때, 자기실현을 이루며 잘 통역하는 생을 살 수 있다.

2. 인간관계는 의사소통

사람과 사람 사이에 관계를 갖는다는 것은 무엇을 뜻하는가? 인간관계는 사람과 사람 사이에 의사소통을 하는 것으로, 이는 우리가 사는 세상에서 의미를 찾고 이런 의미를 서로 나누는 것이다. 우리는 감각기관을 통해 세상을 지각하고 이해하며 그렇게 이해한 바를 이웃과 나눈다. 이런 대인 의사소통은 서로 동시적으로 상호 작용하며 영향을 주고받는 것이 특징이다. 동시적이란 주어진 시간에 즉시 같은 정보를 주고받는 것이고, 이런 정보를 주고받으면서 이를 어떻게 받아들이느냐에 따라서 서로 영향을 받는다. 이런 대인 의사소통은 그 질에 있어서 다양하다. 일회적으로 강의실을 오가나가 마주치면서 순간적으로 눈길을 주고받는 피상적인 의사소통에서부터 부모-자녀 사이에서처럼 오랜 시간 깊고 지속적인 의사소통에 이르기까지 다양하다. 이런 의사소통을 통해서 인간관계가 시작되고 보다 깊은 관계로 발전한다. 그러니까 사람이 산다는 것이 인간관계요, 의사소통이라고 할 수 있다. 살아 있는 사람은 관계를 유지하며 어떤 형태이든 의사소통을 하고 있다. 의사소통이 곧 삶이라고 할 때 의사소통의 특징 몇 가지를 들면 다음과 같다.

첫째, 대인 의사소통은 피할 수 없다. 의사소통은 인간의 실존 그 자체이다. M. Buber는 인간의 근원적 삶의 양식을 '나와 너의 관계'나 '나와 그것과의 관계' 양식으로 규정하였다. 나와 너의 관계를 떠난 인간을 상상할 수 없다는 것이다. 의사소통은 인간의 근원적 특성이다. 사람은 다른 사람과 소통하는 관계를 하지 않을 수 없다. 감옥에서도 독방이 가장 가혹한 형벌이라고 한다. 그런 경우에도 가상적으로 의사소통을 하는 것을 흔히 본다. 남극 탐험대로 갔다가 고립되었던 미국의 장군은 고립된 지 두 달 후부터 자기 동네를 거닐며 동네 사람과 인사하는 환상에 사로잡히곤 했다는 일화가 있다.

둘째, 대인 의사소통은 돌이킬 수 없다. 한 번 쏟아진 물을 담을 수 없듯이 한 번 두 사람 사이에 의사소통이 있었으면 그것을 취소하거나 없는 것으로 되돌릴 수 없다. 서로 상처를 주고받았을 경우 이를 없던 것으로 할 수는 없다. 서로가 장시간의 노력으로 서로의 관계를 회복할 수는 있겠지만 그 당시 상처를 주고받은 것에 대해서는 원상 복구가 안 된다는 말이다. 이런 원리가 우리에게 주는 의미는 대화를 신중히 하여야 한다는 것이다. 성경에는 자기의 혀를 다스리는 사람을 성자라고 하였다. 진실로 그렇다. 말 한마디가 천 냥 빚을 갚기도 하고 말 한마디가 사람을 죽이기도 하는 것이다.

셋째, 대인 의사소통은 복잡하다. 두 사람이 서로 대화한다고 하더라도 말하는 사람과 듣는 사람에 따라서 서로 다른 해석을 할 수 있는 것이 인간의 의사소통이다. 우리가 사용하는 언어는 다양한 외현적, 내현적 의미를 지니고 있다. 이런 의미를 어떻게 해석하느냐에 따라서 서로 다른 의사소통을 할 수 있는 가능성이 얼마든지 있다. 특히 우리나라 사람들은 직접적으로 의사소통을 하기보다는 비언어적 의사소통을 하는 경향이 있어 의사소통이 더욱 복잡하다

넷째, 대인 의사소통은 상황적이다. 여기에는 심리적 맥락이 작용한다. 대화 상대가 어떤 기분이냐 하는 상태에 따라서 같은 말이라도 달리 받아들여질 수 있다. 기분 좋을 때에는 옆에 있는 사람이 상처 주는 말을 해도 별로 개의치가 않는다. 그러나 부모가 기분 나쁠 때 꼭 필요한 것이라도 돈을 요구해 보라, 쉽게 돈을 얻기는 어려울 것이다. 또한 관계적 맥락을 생각할 수 있다. 같은 종류의 대화라도 경쟁적 관계에 있는 사람 사이의 대화와 협동적인 관계에 있는 사람의 대화는 전혀 다른 의미로 받아들여질 수 있다. 이에 더하면 상황적 맥락이 작용한다. 같은 말이라도 때와 장소에 따라서 달라진다. 사랑을 고백한다거나 결혼신청을 하는 이가 사람들이 많이 오가는 장소나 삭막한 장소를 택하지는 않을 것이다. 장소에 따라서 대화의 의미가 달라질 수 있다는 말이다.

3. 인간관계는 다양

인간관계는 다양하다. 그 유형을 여러 가지로 구분할 수 있다. 흔히 인간관계 훈련이나 상담을 하는 전문가들은 만남의 관계, 스침의 관계로 구분한다. 이를 다른 표현으로 하면 실존적 만남과 꾸밈이나 역할적 만남으로 말할 수 있다. 진실한 나와 너의 만남이 실존적 만남이요, 이런 만남은 인간끼리 아무 조건 없이 서로 만남을 위한 만남이란 특징을 지닌다.

또 다른 만남은 겉으로 꾸민 가면적인 나와 너의 만남이요, 피상적인 만남으로 볼 수 있다. Buber는 전자를 너와 나의 관계로 표현하였고 후자를 나와 그것의 관계로 말하고 있다. 진정한 만남은 내가 너와 전 인격으로 만나는 것을 말한다. 너를 나의 어떤 욕구 충족의 대상으로 만나는 것이 아니라 너 자체를 목적으로 만나는 것을 뜻한다. 이런 진실한 만남은 성장, 통합, 사랑을 경험하는 관계라고 심리치료자나 심리 상담가들은 말한다. 가면적 관계는 역할을 수행하는 것이고 게임을 하는 것이고, 다른 사람을 나의 목적을 달성하는 수단으로 보는 관계이다.

인간관계를 환경에 따라서 주어진 관계와 자기가 선택하는 관계로 구분하는 경우도 있다. 부모－자녀 관계, 교사와 학생 관계, 직장의 상급자와 하급자의 관계 등은 상황여건에 따라서 주어지는 것이다. 부모－자녀 관계는 운명적인 관계이다. 개인의 선택의 여지가 없다. 교사와 학생의 관계도 운명적인 것은 아니라도 내가 특정한 학교에 입학한 한 특정한 선생님과 사제 관계를 갖게 되는 것은 주어진 것이다. 선택의 여지가 없다. 또 다른 관계는 선택하는 관계이다. 친구를 사귀는 것, 애인을 사귀는 것, 배우자를 선택하는 것 등은 내가 선택한 관계라고 할 수 있다.

인간관계 유형을 만남의 관계와 스침의 관계 또는 주어진 관계와 선택한 관계로 보는 것은 너무 단순화시킨 감이 없지 않다. 인간관계는 직업적 관계에서처럼 이해관계가 분명한 관계가 있는가 하면 순수하게 상대를 존중하는 관계도 있다. 그런가 하면 우리는 세상에서 여러 가지 사회적 역할을 수행하기 위한 인간관계를 가지기도 한다. 부부로서, 직장의 동료로서, 종교집단의 구성원으로서 서로 간의 관계를 가질 수도 있다. 게다가 상대를 나의 욕구 충족의 대상으로 관계를 추구할 수도 있다.

제11장

창의력 향상을 위한 교육방법

제1절 창의력의 의미와 중요성

창의력(creativity)의 사전적 정의는 '새로 의견을 생각해 내는 힘'이라고 되어 있으며, 창의성의 본질은 사물을 새로운 관점에서 파악하고 예기치 못했던 관련성을 이해하는 것이다. 창의성이란 '새로운 생각이나 사물을 만들어 내는 것'으로 소수의 사람만이 지니는 선천적인 특성이 아니라, 인간이 가지고 있는 보편적인 특성이다. 즉 일상생활에서 일어나는 여러 가지 문제를 새롭고 특유한 방법으로 해결해 가는 활동을 의미한다.

그러나 창의성이 상상력, 독창성, 확산적 사고, 창조성, 발명, 직관, 모험적 사고, 창출, 탐구, 창안, 신기성(novelty), 그리고 영재성과 큰 구분 없이 쓰이면서, 창의성의 개념을 영재, 혹은 뛰어난 IQ를 가진 아이를 뜻하는 것으로 잘못 인식하는 경우도 있다.

창의성은 좁은 뜻으로는 음악, 미술, 과학 및 건축과 같은 특수한 분야에서 독창성이 뛰어난 사람들의 능력, 즉 특정 분야에서의 특정인만이 탁월하게 지니고 있는 희소가치로서의 창의적 재능(creative talent)만을 의미한다. 반면에 넓은 의미로는 창의적 잠재능력은 인간 모두가 갖고 있는 보편적 능력이며 특성이다. 즉 창의성이란 평범한 것 이상의 놀랄 만한 새로운 발명이나 생산적 사고(productive thinking)와 착상 및 독창적인 사고 등을 당면하는 여러 사태나 문제를 새롭고 특유한 방식으로 해결해 나가는 활동을 의미하기도 한다.

창의성은 몇몇 천재의 발명이나 기인의 도술이 아니다. 창의성은 누구나 다 가지고 있고 기를 수 있는 특성이다. 에디슨은 학교생활에 적응하지 못하여 결국 학교를 그만 두고 나온다. 그가 보이는 엉뚱한 행동과 생각이 값어치 있는 놀라운 생각이자 능력이라는 것을 부모는 잘 알고 있었다. 그래서 어머니는 엉뚱한 생각을 오히려 격려했다.

세상에는 항상 기발하고 새로운 아이디어를 제시해서 다른 사람들을 놀라게 하는 사람들이 있는 반면, 지적인 능력은 그 사람과 비슷하면서도 전혀 새로운 아이디어를 제시하지 못하는 사람도 있다. 아리스토텔레스 이후 오늘날까지, 논리적 사고는 인간의 두뇌(마음)를 효과적으로 사용하는 사고 방법으로 인정되어 왔다. 그러나 보통 새로 제시된 아이디어는 애매한 경우가 많기 때문에, 반드시 논리적 사고 과정을 거쳐야 새로운 아이디어가 창안될 수 있다는 말은 성립되지 않는다.

전통적인 사고를 수직적 사고(vertical thinking)라고 칭하고 새로운 사고 방법을 수평적 사고(lateral thinking)라고 칭한다. 수직적 사고에서는 논리가 인간의 두뇌를 조정하지만 수평적 사고에서는 두뇌가 논리를 지배한다. 따라서 인간의 사고를 넓은 의미에서 이해해야 한다. 수직적 사고란 논리학을 중심으로 전개되어 온 서구의 전통적 사고방식을 말한다. 수직적 사고는 이미 정해진 시각과 절차에 따라 빈틈없이 문제를 살피는 장점은 있지만 새로운 시각에서 문제를 볼 수 있는 능력은 전혀 길러 주지 못한다.

　수평적 사고는 문제해결은 물론이고 사물을 새로운 시각에서 본다든가 새로운 아이디어를 창조해 낸다는 점에서 수직적 사고와는 근본적으로 구분된다. 수평적 사고는 새롭거나 신비로운 것이 아니며, 단순히 인간의 두뇌를 지금까지와는 다른 창의적인 방식으로 사용하는 것뿐이다. ‘새 수학(New Math)’에서는 두뇌의 유연성을 매우 강조하는데, 이는 학생에게 여러 가지 다양한 관점에서 문제를 보도록 자극을 주며, 또 정답을 구하는 방법이 여러 가지가 있음을 인정한다. 수평적 사고는 어떤 문제의 해결뿐만 아니라, 사물을 새로운 시각에서 본다든가 새로운 아이디어를 창조하는 것과도 깊은 관련이 있다. 이렇게 볼 때 수평적 사고는 넓은 의미의 창의성이라고 할 수 있는데 전통적인 학교교육은 시험제도라는 굴레에 얽매여 수평적 사고를 억압하는 결과를 초래하고 있다.

　창의력은 인간의 지적 자산 중에서 가장 중요한 항목으로 인식되고 있다. 여기에서 우리는 창의적인 사람, 창의성을 가진 인간, 창의적으로 사고하고 창의적인 태도를 가지고 일할 수 있는 인간을 왜 길러 내야 하며, 어떻게 하면 길러 낼 수 있는지를 검토할 필요가 있다.

　현대사회는 그 어느 때보다도 창의적인 사람이 필요하다. 창의력과 같은 고등정신 능력의 계발은 기술고도화, 정보화, 국제화, 대중 사회화의 추세에 적합한 새로운 사회제도를 창안해 내는 데 절실하다. 창의성의 계발육성은 사회의 발전을 위해서 필요할 뿐 아니라, 그 사회(국가)의 생존을 위해서도 필요한 과제이다. 따라서 학교에서나 가정에서 아동들이 갖고 있는 잠재적인 창의력을 촉진시키는 일은 중요하다. 주입식 방법을 청산하고 창의력을 기르는 방법을 개발해, 모방교육에서 창조교육으로 나아가야 한다.

제2절 창의성의 구성요소

창의적 사고력의 개념이 얼마나 다양하게 정의될 수 있는지는 창의적 사고력의 다양한 이론을 보면 알 수 있다. Guilford의 창의적 사고와 관련된 일련의 요인분석적 연구를 토대로 창의성 요인을 살펴보면 아래와 같다.

1. 유창성(fluency)

사고의 유창성은 주어진 문제 상황에 대한 아이디어를 제한된 시간 안에 제시할 수 있는 정도로서 반응의 질보다는 양에 관한 요인이다. 여기에는 연상(associative)의 유연성, 언어(word)의 유창성, 표현(expressive)의 유창성, 아이디어(ideational)의 유창성이 포함된다.

우리는 최선의 아이디어가 필요한 상황에서 흔히 옳고 훌륭한 단 하나의 답을 얻기 위해 긴 시간 동안 머리를 짜내며 고민한다. 그러나 아무리 애를 써도 바라는 좋은 생각이 떠오르지 않아 낙담하게 되는 경우가 종종 있다. 이는 가장 훌륭하고도 우수한 아이디어를 산출하려는 의식적·무의식적 강박관념이 일단 떠오르는 모든 생각들을 수용하여, 이를 활용할 여유를 허락하지 않기 때문에 일어나는 현상이다.

창의적 사고의 목적은 궁극적으로는 보다 독창적이며, 질적으로 우수한 아이디어를 산출하는 데 있다. 그러나 사고의 과정에서 우선은 사고의 한계를 설정하지 않고 아이디어를 가능한 한 많이 산출하는 단계를 거칠 필요가 있다. 초기의 아이디어가 최선의 아이디어인 경우는 드물고, 보다 많은 아이디어를 산출하고자 하는 과정에서 보다 질이 좋은 아이디어를 얻게 될 가능성이 그만큼 커지기 때문이다. 이 요소와 관련된 학습 경험은 어떤 대상이나 현상들로부터 가능한 많은 것을 연상해 보기, 특정한 주제에 대해 일단 떠오르는 생각을 모두 표현해 보기, 특정한 문제 상황에서 가능한 해결방안을 될 수 있는 대로 많이 제시해 보기 등이 있다.

2. 융통성(flexibility)

융통성은 고정적인 사고방식이나 시각 자체를 변화시켜 다양한 해결책을 찾아내는 사고 기능이다. 주어진 어떤 문제를 해결하는 방법으로서 한 가지 방법에 집착하지 않고 여러 가지 접근에 의한 해결을 보는 것은 융통성이 있다는 것을 의미한다. 흔히 우리는 사회 일반의 지배적인 사고방식이나 자신에게 익숙한 관점에만 고착되어 문제를 해결하거나 결론을 내리려는 경향이 있다. 그러나 이렇게 경직되고 상투적인 방식으로 사고를 하게 되면 발상의 진전을 이룰 수 없게 되어 진부한 문제해결을 하게 된다. 고정적인 사고의 틀을 깨고 발상 자체를 전환시켜 유연하고 융통성 있게 생각하는 것은 정답이 정해져 있지 않은 실생활의 복합적인 문제 상황에서 특히 요구되는 것으로 유창한 사고뿐만 아니라 독창적인 사고의 관건이 된다. 이 요소와 관련된 학습경험은 서로 관계가 없는 듯한 사물이나 현상들 간의 관련성 찾기, 문제와 관련된 속성들을 추출하고, 속성별로 생각하기, 발상 자체를 전환시켜 다양한 관점을 적용시키기(발상의 전환) 등이 있다.

3. 독창성(originality)

독창성은 기존의 것에서 탈피하여 참신하고 독특한 아이디어를 산출해 내는 사고 기능이다. 창의적 사고의 이상적인 목표는 사고의 독창성을 추구하는 데 있다. 이러한 사고는 기존의 사고방식이나 다른 사람들의 문제해결 방식으로부터 벗어나서 자신만의 독특한 아이디어를 산출하고 문제해결 방안을 고안하려는 의식적인 노력에 의해 가능하다. 문제를 해결하고 세상을 살아가는 상황에서 다른 사람들이 이미 내놓았거나 살아가는 방식을 그대로 따른다면 인간의 정신 또는 물질세계의 변화 및 발전에 별다른 기여를 할 수 없고, 자신의 삶의 의미를 찾고 즐거움을 누릴 수도 없을 것이다. 사고의 독창성이 요구되는 이유는, 그것이 단기적으로는 문제의 상황을 보다 더 효율적으로 해결할 수 있게 하고 장기적으로는 인간의 삶을 보다 더 의미 있게 하고 질적으로 고양시켜 준다는 데 있다. 이 요소와 관련된 학습 경험은 다른 사람과 같지 않은 생각하기, 기존의 생각이나 사물을 새로운 상황에 적용하어 재조직하기 등이 있다.

4. 정교성(elaboration)

정교성은 다듬어지지 않은 기존의 아이디어를 보다 치밀한 것으로 발전시키려는 사고 기능이다. 창의적인 사고 상황에서는 '좋은'이나 '실현 가능한' 등의 평가적인 준거를 처음부터 적용하는 것이 적절치 못하다. 그러나 많은 아이디어를 재료로 해서 독창적인 아이디어를 뽑아내고 이 아이디어를 최종적인 산출의 형태에 비추어 평가하고 정교하게 다듬는 사고가 필요하다. 창의적으로 사고하는 사람의 사고 과정을 살펴보아도 처음부터 완벽한 아이디어를 내놓았다는 증거를 찾아보기는 쉽지 않다. 은연중에 떠오르는 거친 아이디어라도 소중히 여기고 이를 발전시켜 훌륭한 아이디어가 되도록 정교하게 다듬는 활동은 사고의 최종적인 산출과 관련하여 중요하게 받아들여져야 한다. 이 요소와 관련된 학습 경험은 일단 산출된 자신 혹은 타인의 아이디어를 수용하기, 은연중에 떠오르는 거친 수준의 생각을 구체화하기, 잘 다듬어지지 않은 아이디어를 그것의 실제적 가치를 고려하여 발전시키기 등이 있다.

창의성에 대하여 5가지로 유형을 구별하고 각기 다른 측면에서 창의성을 논의하고 있다(Taylor, 1975; 박아청, 1985).

1. 표현된 과정성(expressive creativity)

표현된 창의성은 가장 기본적인 유형의 창의성이다. 예능이나 잠재능력을 활용한 독자적인 표현으로 나타낸 창의성이다.

2. 기술적 창의성(technical creativity)

어떤 작품에서 나타나는 숙달(proficiency)로 그 특성을 지울 수 있는 창의성이다. 예컨대, Stradivari가 바이올린을 제작할 때 나타나는 그러한 재능을 말한다.

3. 발명적 창의성(inventive creativity)

이것은 연구력(ingenuity)이 발휘될 때 작용한다. 이것은 두 요소 간의 요소라고 생각되었던 요소에서 새롭고 특이한 단계가 있음을 인지하는 융통성을 내포하고 있으며, 새로운 아이디어의 생성에 기여하지는 않지만 이미 알고 있던 요인에서 새로이 발견된 아이디어의 활용에 기여한다. 예 컨대, Edison의 발명이 여기에 해당된다.

4. 창발적 창의성(emergentive creativity)

어떤 예술적 표현 또는 과학적 지식에 깔려 있는 원리 또는 가정을 제 시하는 창의성을 의미한다. 예컨대, Einstein 이나 Freud의 저작, 업적이 그것이다.

5. 혁신적 창의성(innovative creativity)

이것은 생동적이며 추상적인 개념을 요건으로 하며, 변화와 혁신을 통 하여 개선을 꾀하는 것이다. 타인에 의해 이미 설정된 기본적 원리를 이 해, 파악한 능력에 기초한다. 예컨대, Adler가 Freud의 사상에 기초하여 그들의 이론을 정립했던 것이 이 유형에 속한다.

제4절 지능과 창의성과의 관계

일반적으로 지능이 높으면 공부를 잘한다. 하지만 지능이 높다고 해서 반드시 창의성이 높지는 않다. 창의성은 지능과는 비교적 독립적인 능력으로 알려져 있다. 그렇다면 지능의 높고 낮음과 창의성의 높고 낮음 간에는 어떤 관련이 있는지 Wallach와 Kogan의 연구결과를 통해 잠시 살펴보자.

첫째, 지능과 창의성이 모두 높은 아이들의 경우는 자신의 감정이나 행동을 통제하는 데 뛰어난 능력을 지니고 있으며 때로는 어른처럼 때로는 아이처럼 할 수 있는 특성을 지니고 있다. 진지해야 할 때는 진지한 모습을 보이기도 하고 즐겁게 놀 때는 자신의 연령에 맞게 아이처럼 행동하기도 한다. 또한 리더십도 뛰어남과 동시에 필요한 경우 남들에게 복종도 잘한다. 한마디로 상황에 적응하는 능력이 뛰어나다.

둘째, 지능은 높지만 창의력이 낮은 아이들이다. 이러한 아이들은 좋은 성적을 받기 위해 공부도 열심히 하고 학교생활도 잘한다. 따라서 교사들로부터 모범적인 아이로 관심을 받게 된다. 때로는 지나치게 학교성적에 연연하는 부정적인 측면도 지닌다.

셋째, 지능은 낮지만 창의력이 뛰어난 아이들의 경우이다. 이 아이늘은 학교생활에 심한 내적 갈등 및 좌절을 경험하곤 한다. 따라서 종종 학교생활에 대해 싫증을 느끼게 되며 교사들로부터 문제아로 낙인찍히는 경우도 생긴다. 이 아이들은 압박을 덜 받는 자유로운 환경에서 자신의 능력을 보다 잘 발휘할 수 있다.

넷째, 지능과 창의성 모두 낮은 아이들이다. 이 아이들은 성격적으로 불안정하며 새로운 환경에 적응하는 데 종종 어려움을 겪기도 한다. 한편 이들은 방어기제로서 친구들과 사귀는 일이나 운동 등에 적극성을 띠기도 한다.

이 같은 연구결과는 극단적인 아이들을 대상으로 한 연구이기 때문에 일반적인 아이들의 경우도 반드시 그렇다고 할 수는 없다. 그렇다면 지능과 창의성은 별개인 것인가? 최근 여러 연구들은 지능과 창의성 간에 높은 상관이 있는 것으로 보고하고 있다(maker, 1993). 즉 창의력 수준이 높은 아이가 지능도 높고 창의력이 낮은 아이가 지능지수도 낮다는 것이다. 하지만 그렇다고 지능과 창의성 간에 항상 높은 상관관계를 지니는 것은 아니다. 최근 Fuchs - Beauchamp 등의 연구에서 보면, 일반 아이들에 있어 지능과 창의성 간에 매우 높은 상관이 있는 것으로 나타났으나, 지능지수가 120 이상인 아이들에게서 예외적인 결과가 나타났다. 지능이 아주 높은 아이들의 경우에는 창의성보다는 동기나, 인내심, 가정환경, 성격특성 등과 보다 높은 관계가 있는 것으로 나타났다. 결국 지능과 창의성은 서로 완전히 독립된 능력이라 할 수는 없지만 분명한 것은 두 능력 사이에는 분명히 구분될 수 있는 점이 존재한다는 것이다.

창의성을 정의적 측면에서 개념화하는 입장은 창의성을 일종의 '태도'나 '성격'으로 보는 것을 의미한다. 창의적 사고에 대한 여러 이론의 논의를 토대로 창의적 사고의 특성을 종합하면 다음과 같다.

첫째, 창의적인 사람은 새롭고, 복잡하고, 어려운 문제를 선호하는 경향이 있다. 통상적으로 흔한 문제, 쉽고, 단순하고, 명백한 사태 등에서는 도전의식을 갖지 못하고 짜증을 내는 경향이 있다.

둘째, 창의성은 강력한 열망과 준비를 통해 일어난다. 즉 창의적인 인간은 대부분 노력가이며 그들은 많은 사람들이 불합리하다고 여기는 것에 시간과 노력을 투자한다.

셋째, 창의적인 사람은 실패에 대한 불안이 적고, 약간의 위험부담을 즐기는 경향이 있다. 사람들은 보통 관습의 틀에서 벗어난다는 것에 불안을 느끼지만, 창의적인 사람은 예사롭게 엉뚱한 생각과 행동을 하면서도 불안스러워하지 않는 것이 특징이다. 성공과 실패를 자기 자신에게 귀속시키는 내적 통제의 경향도 있다.

넷째, 창의적인 사람은 모호성을 참는 역량이 있다. 자신이 지각하고 느끼는 것을 금방 이해하지 못해도 잘 참아 낼 줄 알며 좌절하지 않는다. 그러면서도 주어진 문제를 해결하기 위하여 계속 노력한다.

다섯째, 창의적인 사람은 관행에 동조하기를 거부하는 경향이 있다. 표준적 패턴에서 과감히 이탈하며, 독립적이기 때문에 때로는 비사교적이고 고립된 사람으로 인식되기도 한다.

　여섯째, 창의적인 사람은 자신의 경험에 대해서 개방적이다. 어떤 자극이 자신 안에서 오든지, 밖에서 오든지, 그 경험을 왜곡하거나 방어하지 않고, 있는 그대로 진실하게 받아들이고 그대로 인식한다.

　창의성의 이러한 특징을 모두 고려하면, 창의성은 다음과 같이 정의할 수 있다. 자기 나름대로 아이디어나 작품을 독창적으로 생각해 내고 추리의 규칙에 얽매이지 않고, 때로는 엉뚱한 생각을 하며, 상궤라고 판단되는 관습적 사고과정에서 벗어나서 유용한 아이디어를 생산하는 능력이며 태도이다. 이처럼 창의성은 지적 요소와 정의적 요소를 동시에 포함하는 인간의 특성이라고 말할 수 있다. 새롭고, 신기하고 희귀한 아이디어와 작품을 생산해 내는 능력을 창의성의 지적 측면이라고 한다면, 자유분방하고 융통성 있는 다소 위험 부담을 가지고 실패를 두려워하지 않고 사고하고 행동하는 성향을 창의성의 정의적 측면이라고 말할 수 있다(이정진, 1996).

창의적 학생을 기르려면, 학교의 교육적 분위기 내지 풍토가 전반적으로 바뀌어야 한다. 학교의 경우는 그것이 도덕적 기준이나 반사회적 기준을 어기는 것이 아니면 생각의 자유, 느낌의 자유, 표현의 자유를 허용하는 분위기가 보장되어야 한다. 창의적인 사람을 기르려면 교사나 부모들 스스로도 창의적인 사람이 되기 위해 꾸준한 자기 연수 등 노력이 필요하다.

창의력은 우연히 생기는 것이 아니고 창의력을 기르는 데는 연습이 필요하다. 그러나 학교 교육은 하나의 정답만을 추구하는 등 창의력을 키우는 데 부적절하다. 우리의 가정과 학교의 학생들을 위한 수업체제나 전반적인 학습지도 방략의 밑바닥에 깔려 있는 전제는 '사람은 원초적으로 게으름뱅이다'라거나 '아이들은 다그쳐야 움직여'라는 신념이다. 행동을 유발하는 데 '인간은 당근보다 채찍'이 더 유효하다는 철학과 심리학을 가지고 있는 셈이다. 창의적인 인간을 길러 내기 위해서는 이와 같은 '게으름뱅이 심리학관'을 버려야 한다. 인간은 본래 활동석이어서 자기의 능력을 발휘하기 위해서 자발적으로 일하러 하며, 호기심에 지극받아 지적 탐구를 하는 것과 마찬가지로 공부도 하게 된다고 보는 시각의 전환이 필요하다. 마음이 내키지 않지만 마지못해 일하고, 벌이나 야단이 없으면 공부를 하지 않는 학생의 존재는 이 자발성이론에는 하나의 도전이다. 이 사람들은 왜 일을 하기 싫어하며 공부하기 싫어하는지를 검토해 보아야 할 것이다.

오랫동안 사고력 신장이 중요한 교육 목표로 설정되어 왔음에도 불구하고, 실제의 교육 모습은 학생들의 고등정신 능력을 효과적으로 신장시키고 있다고 보기 어렵다. 이러한 이유는 암기 위주의 주입식 교육, 획일적인 교육 내용과 방법, 교실환경의 악화, 임시 위주의 교육 풍토, 교수-학습 자료의 빈곤 등에 있다(김홍원 등, 1993). 이와 같이 전형적인 교육은 학생들이 독창성을 발휘할 수 있도록 해 주는 것이라기보다는, 이미 잘 알고 있는 것을 다시 되풀이하도록 하는 자료나 활동으로 메워져 있다. 나아가, 학생들이 독창적인 사고나 행동을 하도록 자극하기보다는 오히려 교과서나 교육과정 지침서 등을 가지고 그대로 수업을 진행하는 경우가 대부분이다.

한 가지 방법만 옳은 것이라고 가르치고, 그것에 따라서 보상을 하는 것은 학생의 창의력을 저해하게 된다. 수업에 있어서 꼭 하나의 올바른 답이 있다는 생각은 버려야 한다. 수업시간에 나타나는 학습자들의 제안이나 새로운 대답들은 배운 것에 대한 반복적인 대답보다 더 인정을 받아야 한다.

상대성 원리를 발견한 Einstein은 "나는 천재가 아니다. 다만 호기심이 많을 뿐이다."라고 고백했다. "나는 어머니가 매일 새로운 요리를 만들어 주는 것을 보고 자랐기 때문에 왕성한 실험정신을 갖게 됐다."고 말했다. 유태인인 Einstein과 Solk의 고백을 보면 호기심과 실험정신이 얼마나 중요한가를 알 수 있다.

창의성 교육에서 중요한 요건 중의 하나는 지적 호기심의 원동력이 될 수 있는 자발성과 내발적 동기를 존중하는 일이다. 지적 호기심을 살리는 수업은 원리적으로는 내발적 동기화가 우선되어야 하고, 그 내발적 동기는 자생적인 경우가 대부분이기 때문에, 이것을 이용하는 수업과정을 적용하는 것이 좋다. 또한 지적 호기심을 살리려면 관찰에 대한 흥미를 불러일으키는 수업이 필요하다. 적절한 의문의 제기, 토론, 관찰에서 인식으로의 안내, 실험을 통해서 얻은 특수한 지식을 토대로 일반화로 유도하는 수업도 필요하다. 또 아이들의 입장에서 보아서는 아이들이 갖는 신념이다. 선입관을 출발점으로 해서 잘못된 신념과 선입관을 고쳐 주는 쪽으로 유도하는 수업도 필요하다(정범모, 1991; 김재은, 1994).

1. 자유롭고 허용적인 분위기

창의력을 개발하는 데 있어서 가장 중요한 일은 자유롭고 허용적인 분위기를 조성하는 일이다. 지나치게 엄격한 훈육을 하며 규율이나 규칙이 엄격하면 이를 따르기 힘들고 지키기도 어려우며 틀에 박힌 인습적인 사고를 하기 쉽고, 사고의 융통성을 잃게 되며, 자발성과 독창성도 길러질 수 없다. 규칙을 잘 지키고, 어른에게 복종하고, 전통과 권위에 순종하면 교사에게는 만족스러운 존재일 것이다. 그러나 이러한 행동특성들은 창의력이 발달을 저해하는 요인이다. 일정한 규칙이나 통제에서는 조금도 그 테두리 밖으로 나올 수 없기 때문에 창의력은 길러질 수 없다.

안정되고 자유로운 분위기에서 스스로 생각하고 만들고 부수고 다시 조직할 수 있는 허용적 분위기, 스스로 답을 찾도록 해 주는 수업방법, 그리고 풍부한 학습 자료가 제공되어야 한다.

창의력은 기존의 방식 그대로, 있는 사실 그대로가 아니라, 좀 더 다른 방식, 좀 더 나은 면을 추구하려는 태도와 기존의 관념이나 행동으로부터 자기 자신을 새롭게 하려는 노력에 의해 길러질 수 있다. 왜 그럴까? 어째서일까? 이렇게 한다면? 등의 태도를 허용해 주며, 공상이나 상상도 좋지 않은 것으로 위축시키지 말고 이를 장려해 주면 창의적인 태도를 형성하기 쉽고 나아가 창의력을 발달시킬 수 있게 된다.

2. 창의력을 길러 줄 수 있는 활동

춤이나 그림 그리기 등을 통해서도 창의력을 개발시킬 수 있다. 무용을 지도할 때에는 어떤 음악에 따른 일정한 형식화된 무용을 가르치는 것보다 음악을 틀어 주고 그 느낌을 자기 마음대로 춤으로 표현하도록 하는 창조적인 춤(creative dancing)이 창의력의 개발을 돕는다.

그림 그리기를 통해서도 창의력 발달을 도모할 수 있다. 그림을 그릴 경우 성인들이 생각하는 표준이나 형식을 강요해서는 안 된다. 예를 들면, 해를 까맣게 칠할 수도 있고 땅을 붉게 칠할 수도 있고 하늘을 까맣게 칠할 수도 있다. 또 그리는 형태도 어른이 보기에 괴상할 정도로 어른의 상식과 표준에 어긋나는 그림을 그릴 수도 있다. 이럴 때에도 어른의 표준이나 상식을 강요하여 해는 빨갛게 그려야 한다든지 하늘은 파랗게 그리는 거라든지 하면서 간섭해서는 안 된다. 그렇게 함으로써 창의적 표현력의 분출구를 막고 아동의 사고의 융통성과 확산적 사고력의 육성을 방해할 수 있다. 또 그림을 화폭의 전면에 가득 차게 그리는가 하면 반면에 반쪽에만 그린다든가 귀퉁이에만 그린다든가 칠을 완전히 다 하지 않는다든가 하는 경우도 있다. 이때에도 간섭을 하지 말고 자연스럽게 자기를 표현할 수 있도록 허용하는 것이 좋다.

그러나 한편 마음대로 그림을 그리게 내버려 두는 것도 좋지만 어떤 사물로부터 상상의 방향을 잡아 주고 발전시켜 주는 것도 창의력을 기르는 데 중요하다. 아동들의 상상력은 어른보다 풍부하고 다양하다. 우선 그림을 그리기 전에 여러 가지 물체를 보고 여러 형태를 연상하도록 도와주는 것도 좋다.

그림책 보기나 동화 짓기 등을 통해서도 아동의 창의력을 개발시킬 수 있다. 그림책을 보아 가면서 떠오르는 생각들을 이야기하게 할 수 있다. 반응이나 생각을 유도해 주고 상상의 나래를 펼 수 있도록 하는 것이 좋다. 동화의 경우 동화를 들려주는 것으로도 아동의 상상력과 창의력을 길러 줄 수 있지만 보다 적극적인 방법으로는 스스로 동화를 지어 보도록 하는 것이다. 처음에는 간단한 이야기를 택하여 아동에게 주인공만 바꾸어 이야기하게 한다든지, 문제 상황에서 다른 해결방안을 택했을 때 이야기가 어떻게 전개되겠는가를 상상해서 이야기해 보도록 하는 것도 창의력을 신장시키는 좋은 방법이다.

또 등장인물과 대강의 줄거리만 주고 이에 따라 이야기를 만들게 하는 것도 한 방법이다. 대문호 괴테의 어머니는 어린 괴테에게 매일 이야기를 하나씩 해 주었는데 이야기를 얼마쯤 진행시킨 후 자신의 이야기를 완결시키지 않고 나머지 부분을 그대로 남겨 둔 채 괴테에게 다음 날까지 마음대로 생각해서 이야기를 완성하도록 하게 함으로써 괴테의 문학적 상상력의 기초를 형성해 주었다. 이때에는 하나의 동화에 한 가지 이야기만

이 아니라 여러 다른 종류의 이야기, 슬픈 이야기, 기쁜 이야기 등을 구성해 보도록 하는 것도 도움이 된다. 그러나 이런 것들은 아동의 발달단계와 능력수준에 맞추어 시도되어야 할 것이다.

3. 창의력을 길러 줄 수 있는 대화

대화를 할 때 단순한 문답식 대화가 아닌 보다 확산적 대화가 되도록 노력하는 것이 창의력 개발을 위해 좋다. '예, 아니요' 식의 일문일답식 대화는 애정의 결핍을 느끼게 할 뿐 아니라, 창의력 발달에도 도움이 되지 않는다. 보다 자율적으로 많은 반응을 할 수 있는 질문을 하는 것이 좋다. 질문을 할 때에는 개방식 질문이 바람직하다. 개방식 질문은 하나의 정답만을 요구하는 것이 아니라, 많은 양의 대답을 요구하여 어떤 교과의 학습에서도 토론이나 사고를 다양하게 하도록 하는 확산적 발문형태이다(만약에 바다가 꿀로 이루어져 있다면? 하늘이 초록색이라면?).

문답식의 대화에서는 간단하고 사고과정을 필요로 하지 않는 반응을 하기 쉽다. 그러나 확산적 대화의 경우에는 어떤 식으로든 자기의 경험을 생각해 내고 사고과정을 통해 다시 연결시켜 새롭게 언어로 조직해서 표현해야 하므로 훨씬 더 창의력을 개발시킬 수 있다. 질문을 하거나 이야기를 할 때 간단한 단답식 반응으로 그칠 것이 아니라, 그에 알맞은 풍부한 반응을 해 줘야 한다. 풍부한 반응과 허용적인 분위기 조성을 통해 계속해서 생각을 이끌어 내게 함으로써 창의력 발달을 도울 수 있다.

아동의 생활에서 여러 가지 문제에 부딪쳤을 때 이를 해결하기 위해서 여러 가지 가능한 해결책들을 대화를 통해서 함께 생각해 보거나, 아동으로 하여금 생각해 보도록 하는 것이 좋다. 흔히 아동의 생각은 고려하지도 않고 '이렇게 해, 저렇게 해' 하며 일방적으로 결정해 버리기가 쉽다. 물론 교사의 생각이나 해결책이 최선의 것일 수도 있으나 그보다는 스스로 해결책을 생각하게 하거나 일단 하나의 해결책을 생각해 내면 "그와 비슷한 다른 방법은 없을까? 그런 방법이 아닌 또 다른 방법은 없을까?" 하는 식의 대화를 통해 사고의 유창성과 사고의 융통성을 길러 줄 수 있고 많은 것을 생각해 내는 힘을 길러 줄 수 있다. 언제, 누가, 어디서, 무엇을, 어떻게 등의 질문을 함으로써 새로운 현상을 설명할 수 있도록 지식을 확대시켜 주는 것이 바람직하다.

제12장

직업환경의 변화와 진로지도

제1절 직업환경의 변화

직업을 통해 개인의 삶의 질이 달라지고 행복도 결정된다. 이러한 점에서 직업생활의 성공은 모두에게 중요한 문제가 되고 있다. 따라서 우리는 직업을 선택하는 데 있어 먼저 자기 자신의 역량에 대한 철저한 분석과 이해가 필요하며 동시에 직업과 자기 자신과의 조화를 이루는 것이 필요하다. 자신의 역량과는 무관한 서류에 편승하는 직업선택은 개인에게 있어서뿐만 아니라 사회적 손실이기도 하다. 특히, 한국과 같이 학력이 중시되는 사회에서는 이러한 모순과 좌절이 많이 발생할 수 있다.

직업이 분화되고 전문화되면서 기업은 개인이 더 높은 자질을 요구하게 되었고, 생산적이고 성공적인 직업생활을 위하여 현대사회는 더 높은 직업 적성을 개인에게 요구하고 있다. 각자의 직업 적성을 발견·개발하고 그에 맞는 직업을 선택하지 않으면 상대적으로 직업적 성공을 거두기 어려운 사회가 되었다.

직업을 현명하게 선택하지 못하여 방황하고 있거나 직업생활을 성공적으로 이끌지 못하는 경우가 적지 않다. 직업에 관한 사전 정보와 이해가 부족한 상태에서 직업을 선택하고, 충분한 준비와 계획 없이 직업생활을 시작하기 때문이다.

우리들은 각자의 직업 적성을 제대로 발견하고 개발할 교육 기회를 갖지 못하고 있다. 다행스럽게도 최근에 많은 젊은이들이 자신의 개성과 적성을 고려한 일(직업)을 선택하는 경향이 있어 고무적이기는 하지만, 아직 일반화된 모습이라고 보기는 어렵다. 대학은 사회의 발전과 변화 그리고 시대적 흐름에 부응하는 전문인의 양성과 더불어 개인의 성공적인 직업생활을 통한 자아실현이 가능하도록 취업 전, 충실한 진로지도와 직업교육을 실시해야 한다.

우리는 지식이 세상을 지배하는 지식혁명의 시대를 맞이하고 있다. 21세기 사회를 흔히 '지식기반 사회', 혹은 '지식정보화 사회'라고 일컫는다. 이는 지식과 정보가 중요한 역할을 하고 있으며, 고부가가치를 창출한다는 의미이다. 21세기는 단순한 세기적인 변화가 아니라 지금까지 우리가 실행해 왔던 기존의 방식이 바뀌는 역사적 전환점이라 할 수 있다. 즉 이전의 산업사회와는 달리 각종 정보를 활용하여 새로운 지식을 창출할 수 있는 능력을 배양하며, 지식이 가장 중요한 자본이 되고 경쟁력의 원천이 되는 지식기반·정보화 사회로의 이행을 가져온 것이다. 그런데 이러한 사회변화와 더불어 경제 환경의 변화는 국내외적으로 커다란 영향을 미치고 있다.

역사는 눈 먼 두더지처럼 전진하고, 땅이 무너졌을 때에야 땅이 무너졌음을 알게 된다. 가능한 한 빨리 두더지가 어디쯤 와 있는지를 알아야 한다. 독일의 철학자 헤겔의 이 말은 그동안 모든 인류가 꾸준하게 추구해 왔던 교육이라는 제도에 특히 잘 어울리는 것 같다.

미래 학자들은 이러한 특징과 변화 양상을 포함한 21세기 사회의 모습을 다양하게 예측·제시한 바 있다. 그들의 견해 가운데 몇 가지를 살펴보면 다음과 같다.

첫째는 이전의 생산수단이었던 노동과 자본이 정보와 지식으로 대체되고 창의력·상상력·문제해결력·비판적 사고력·실천적 지식 습득 등 고등정신기능의 신장에 중점을 두는 교육이 요구됨은 물론 창의적 인재 양성을 위해 개인의 소질과 적성·잠재력이 존중되는 사회를 전망하고 있다는 점이다.

둘째는 지식의 양은 폭발적으로 증가하고 그 소멸주기가 짧아지기 때문에 새로운 아이디어 창출과 기술혁신이 급격히 이루어지게 되며, 이로 인해 다양성이 존중되고 독창적이고 새로운 모험적인 사람이 존중되는 사회가 된다는 것이다.

셋째는 가정·학교·사회가 상호 연계를 갖게 되고, 학생과 지역주민 및 직장인이 서로 가르치고 배우며, 적극적이고 미래지향적인 자기 주도적 평생학습이 다양화되고 보편화된다는 것이다.

넷째는 정보통신 기술의 발달과 활용으로 새로운 지식이 급속히 변화·생산되어 인간의 창의성과 자아실현을 동시에 극대화시킬 뿐만 아니라 정보통신매체가 기하급수적으로 증가하여 필요한 정보와 지식을 쉽게 습득함에 따라 노동생산성이 향상된다는 것이다.

한편, 이러한 특징 및 양상과 더불어 21세기에는 직업적으로 다양한 변화가 예상된다. 왜냐하면 21세기 지식기반·정보화 사회를 맞이하면서 직업세계는 국제화·개방화·정보화 등의 영향으로 급속히 변화되고 있다.

직업은 사회변화의 가속화로 인하여 생애에 적어도 2~3개 이상 바꿔야 할 정도로 평생직장의 개념이 사라지고, 직업이동이 용이한 탄력적인 임시직이 확산될 것으로 전망된다. 이와 더불어 하루가 다르게 수많은 직업이 창출되고 사라져 갈 것이다. 이미 일부 기업에서는 시간과 장소에 제약이 없는 탈상근 추세, 즉 재택근무와 탄력근무제도가 도입되고, 주변에는 조직에 얽매이지 않는 1인 창조직업이나 소호(SOHO)족 프리랜서 시대가 도래하여 보편화된 느낌마저 들고 있다. 직장의 채용제도나 평가제도는 기존의 평면적인 제도에서 입체적인 제도로 전환되고 있으며, 능력을 평가하는 데 있어서도 기존의 연공서열주의(seniority system)에서 능력위주(merit system)의 성과급제(인센티브제)나 연봉제로 급속히 확산되어 가고 있는 추세이다.

시대의 변천에 따라 새로운 직업이 생겨나기도 하고, 과거에 있던 직업이 없어지기도 하면서 직업의 세계는 계속적으로 변화해 가고 있다. 뿐만 아니라 디지털을 중심으로 한 직업들이 유망한 직업으로 부상하고, 인터넷 네트워킹 환경을 중심으로 조직의 형태와 인간관계도 급격히 변화하고 있다. 자유경제체제에서 생활하는 우리들은 변화를 직시하고 어떤 직업이 새로운 사회에서 유망할 것인지를 정확히 파악하고, 사전에 진로지도나 취업교육을 통한 철저한 직업준비와 취업 확대 방안 및 대책을 마련해야 할 것이다.

1. 산업구조의 변화와 직업전망

경제가 발전함에 따라 산업구조는 1차 산업에서 2차 산업으로, 2차 산업은 다시 3차 산업으로 변화하게 된다. 2000년대의 우리나라 산업구조는 과학 기술의 발전으로 인하여 지금의 선진국과 같은 형태로 발전될 것이 전망된다. 따라서 취업이나 고용의 형태도 변화가 일어날 것으로 예측된다. 즉 농업·어업·임업 등을 포함하는 1차 산업의 취업 인구는 급격히 감소하는 경향을 나타낼 것이다. 그리고 광공업과 각종 제조업을 포함하는 2차 산업의 취업인구도 점차 감소 추세를 보일 것으로 전망된다. 그러나 반면에 금융·보험·정보산업·각종 서비스산업을 포함하는 3차 산업에의 취업인구는 급격히 증가될 전망이다.

산업별 취업인구 구조의 변화는 우리나라가 선진공업국가와 같은 수준으로 산업과 기술이 발전됨에 따라 일어나는 현상으로서 이러한 산업별 발전에 따른 고용 추세는 2000년대에도 지속될 것으로 전망된다. 다시 말하면 1차 산업의 비중은 계속해서 감소하는 방향으로, 2차 산업의 비중은 점진적으로 약간 증가 또는 둔화 추세로 그리고 3차 산업은 앞으로 급속하게 발전될 것으로 짐작된다. 산업구조의 변화에 따른 21세기 유망 지식산업 및 지식직업을 제시하면 <표 17>과 같다.

〈표 17〉 21세기 유망 지식산업 및 지식직업

구 분	유망 지식산업	유망 지식직업
농림 · 어업(10%)	• 첨단작물, 첨단축산, 첨단양식	• 생물 · 생태 환경학자 및 관련 기술자
제조업(20%)	• 메카트로닉스	• 자동제어 및 로봇 연구원
	• 반도체 및 주변기기	• 반도체 공정, 소자 연구원
서비스업(70%)	• 금융 및 보험	• 국제금융 및 외환 딜러 전문가
	• 정보처리 및 기타 컴퓨터 운용관련업	• 시스템 및 네트워크 전문가 • 문자인식 시스템 개발원
	• 산업관련 서비스업	• 전자상거래 전문가 • 아웃소싱 관리자
	• 라디오, TV, 유선 방송 등 • 프로그램 제작업	• 인터넷 방송전문가 • 비디오 저널리스트
	• 광고, 예술 관련 서비스업	• 대외광고 기획원 디자이너

* 자료 : 장창원(2000), p.34.
( )는 현 노동시장의 취업자 비율

2. 지식 · 정보화 사회의 도래와 직업전망

우리나라는 지식과 정보가 개인 및 국가경쟁력의 핵심요소이자 가치창출의 원인이 되는 이른바 '지식기반 사회' 및 '지식기반 경제'로 진입하게 되었다. '지식기반 사회'(Knowledge-based society)란 후기 산업사회에 관한 논쟁 중에 등장한 용어로서, 공동의 목표에 대한 합의에 노달하고, 경제발전을 이루기 위한 전제조건으로서 그리고 개인의 사회적 행위와 사회에서의 지위확보를 위한 전제조건으로서 지식이 점차 중심요소가 되어 가는 사회를 의미한다. 지식기반 사회에서는 경제발전뿐만 아니라 개인과 사회의 발전에서도 지식이 핵심적인 역할을 수행하게 된다. 그리고 '지식기반 경제'란 디지털 기술의 활용을 통해 생산 · 소비 · 유통 등 제반 경제활동의 방식이 근본적으로 바뀐 경제체제를 말한다. 다시 말하면 지식기반 경제는 전자상거래(e - business), 인터넷 산업을 포함한 정보기술 생산·활용·전달의 산업을 모두 포함하며, 1차적으로 지식의 유통과 활용을 원활케 하는 디지털 기술을 통해 실현되는 디지털 경제라고 할 수 있다. 그런데 이러한 지식기반 사회로의 이행은 산업과 직업의 구조는 물론 직업에서 수행하는 직무의 수준과 내용도 변화를 초래하게 된다.

우선, 정보화 시대는 과학과 기술, 기술과 공학이 결합되어 새로운 형태의 기술혁신 사회를 구축할 것으로 전망된다. 따라서 과학기술의 발전에 따른 기술 집약적 산업구조에서는 기술자와 숙련된 고급 기술인의 역할이 증대되면서 그 수요도 많아질 것으로 예측된다. 특히 정보·기술 등 지식의 집중적인 활용과 창출이 요구되는 지식기반 산업은 높은 부가가치 창출과 경쟁력 확보를 통하여 앞으로 우리 산업을 통하여 신규고용의 창출 및 커다란 투자가 나타날 것으로 기대하고 있다.

3. 기술환경의 변화와 직업전망

기술의 발전은 노동의 수요·공급과 직·간접적으로 연결되어 있다. 따라서 앞으로 기술환경이 어떻게 변화할 것인가의 문제는 직업세계의 구조가 변화하는 방향을 예측하는 데 많은 의미를 지니게 된다. 21세기 급속한 기술발전의 흐름은 주요한 몇 가지의 특징을 가지고 이루어질 것으로 기대된다. 우선 기술은 점점 더 고도화·지능화·융합화·복합화되는 추세를 보일 것이다. 기존 기술의 고도화·사용화 속도는 급상승하며, 인간의 지능을 반영한 기술, 인간의 감성을 감지할 수 있는 기술 등 기술의 지능화·인간화의 움직임이 활발해질 것으로 예측된다. 또한 기술의 활용도가 우세한 기술이 다른 기술과 결합되어 새로운 형태의 기술이 탄생되는 기술의 융합화가 빈번하게 이루어질 것이다.

이에 따라 기존산업에 새로운 지식과 기술을 적용하여 경제적 부가가치를 고도화시키고 새로운 기술·지식이 결합된 상품도 다수 출현할 것으로 예상되고 있다. 예컨대 자동차 산업은 과거에는 기계 산업이었으나 현재는 기계 산업의 성격보다는 전자·기계 등이 복합적으로 관련된 종합산업으로 전환되고 있다. 건설업도 인텔리전트 기술이 강조되면서 단순 건설업에서 전자·통신·제어 기술과 도시설계나 미관 등의 문화적인 요인까지 포함되는 지식기반 산업화로 가는 추세이다. 이와 같은 변화는 단순 기능 위주의 제품에 비하여 운영 측면까지 포함하는 종합적인 판단을 할 수 있는 관련종사자를 필요로 하게 된다. 또한 첨단기술을 기반으로 하는 의료산업도 발전할 것으로 보이는데 이에 해당하는 직종으로는 유전자 도식화(게놈 프로젝트), 기술생명복제, 유전자 배합기술 등을 예로 들 수 있다. 이에 따라 동물을 통하여 인간의 필요장기를 생산하는 일이나 고기능의 약제를 값싸게 생산하는 것도 곧 현실화될 것이다. 노화에 관한 메커니즘이 해당되면 노화방지약품이나 방안 등이 개발되어 중요한 산업으로 성장할 것으로 보이고, 노령인구의 비중은 더 확대되어 실버산업은 이전과는 비교할 수 없는 비중을 갖게 될 것으로 예측되고 있다. 우주관련 산업도 대폭 증대될 것으로 예상된다. 현재까지의 우주 이용보다는 다른 차원에서 우주가 개발될 것으로 보인다. 즉 우주여행이 일반화되어 우주는 새로운 휴식공간으로 각광받을 것으로 보이며, 우주유영이나 달나라 관광·목성 탐사 등이나 화성방문도 부분적으로 현실화할 수 있을 것이다.

그리고 21세기는 개별 기술들이 네트워크화하여 시스템 기술로 통합되는 기술의 복잡화가 진전될 것이다. 이와 동시에 기술의 발전 속도와 확산 속도는 급속히 이루어져 기술의 발전에 따른 직업 세계의 변화도 일어날 것으로 예측된다. 단적인 예로 최근에는 인터넷과 같은 정보 기술이 발달함에 따라 웹PD나 웹서버 관리자 등과 같은 직종이 유망직업으로 대두되고 있다. 뿐만 아니라 과학기술의 발달에 따른 기계화·자동화의 진전은 여러 복잡한 직무 내용을 단순화시키고, 이에 따라 직업도 기계화·자동화가 불가능하거나 사람이 기계보다 효율성이 높은 일에 집중될 것이다. 직업의 종류도 과거와 같은 관리직·농부·어부·기능공 등의 구별이 무의미해지는 대신 대략 4가지 정도로 압축된다고 할 수 있다.

첫째는 근육의 힘을 사용하여 자동화된 기계를 보조하면서 생산에 종사하는 직접생산직이다. 이는 반복적인 단순노무직으로서 종래의 직무와 크게 다르지 않지만 현재보다도 그 비중은 점차 감소할 것으로 예상된다.

둘째는 현재의 서비스 관련직과 유사한 업무로서 가장 많은 사람이 여기에 종사하게 될 것으로 예상되는 서비스직이다. 판매직, 음식서비스직, 방범·방화직, 건물관리직 등이 주로 여기에 속한다고 할 수 있다.

셋째는 발생된 문제의 해결방안을 탐색하거나 장기적인 발전방향·전략 등을 분석하고 수립하는 사람으로서 연구·분석직을 들 수 있다. 기초과학·응용과학·인문학·사회과학 등이 여기에 속하는데 관련 수요 및 종사자의 비율이 증가하게 될 것으로 예상된다. 그리고 창의적인 연구·개발은 국가 혹은 집단의 경쟁력을 결정하는 주요인이 될 뿐만 아니라 모든 의사 결정을 하는 데 있어서 분석의 결과가 기초적인 첨단자료로 제공되어 활용될 것이다. 따라서 이 직업군은 지식산업사회에서 핵심계층의 지위를 갖게 될 것으로 전망된다.

마지막으로는 기계화가 가장 어려운 문화·예술 직종을 꼽을 수 있다. 작가·음악가·미술가·연극인·영상예술가·운동관련자 등이 여기에 속하는데, 관련 산업의 증가와 더불어 종사자의 비중이 증대할 것으로 예상된다.

한편, 기술의 융합화와 복합화는 복합기술의 능력 소유자에 대한 소유 증가를 예상할 수 있으며, 기술의 생명 주기의 단축은 창의적 능력의 소유자가 우대받는 등의 예상은 쉽게 할 수 있다. 또한 산업구조에도 변화를 가져와 쇠퇴산업과 신산업이 나타나 고용구조에도 많은 영향을 미치게 될 것이다. 특히, 정보기술의 급속한 발달에 따라 개발도상국은 손쉽게 필요한 기술정보를 입수할 수 있어서 기술개발 속도가 빨라질 것이다. 반면에 선진국은 자국의 이익 보호를 위해 기술보호주의(지적 재산권, 물질특허) 가능성이 높아진다. 아울러 기술 자체의 라이프 사이클(life cycle) 및 기술의 수명이 단축되기 때문에 기업 측에 있어서 기술개발 비용은 오히려 상승할 전망이며, 이에 따라 과감한 기술의 도입과 기술제휴가 기업 측에게는 중요한 이슈로 등장할 것이다.

진로교육(career education)이란 말은 1970년대 이후 새롭게 등장한 용어로, 그 이전에는 직업교육이란 말이 일반적으로 사용되었다. '진로'라 하면, 일상적인 뜻으로는 '한 개인이 앞으로 나아갈 길'이란 정도로 풀이될 수 있다. 그러나 우리나라에서 현재 사용되고 있는 '진로 교육'이라는 용어는 일반적으로 서양의 'career education'에 대응된다. 이때 'career'는 '어떤 사람이 일하는 활동의 총체(all of a person's work activity)', '한 개인이 평생 동안 행하는 일의 총체(the totality of work one does in his or her lifetime)' 등으로 정의된다. 이 진로는 어린 시절에 시작되어 나이가 들어가면서 확장된다고 본다. 교육, 훈련, 정치, 직업 생활, 가사 활동 등이 모두 진로에 포함된다. 진로 교육이란 학업적 진로를 선택하는 과정뿐만 아니라 모든 취업 및 직업적 지도를 함께 포함하는 것으로서 개인이 살아 나가는 데 필요한 자신의 적성에 맞는 직업의 선택과정을 지도하는 것까지 포함된다.

'진로'가 교육 전문 용어로 쓰일 때에는 '일'이란 것을 그 뜻풀이 속에서 강조하게 된다. 그리고 이 '일'은 보수를 받든 안 받든 일하는 자기 자신을 위해서나 남을 위해서나 가치 있는 어떤 것을 행하기 위한 목적 있는 활동으로 이해된다. 바꾸어 말해, '일'이란 일하는 사람 자기 자신이나 사회에 이로움을 주기 위해 행하는 활동이라 하겠다.

　　직업교육의 창시자라고 할 수 있는 Sidney Marland는 "모든 교육은 진로교육이고 또 그렇게 되어야 한다."라고 선언한 바 있다. Tolbert(1980)에 의하면 진로교육은 성인교육을 포함하는 전체 교육체제를 개혁하는 한 방법이라고 했다. 따라서 진로교육이 바로 교육이고 또한 교육개혁의 방법이 되는 것이다. 우리가 앞으로 미래사회를 대비한 교육개혁을 설계하고 추진하는 이 시점에서 진로교육이야말로 이러한 교육개혁의 방향이 되고 내용이 되며 또한 방법이 된다고 할 수 있다.

　　현대사회는 정보사회이다. 직업탐색이야말로 이러한 다양한 정보를 확보하는 과정인 것이다. 특히 요즈음과 같이 직업세계의 변화가 급속한 때에는 직업정보야말로 성공적인 진로결정의 관건이라 할 수 있다. 따라서 학생들로 하여금 직업세계를 전체로 조망할 수 있도록 하고, 이러한 전체적인 틀 속에서 자신에게 맞는 전공과 직종은 어떤 것들이 있는지, 특정한 직종의 장래전망은 어떤지, 선택한 분야에 가능한 진로는 어떤 것들이 있는지 등에 대해서 올바른 이해를 할 수 있도록 해야 한다.

Holland는 성격 특성을 진로와 관련시켜서 진로발달이론과 직업흥미검사를 구성하였다. 사람들은 자신과 유사한 직업적 흥미와 성격을 가진 사람들이 일하고 있는 직업분야를 선택하려는 성향이 있기 때문에, 자신의 소질과 흥미, 환경 여건 등을 고려하여 직업을 선택하게 된다. Holland의 직업흥미이론의 핵심은 흥미와 직업에 대한 다음과 같은 몇 가지 가정에 기초를 두고 있다.

대부분의 사람들은 현장형, 탐구형, 예술형, 사회형, 설득형, 관습형 등 여섯 가지 흥미유형으로 분류할 수 있다. 각각의 흥미유형은 개인적, 문화적, 환경적 여러 요소들 간 상호작용의 산물이며, 사회생활과 경험을 통하여 사람들은 특정 대상과 특정 행동을 선호하는 것을 학습하게 되고 강한 흥미를 느끼게 된다. 이러한 흥미들로 인하여 개인 특유의 관심분야와 기질이 형성되어 독특한 방식으로 생각하고, 지각하며, 행동하도록 만든다. 예를 들어, 사교적인 유형의 사람은 교육이나 사회사업과 같은 사회적인 활동을 할 수 있는 직업을 찾는 경향이 있다. 그들은 그들 자신을 사교적인 사람으로 지각하며, 도구나 기계를 사용하여 작업하는 현실적인 적성보다는 사교적인 적성을 가진 사람이라고 예상할 수 있다. 또한 사교적인 유형의 사람은 타인을 돕고, 다른 사람과 상호작용을 하면서 지역사회를 위해 봉사하며, 종교를 중요시하는 등의 사회적인 문제나 과업에 중요한 가치를 둘 것이다.

여섯 개 유형의 사람들은 각각 자신을 둘러싼 문제와 과업에 대처하는 데 필요한 태도와 기술을 다르게 가지고 있다. 각 유형마다 독특한 방식으로 정보를 선택하고 처리하지만, 일정 목적을 달성하기 위해 노력하고 각각의 특징적 행동들과 기술 재능 등을 발휘함으로써 목표를 설정하고자 하는 것은 모든 유형에서 동일하다.

이상의 내용을 보다 구체적으로 제시해 보면 <표 18>과 같다.

〈표 18〉 Holland의 6가지 직업적 성격의 특성

직업적 성격유형	성격특성	선호하는/싫어하는 직업적 활동	대표적인 직업
실제적 유형 (realistic type)	남성적이고, 솔직하고, 성실하며, 검소하고, 지구력이 있고, 신체적으로 건강하며, 소박하고, 말이 적으며, 고집이 있고, 직선적이며, 단순하다.	분명하고, 질서정연하게, 체계적으로 대항이나 연장, 기계, 동물들을 조작하는 활동 내지는 신체적 기술들을 좋아하는 반면 교육적인 활동이나 치료적인 활동은 좋아하지 않는다.	기술자, 자동차 및 항공기 조종사, 정비사, 농부, 엔지니어, 전기·기계기사, 운동선수 등
탐구적 유형 (investigative type)	탐구심이 많고, 논리적·분석적·합리적이며, 정확하고, 지적 호기심이 많으며, 비판적·내성적이고, 수줍음을 잘 타며, 신중하다.	관찰적·상상적·체계적으로 물리적·생물학적·문화적 현상을 탐구하는 활동에는 흥미를 보이지만, 사회적이고 반복적인 활동들에는 관심이 부족한 면이 있다.	과학자, 생물학자, 화학자, 물리학자, 인류학자, 지질학자, 의료기술자, 의사 등
예술적 유형 (artistic type)	상상력이 풍부하고, 감수성이 강하며, 자유분방하며, 개방적이다. 또한 감정이 풍부하고, 독창적이며, 개성이 강한 반면 협동적이지는 않다.	예술적 창조와 표현, 변화와 다양성을 좋아하고, 틀에 박힌 것을 싫어한다. 모호하고, 자유롭고, 상징적인 활동을 좋아하지만, 명쾌하고, 체계적이고, 구조화된 활동에는 흥미가 없다.	예술가, 작곡가, 음악가, 무대감독, 작가, 배우, 소설가, 미술가, 무용가, 디자이너 등
사회적 유형 (social type)	사람들과 어울리기 좋아하며, 친절하고, 이해심이 많으며, 남을 잘 도와주고, 봉사적이며, 감정적이고, 이상주의적이다.	타인의 문제를 듣고, 이해하고, 도와주고, 치료해 주고, 봉사하는 활동에는 흥미를 보이지만, 기계·도구·물질과 함께 명쾌하고, 질서정연하고, 체계적인 활동에는 흥미가 없다.	사회복지가, 교육자, 간호사, 유치원교사, 종교지도자, 상담가, 임상치료가, 언어치료사 등
설득적 유형 (enterprising type)	지배적이고, 통솔력·지도력이 있으며, 말을 잘하고, 설득적이며, 경쟁적이고, 야심적이며, 외향적이고, 낙관적이고, 영성적이다.	조직의 목적과 경제적 이익을 얻기 위해 타인을 선도·계획·통제·관리하는 일과 그 결과로 얻어지는 위신·인정·권위를 얻는 활동을 좋아하지만 관찰적·상징적·체계적 활동에는 흥미가 없다.	기업경영인, 정치가, 판사, 영업사원, 상품구매인, 보험회사원, 판매원, 관리자, 연출가 등
관습적 유형 (conventional type)	정확하고, 빈틈이 없고, 조심성이 있으며, 세밀하고, 계획성이 있으며, 변화를 좋아하지 않으며, 완고하고 책임감이 강하다.	정해진 원칙과 계획에 따라 자료들을 기록, 정리, 조직하는 일을 좋아하고 체계적인 작업환경에서 사무직, 계산적 능력을 발휘하는 활동을 좋아한다. 그러나 창의적, 자율적이며 모험적, 비체계적인 활동은 매우 혼란을 느낀다.	공인회계사, 경제분석가, 은행원, 세무사, 경리사원, 컴퓨터 프로그래머, 감사원, 안전관리사, 사서, 법무가 등

제5절 진로지도의 방향

직업지도가 성공을 거두기 위해서는 먼저 체계적인 진로교육의 활성화로 개개인의 직업에 관한 인식을 제고시키고, 또한 자신의 진로에 대해 관심을 갖도록 노력하는 것이 중요하다. 왜냐하면 일과 직업에 대한 개개인의 올바른 이해를 바탕으로 건전한 직업관이 확립되고, 흥미로운 직업적 관심이 생성되어 총체적 직업정보를 형성할 수 있기 때문이다. 따라서 우리는 급격한 직업환경의 변화에 대응하여 사전 진로교육을 실시함으로써 개개인이 일찍부터 미래의 직업이나 진로를 생각해 보고, 현명하게 선택·결정할 수 있도록 도와주는 데에 많은 노력을 경주하여야 할 것이다.

진로지도 및 진로교육은 일과 직업생활뿐만 아니라 한 개인이 전 생에 걸쳐서 인생을 올바르고 현명하게 살아갈 수 있도록 도와주는 생애에 관한 교육 및 지도활동이라 할 수 있다. 따라서 학생들로 하여금 삶의 목표와 방향을 바르게 설정하고, 자기에게 알맞은 생애 역할을 선택함으로써 직업을 통한 자아를 실현시키고 만족한 삶을 영위할 수 있도록 도와주려면, 오늘날 학교교육은 진로교육의 관점에서 교육목표를 새롭게 설정하고 교육실전의 방향이 근본적으로 전환되어야 한다.

개인이 직업을 통해 생계를 유지하고 안정감을 느끼며, 사회적인 역할을 수행하면서 사회에 기여함은 물론 나아가 자아실현을 이루도록 노력하는 일은 진로교육에 있어서의 중요한 과제이다. 그러나 대학에서 진로지도는 거의 이루어지지 않고 있다. 대학이 양적으로 팽창하게 되고 대학교육이 대중화·보편화의 추세로 진행되는 과정에서 학문중심의 복고주의적인 향수에 빠지는 것은 무의미한 일이다. 대학의 대중화 현상은 과거의 특수계층이 누리던 엘리트교육이 아닌 대중교육 또는 보편화교육을 의미한다. 즉 이제는 대학이 엘리트 양성소가 아니라 대중교육 또는 보편화교육을 의미한다. 즉 이제는 대학이 엘리트 양성소가 아니라 다양한 직업세계에서 전문직에 수용될 수 있는 전문인 양성기간으로서의 기능이 점차 확대되고 있는 추세에 있다.

대학은 시대적 변화에 대응하여 미래사회에 다가올 직업세계에 현명하게 대처하고 나아가 만족할 만한 생활의 준비와 아울러 직장생활에 잘 적응할 수 있도록 하는 직업교육이 요구된다. 교육의 목적이 결국 개인의 생활을 윤택하게 유지할 수 있는 최소한의 기본 조건을 갖추는 데 있다면, 현실적으로 대학교육은 전문인으로서의 직업인 육성에 중점을 두고 직업교육에도 박차를 가해야 될 것이라고 생각된다. 그렇다고 대학이 직업교육에만 전력투구하라는 의미는 아니다. 진리탐구나 학문의 연마가 기본을 이루고 있는 터전 위에 실용성 있는 직업교육을 강화해야 한다는 말이다.

진로지도는 개인으로 하여금 자신의 적성과 능력 등을 고려하여 자발적인 현명한 판단으로 직업을 선택하도록 하는 합리적이고 객관적인 활동이라 할 수 있다. 그러므로 진로지도는 개인의 현재와 미래의 진로발달에 관한 요건을 면밀히 검토하여 개발·실시되어야 한다.

진로지도의 방향과 더불어 지식 정보 사회에서 관심을 갖고 주목해야 할 사항을 알아보면 다음과 같다.

① 콘텐츠(contents)를 지향하라: 본격적인 소프트웨어 시대가 열리고 있다. 누가 양질의 콘텐츠를 확보하고 있느냐에 달려 있다. 여기서 말하는 콘텐츠란 게임 소프트웨어, 애니메이션, 방송물 같은 거창한 것들만이 아니다. 인터넷 시대는 다양한 개인 취미 분야의 콘텐츠 관련 직종을 만들어 내게 된다. 만화·패션·요리·스포츠 등 각 분야의 콘텐츠를 전문적으로 생산해 내는 직업인이 등장할 것이다.

② 데이터베이스(data base)를 지향하라: 주먹구구식 경영은 이제 끝났다. 초과학적 기업경영은 언제나 데이터베이스에 근거한다. 고객감동이란 단어나 1대1 마케팅이란 개념의 근간이 모두 데이터베이스 안에 있기 때문이다. 비단 고객 데이터베이스만이 아니다. 앞서 말한 콘텐츠도 데이터베이스화할 때 빛을 발한다. 가장 각광받는 직업은 단순한 관리자를 넘어서는 데이터베이스 생산자다.

③ 인터넷(internet)을 지향하라: 모든 직업이 인터넷을 통해 재탄생할 수 있다. 문제는 누가 먼저 연결점을 찾느냐는 것이다. 인터넷 직업인은 프로그래머만이 아니다. 인터넷 사이트를 총괄 관리하는 웹사이트 매니저뿐만이 아니라 네트워크 보안 문제를 해결하는 웹 경찰이나 인간미 넘치는 사이버 커뮤니티를 만드는 온라인 사회복지사도 신선하다. 우리들이 실생활에서 행하는 모든 일이 인터넷에서도 점점 가능해지고 있다. 그렇다면, 현실의 직업들도 점차 사이버 세상에 맞게 변형되어 나타나게 될 것이다.

④ 마케팅(marketing)을 지향하라: 사회 전반에서 마케팅 마인드가 필요한 시대가 열린다. 고객 감동이란 단어는 이제 타인 감동으로 바뀔 것이다. 마케팅을 알면 성공이 가까이에 있다. 각 분야는 전문 마케

터를 필요로 한다. 스포츠 전문 마케터, 아프리카지역 전문 마케터, 20대 초반 여성 전문 마케터, 정치 전문 마케터 등등…… 주먹구구식으로 이루어지던 모든 영역에 과학적인 마케팅 개념이 도입될 것이다.

⑤ 창의성(creativity)을 지향하라: 작가나 광고인이 아니더라도 창의성이란 단어는 모든 직업에 필수 능력이 될 것이다. 독특한 창의성의 소유자는 가장 높은 연봉을 받는 직업인으로 떠오를 것이다. 애니메이터나 웹 카피라이터, 디자이너 같은 직업은 이미 고전적인 개념이 됐다. 브랜드 네이미스트나 매장 인테리어 전문가, N세대들이 열광하는 게임스토리나 만화스토리 작가도 부상하고 있다. 무한 상상력이 가능해지는 사회일수록 창의성 경쟁은 더욱 치열해지게 마련이다.

⑥ 문화를 지향하라: 문화 관련 직업은 취미와 일을 동시에 수행하는 직업으로 각광받을 것이다. 연극·영화·음악·공연·미술·행위예술 등 문화 각 분야에 대한 관심이 지대해지고 있다. 그러나 지금껏 그들이 만든 부가가치는 미미했고, 문화 관련 직업인들은 '배고픈 인생'의 상징과도 같았다. 문제는 경영 감각의 부재에서 찾을 수 있다. 이제 문화도 바뀌어야 한다. 문화도 하나의 상품이라는 생각으로 접근해야 한다. 그때 필요한 것이 바로 마케팅 마인드를 겸비한 문화기획자이다. 그들은 21세기 최고 부가가치 산업에 선두주자가 될 것이다.

⑦ 엔터테인먼트(entertainment)를 지향하라: 가수·탤런트·영화배우는 아무나 하는 것이 아니다. 하지만 패러다임의 전환은 그러한 벽마

저 무너뜨릴 것이다. 다매체, 복합 매체의 시대는 신개념의 새로운 엔터테이너를 원한다. 뻔한 얼굴에 식상한 소비자는 요즘 TV를 장악하고 있는 비연예인 엔터테이너들과 같은 언제나 신선하고 새로운 스타를 원한다. 바야흐로 누구나 연예인이 될 수 있는 시대가 오는 것이다.

⑧ 건강을 지향하라: 삶의 질을 추구하는 시대에 가장 중요한 키워드는 역시 건강이다. 먹고, 마시고, 자고, 숨 쉬는 행위 하나 하나에 신종 유망 직업이 숨어 있다. 자신의 적성과 능력을 연결시켜 보라. 건강한 잠자리 코디네이터, 맞춤 다이어트 식단 관리사, 댄스 건강 매니저 등 상상할 수 있는 것은 다양하다. 과연 누가 최초의 인물이 될 것인가가 관심사다.

⑨ 환경 또는 자연을 지향하라: 환경은 인류의 생존을 가능케 하는 중대한 사안이다. 환경은 이제 더 이상 자연이 베풀어 주는 것이 아니라 인간 스스로가 가꾸고 지켜 가야 할 대상이다. 신종 유망 비즈니스의 등장이 가장 유망한 분야 중 하나다. '환경＝돈'인 셈이다. 물·공기·토양 등 환경오염을 방지하는 산업이 급속도로 확대될 것이다. 지구온난화 방지산업도 새로운 유망산업으로 꼽을 수 있다. 에너지효율 개선 및 컨설팅 사업, 무공해 에너지원 개발 등도 여기에 속한다. 생활쓰레기 처리, 리사이클 용기 등도 주목 대상이다. 지구오염 해결사 등 거창하게만 생각할 필요는 없다. 직장·학교·가정·인간이 활동하는 모든 공간은 쾌적한 환경을 원한다. 확실한 전자파 해결사가 등장할 수도 있고, 정기적으로 화분을 갈아 줘서 맑은 공기를 유지해 주는 환경조경사가 인기를 끌 수도 있다.

⑩ 개인을 지향하라: 독신 인구가 증가하는 만큼 인생의 가장 중요한 화두로 떠오를 개인적 행복에 주목하라. 가장 유망한 직업은 필요성의 법칙에서 파생된다. 독신여성 전문 파출부, 독신남성을 위한 건강 아침식사 배달과 같은 개인적 욕망을 채우며 편안히 지내고 싶은 미래 인간의 심리를 예측해 보자. 개인의 욕망 뒤에는 신종 유망직업이 있다.

⑪ 안전을 지향하라: 디지털시대에는 전산망의 해커침입과 각종 바이러스 발생을 예방하는 일이 무엇보다 중요하다. 사람의 질병을 치료하는 의사와 같은 보안전문가는 네트워크 전문지식·프로그램·인터넷·시스템관리 실력을 두루 갖춰야 하며, 건전한 윤리의식과 프로정신을 가져야 한다. 자칫 딴 마음 먹고 기밀을 빼낼 경우 범법자로 전락할 수 있기 때문이다.

⑫ 아름다움을 지향하라: 21세기는 美學 중심의 사회이다. 아름다움을 최고 가치로 여기기 때문에 피부 관리사, 체형 교정전문가, 디스플레이어, 색채 전문가, 산업 디자이너 계통의 전문직이 큰 인기를 얻는다.

⑬ 세계시장을 지향하라: 세계 시장에서 경쟁할 수 있으며 보편성을 인정받는 직업이어야 한다. 호텔의 국제 판매직, 국제회의 전문가, 세계를 겨냥한 음반기획자, 영상물 프로듀서 등을 꼽을 수 있다.

권성호(1998). 교육공학의 탐구. 서울: 양서원.

강명희, 한연선(2000). 자원기반 학습 환경에서 탐구훈련모형의 활용이 탐구능력과 과제수행능력에 미치는 영향. **교육공학연구**, 16(2), 3 – 187.

강성만, 양창용(2001). The development of multimedia instructional materials for language teaching. *Multimedia – Assisted Language Learning, 4(2)*, 27 – 49.

강신천(2001). 캐릭터 에이전트를 이용한 활기 넘치는 도덕수업. 한국교육학술정보원, **월간 에듀넷**, 11, 56 – 61.

강이철 · 김회수 · 엄우용 · 최현종(2007). **유비쿼터스 기반의 학교모델 개발 연구**. 서울: 한국교육학술정보원(연구보고 KR 2007 – 15).

강호수(1994). **지능형 에이전트 인터페이스를 위한 얼굴모델링 및 애니메이션에 관한 연구**. 미간행 석사학위논문, 한국과학기술원.

강현석, 문상호, 박인호(2000). **멀티미디어의 이해**. 서울: 도서출판 그린.

교육인적자원부 · 한국교육학술정보원(2007). 2007 **교육정보화백서**. 서울: 한국교육학술정보원.

구희령(2000). **텍스트 중심 컴퓨터 매개 커뮤니게이션에서 이모티콘이 사회 정서적 커뮤니케이션에 미치는 영향**. 미간행 석사학위논문, 연세대학교 대학원.

구혜경(1999). **애니메이션 캐릭터가 수용자의 정보처리에 미치는 영향**. 미간행 석사학위논문, 충북대학교 대학원.

김동식, 노관식, 이영민(2000). WOO 기반 학습 환경의 교육적 활용 가능성 탐색. **교육정보방송연구**, 6(2), 25 – 42.

김명호, 이윤준, 정연돈(2005). **멀티미디어 시스템 개론**. 서울: 홍릉과학출판사.

김문정(2001). 캐릭터 Agent 기반의 Interactive 학습시스템 사용자 인터페이스 설계 및 구현. 미간행 석사학위논문, 숙명여자대학교대학원.

김민정(2002). 친밀성에 따른 매체 이용행태에 관한 연구 - 매개된 대인 커뮤니케이션을 중심으로 -. 미간행 석사학위논문, 한양대학교대학원.

김상희(2005). 학습자의 학습양식과 정의적 특성이 학업성취에 미치는 영향. 미간행 석사학위논문, 한양대학교 대학원.

김서영(1997). 원격영상강의에서 발생하는 상호작용의 빈도와 유형이 학습자의 동기유발에 미치는 영향. 미간행 석사학위논문, 이화여자대학교 대학원.

김성일, 윤미선, 권은주, 최정선, 김원식, 이명진(2003). 자극의 모호성, 과제유형 및 인지욕구의 개인차가 흥미에 미치는 효과. 교육심리연구, 17(2), 89 - 106.

김영환(1998a). 한국교육공학계에 나타난 구성주의에 대한 비판적 탐색. 교육공학 연구, 14(3), 105 - 134.

김용래(2000). 효과적인 수업을 위한 교육심리학. 서울: 문음사.

김유란(2001). 모바일 캐릭터의 지각된 성격차원과 선호도. 미간행 석사학위논문, 연세대학교 대학원.

김인(2005). 유비쿼터스 시대와 IT서비스, 리더스 포럼, 전자신문, 2005 5월 23일 게재.

김인식(1995). 수업과정과 교사의 설명방법. 교육연구, 15(5). 22 - 25.

김인철(1993). 기업이미지 관리에 있어서 캐릭터의 활용에 관한 연구. 국민대학교, 조형논총, 12, 24 - 27.

김주리(2002). 캐릭터 에이전트를 이용한 멀티모달 프리젠테이션의 설계 및 구현. 미간행 석사학위논문, 원광대학교 교육대학원.

나일주, 정인성(2000). 교육공학의 이해. 서울: 학지사.

변영계(1984). 학습지도. 서울: 배영사.

변영계(1999). 교수 - 학습이론의 이해. 서울: 학지사.

손미(1999). 자원기반 학습을 통한 자기 주도적 학습 및 정보 소양능력 신장. 초등교육연구, 13(1). 213 - 234.

손미(2002). 초등학교에서의 인터넷 자원기반 탐구학습 설계모형의 개발에 관한 연구. 교육정보방송연구, 8(2). 57 - 92.

신나민(2002). 원격교육의 성격에 관한 비판적 고찰 - "거리"에 대한 의미 분석을 중심으로. **교육학연구**, 40(3), 47 - 63.

심상민(2004). **컴퓨터 매개 커뮤니케이션을 활용한 집단토의에서 미디어 조건의 차이가 토의성과에 끼치는 영향**. 미간행 박사학위논문, 연세대학교 대학원.

양지선(2005). **캐릭터와 정서적 피드백이 수행과 지각된 난이도에 미치는 영향**. 미간행 석사학위논문, 연세대학교 대학원.

윤여순(1995). 상호작용멀티미디어의 교실수업에서의 적용. **교육공학연구**, 11(1), 97 - 121.

윤재준(2005). 문화적 가치로 본 캐릭터 신체언어에 관한 연구. **만화애니메이션연구**, 9, 184 - 198.

이성은, 오은순, 성기옥(2002). **초 · 중등 교실을 위한 새 교수법**. 서울: 교육과학사.

이성호(1999). **교수방법론**. 서울: 학지사.

이아름(2005), **캐릭터 에이전트를 이용한 상호대화식학습 콘텐츠의 개발**. 미간행 석사학위논문, 동국대학교 대학원.

이혜정(2004). 웹기반 원격교육의 이론적 논의에 관한 새로운 관점: Moore의 개념을 넘어서. **교육학연구**, 42(1), 137 - 168.

왕경수(2003). 웹기반 협동학습에서의 상호작용 증진방안 탐색. **교육정보방송연구**, 9(4), 269 - 294.

조경자(2000). **정보제시 유형과 인지양식이 멀티미디어 학습에 미치는 영향**. 미간행 박사학위논문, 연세대학교 대학원.

조벽(2000). **새시대교수법**. 서울: 한단북스.

주문원, 최영미(1999). 감성적 에이전트의 시각화. **한국멀티미디어학회**, 3(2), 17 - 28.

주문원, 최영미, 김상근(2000). 웹기반 교육을 위한 감성적 에이전트의 역할과 구현. **한국멀티미디어학회**, 4(1), 18 - 28.

주영주, 최성희(1999). 교수매체의 제작과 활용. 서울: 남두출판사.

최리라(2000). **웹 환경에서 아동을 위한 원격영어교육관리시스템 설계**. 미간행 석사학위논문, 숙명여자대학교 대학원.

한국교육공학회(2005). **교육공학용어사전**, 358 – 359.

한정선(2005). **엘설런트 티칭**. 서울: 랜덤하우스 중앙.

황상민, 김성일, 김소영, 변은희, 이재호, 조광수, 최상섭, 이정모(1998). 멀티미디어매체의 특성과 학습 효과에 대한 탐색적 연구. **한국교육학연구**, 14(2), 209 – 225.

AECT.(1977). *The Definition of educational technology.* Washington, D. C.: AECT.

Alavi, M., Wheeler, B. C., & Valacich, J. S.(1995). Using it to reengineer business education: An exploratory investigation of collaborative telelearning. *MIS(Management Information Systems) Quarterly, 19(3),* 293 – 312.

American Association of School Librarians & Association for Educational Communications and Technology(1998). *Information power: Building artnerships for learning.* Chicago, IL: Americal Library Association.

Amthor, G. R.(1991). Interactive multimedia in education: Concepts and technology, trends and model applications, megamedia and knowledge systems. *U1timedia Digest, 1,* 27 – 30.

Aronson, E., Balney, N., Stephan, C., Sikes, J., & Snapp, M.(1978). *The jigsaw classroom.* Bevery Hills: Sage Publication, Inc.

Atkinson, R. K.(2002). Optimizing learning from examples using animated pedagogical agent. *Journal of Educational Psychology, 94(2),* 412 – 427.

Atkinson, R. K., Renkl, A., & Merrill, M. M.(2003). Transitioning from studying examples to solving problems: Effects of self – explanation prompts and fading worked – out steps. *Journal of Educational Psychology, 95(4),* 774 – 783.

Aufderheide, P.(1993). *A report of the leadership conference on media literacy* MD: The Aspen Institute, ED 365 294.

Ausubel, D. P.(1968). *Educational psychology: A cognitive view.* NY: Holt, Rinchart & Winston.

Bacon, J.(1996). *The future of instructional materials from motto to virtual security to the writing process.* Presented at creating futures, the fall conference of the consortium of college and university media centers. Johnson country community college.

Baddeley, A.(1992). Working memory. *Science, 255*, 556 − 559.

Barrows, H. S., & Myers, A. C.(1993). *Problem based learning in secondary schools.* Unpublished monograph. Springfield, IL: Problem based learning institute, Lanphier High School, and Southern Illinois University Medical School.

Baylor, A. L.(2002). Expanding pre − service teachers' meta − cognitive awareness of instructional planning through pedagogical agents. *Educational Technology Research & Development, 50(2)*, 5 − 22.

Baylor, A. L., & Kim, Y.(2005). Simulating instructional roles through pedagogical agents. *International Journal of Artificial Intelligence in Education, 15(2)*, 95 − 115.

Berlyne, D. E.(1975). Extension to Indian subjects of a study of exploratory and verbal responses to visual. *Journal of Cross − Cultural Psychology, 6*, 316 − 330.

Biocca, F., & Levy, M. R.(1995). *Communication in the age of virtual reality.* Hillsdale, NJ: Lawrence Erlbaum Associates.

Blumberg, B.(2002). *Integrated learning for interactive synthetic characters.* In proceedings of the 29th annual conference on computer graphics and interactive techniques.

Bransford, J. D.(1979). *Human cognition.* Belmont, CA: Wadsworth.

Breivik, P. S.(1998). *Student learning in the information age.* American Council on Education, AZ: ORYX Press.

Brewer, M. B.(1979). In group bias in the minimal intergroup situation: A cognitive − motivational analysis. *Psychological Bulletin, 86*, 307 − 324.

Brown, J. S., Collins, A. S., & Duguid, P.(19890. Situated cognition and the culture of learning. *Educational Researcher, 18(1)*, 32 − 42.

Brown, J. S., & Smith, B.(1996). Reasons for employing RBL. http://www.lou.ac.uk/deliberation/rbl/brown,html.

Brophy, J. E.(1988). On motivating students. In D. Berliner & B. Rosenshine(Eds.), *Talks to teachers*(pp.201 − 245). NY: Random House.

Bruner, J. S.(1966). *Toward a theory of instruction.* NY: W. W. Worton & Co.

Brunken, R., Plass, J. L., & Leutner, D.(2003). Direct measurement of cognitive load in multimedia learning. *Educational Psychologist, 38,* 53 — 61.

Burton, J., & Wildman, T.(1978). *Dual coding in children.*(ERIC Document Reproduction Service No. ED 178 208)

Cennamo, K., Savenye, W., & Smith, P.(1991). Mental effort and video — based learning: The relationship of preconceptions and the effects of interactive and covert practice. *Educational Technology Research and Development 39,* 5 — 16.

Chandler, P., & Sweller, J.(1991). Cognitive load theory and the format of instruction. *Cognition and Instruction, 8.* 293 — 332.

Clark, L. H., & Starr, I. S.(1986). *Secondary and middle school teaching methods*(5th ed.), NY: Macmillan Publishing Co.

Collins, A.(1991). Cognitive apprenticeship and instructional technology. In L. Idol & B. F. Jones(Eds.), *Educational values and cognitive instruction: implications for reform.* NJ: Lawrence Erlbaum Associates.

Considine, D. M.(1995). Are we there yet? An update on the media literacy movement. *Educational Technology,* July — August, 32 — 43.

Considine, D. M.(1994). Telemedium: *The Journal for Media Literacy, Strategies for Media Literacy Inc. and the National Telemedia Council,* Vol.41, No.2.

Cooper, J. M. ET AL.(1994). *Classroom teaching skills*(5th ed.), Lexington: D. C. Health and Company.

Como, L., & Winne, P.(Ed.)(2003). *Educational Psychologist. 38(1).* Lawrence New Jersey: Erlbaum Associates.

Csikszentmihalyi, M.(1975). *Beyond boredom and anxiety.* San Francisco: Jossey — Bass Publishers.

Davey, D., Jones, K. G., & Fox, J.(1995). Multimedia for language learning: Some course design issues. *Computer Assisted Language Learning, 8(1),* 31 — 44.

Davies, I. K.(1981). *Instructional teaching*. New York: McGraw－Hill Book Co.

Davis, J.(1992). *Media Literacy: From activism to exploration*. Background paper for the National Leadership Conference on Media Education. MD: The Aspen Institute.

Dehn, D. M., & van Mulken, S.(2000). The impact of animated interface agents: A review of empirical research. *International Journal of Human － Computer Studies, 52*, 1 － 22.

Dennis, A. R., & Valacich, J.(1999). Rethinking m*edia richness: Towards a theory of media synchronicity. 32nd Hawaii International Conference on System Sciences*, 10 － 17.

Duchastel, P.(1997). A web－based model for university instruction. *Journal of Educational Technology Systems, 25(3)*, 221 － 228.

Flavell, J. H., Flavell, E. R., Green, F. L., & Korfmacher, J. E.(1990). Do young children think of television images as pictures or real objects? *Journal of Broadcasting & Electronic Media, 34(4)*, 399 － 419.

Freenberg, A.(1987). Computer conferencing and the humanities. *Instructional Science, 6(2)*, 169 － 186.

Furht, B.(1994). Multimedia systems: An overview. *MultiMedia 1(1)*, 47 － 59.

Galbreath, J.(1992). The educational buzzword of the 1990's: Multimedia, or is it hypermedia, or interactive multimedia, or⋯⋯? *Educational Technology, 32(4)*, 15 － 19.

Gardner, H.(2000). *Fostering creativity in the knowledge－based society*. Keynote speech, International Symposium, Ewha Wamans University. Seoul. May 24.

Garrison, D. R., Anderson, T., & Archer, W.(2003). A theory of inquiry in online learning: Interaction is not enough. *American Journal of Distance Education, 19(3)*, 133 － 147.

Good, T. L. et al.(1992a). Grouping for instruction in Mathematics. In D.A. Grouws(Ed.), *Handbook of research on mathematics teaching and learning*. New YORK: Macmillan, 165 － 196.

Good, T. L. et al.(1992b). Investigating work group to promote problem solving in mathematics. In J. Briphy(Ed.), *Advances in research on teaching Vol3.* Greenwich, Conn.:JAI Press, 115－160.

Gilbert, S. P.(2000). The natural limitations of youth: That shape the adolescent character. *Journal of college student psychotherapy, 14(3),* 67－72.

Hamburger, H., & Tecuci, G.(1998). Toward a unification of human－computer learning and tutoring. In H. M. Halff, & B. Goettl(Eds.), *Intelligent tutoring systems: Proceedings of the fourth international conference, ITS'98, San Antonio.* Berlin: Springer.

Hatada, T., Sakata, H. & Kusaka, H.(1980). Psychophysical analysis of the "sensation of reality" induced by a visual wide－field display. *SMPTE(Society of Motion Pictures and TV Engineers)Journal,* 89, 560－569.

Hartley, J.(1985). *Designing instructional text.* Kogan Page, NY: Nichols.

Heeter, C.(1994). Communication research on consumer VR, In F.

Held, R. M., & Durlach, N. I.(1992). Telepresence presence. *Teleperators and Virtual Environments, 1(1),* 109－112.

Heinich, R., Molenda, M., Russell, J., & Smaldino, S. E.(1996). *Instructional media and technologies for learning.* NJ: Prentice－Hall.

Hovland, C., Janis, I. L., & Kelly, H. H.(1953). *Communication and persuasion.* New Haven: Yale University Press.

Hughes, L. H., Langdon, C. A., & Kim, Y. S.(1981). *Comprehension of discourse at high rate with redundant picture.* Paper presented at annual meeting of the psychonomic Society, Philadelphia.

Isabell, B.(1991). Guide to multimedia: How it changes the way we teach and learn, *Electronic Learning, September,* 22－26.

Isla, D., & Blumberg, B.(2002). *Object Persistence for Synthetic Creatures.* In proceedings of the international joint conference on autonomous agents and multiagent systems.

James, J., & La Follette.(1993). *Interactivity and multimedia instruction: Crucial attributes for design and instruction.*(ERIC Document Reproduction Service No. ED 362 179)

Jeung, H., Chandler, P., & Sweller, J.(1997). The role of visual indication in dual sensory mode instruction. *Educational Psychology, 17*, 329 – 343.

Jonassen, D. H.(1996). Learning with technology: Using computers as cognitive tools. In D. H. Jonassen(Ed.), *Handbook of research for educational communications and technology.*(pp.693 – 719), NY: Macmillan.

Jung, K. C. Yoon, S. M. Kim, H. J.(2000). Continuous HMM applied to quantization of on – line Korean character spaces. *Pattern recognition letters, 21(4),* 303 – 310.

Kalyuga, S., Chandler, P., & Sweller, J.(1999). Managing split – attention and redundancy in multimedia instruction. *Applied Cognitive Psychology, 13,* 351 – 371.

Kemp, J. P.(1985). *The instructional design process.* New York: Harper & Row.

King, W. J., & Ohya, J.(1996). *The representation of agents: Anthropomorphism, agency and intelligence.* CHI'96 Conference Companion, Vancouver, B.C., 289 – 290.

Kozma, R. B.(1994). Media and methods: Reply. *Educational technology research and development, 42(3),* 11 – 14.

Kraus. S.(1997). Beliefs, time and incomplete information in multiple encounter negotiations among autonomous agents. *Annals of Mathematics and Artificial Intelligence, 20(1 – 4),* 111 – 159.

Kristine, N.(2000). *The influence of anthropomorphism on mental models of agents and avatars in social virtual environments.* Michigan State University.

Kulik, J. A., Bangert – Downs, R. L.(1985). Effectiveness of computer – based learning tools. *Educational Technology. 27(11),* 20 – 25.

Kulik, J. A., Bangert, R. L., & Williams, G. W.(1983). Effects of computer – based teaching: On secondary school students. *Journal of Educational Psychology, 75,* 19 – 26.

Kulik, J. A., Kulik, C. C., & Cohen, P. A.(1980). Effectiveness of computer-based college teaching: A meta-analysis of findings. *Review of Educational Research, 50(4)*, 525-544.

Laurel, B.(1997). Interface agents: Metaphors with character. In J. M. Bradshw, (Ed.), *Software agents.(pp.67-77)*. Menlo Park, CA: AAAI Press.

Lemish, D.(1982). The rules of viewing television in public places. *Journal of Broadcasting, 26(4)*, 757-781.

Lester, J. C., Converse, S. A., Kahler, S. E., Barlow, S. T., Stone, B. A., & Bhoga, R. S.(1997). *The persona effect: Affective impact of animated pedagogical agents.* Paper presented at the Conference on Human Factors in Computing Systems, Atlanta, GA.

Levie, W., & Lentz, R.(1982). Effects of text illustration: A review of research. *Educational Communications and Technology Journal, 30(4)*, 195-232. Levin, J. R., & Berry, J. K.(1980). Children's learning of all the news7 that's fit to picture. *Educational Communications and Technology Journal, 28*, 177-185.

Lombard, M., & Ditton, T.(1997). At the heart of it all: The concept of presence, *Journal of Computer Mediated Communication, 3(2)*, *http://jcmc.indiana*,edu/vol3/issue2/

Mann, D.(1996). Serious learning. *Teachers College Record.* v.97, 446-469.

Marakas, G. M., Johnson, R. D., & Palmer, J. W.(2000). Atheoretical model of differential social attributions toward computing technology: When the metaphor becomes the model. *International Journal of Human-Computer Studies, 52*, 719-750.

Martin, B. L., & Briggs, L. J.(1986). *The effective and cognitive domains: Integration for instruction and research.* Engle Cliffs, NJ: Educational Technology Publication.

Martocchio, J. J., & Webster, J.(1992). Effect of feedback and cognitive playfulness on performance in microcomputer software training. *Personnel Psychology, 45(3)*, 553-578.

Masterman, L.(1985). *Teaching the media*, Routledge, London.

Masterman, L.(1990). Media Education: Eighteen Basic Principles. *Strategies Quarterly, 2(2)*, 8.

Mayer, R. E.(1989). Systematic thinking fostered by illustration in scientific text. *Journal of Educational of Educational Psychology, 81(2)*, 240 – 246.

Mayer, R. E.(1997). Multimedia learning: Are we asking the right questions? *Educational Psychology, 32*, 1 – 19.

Mayer, R. E., & Anderson, R. B.(1991). Animations need narrations: An experimental test of dual – coding hypothesis. *Journal of Educational Psychology, 83*, 484 – 490.

Mayer, R. E., & Gallini, J. K.(1990). When is an illustration worth ten thousand words? *Journal of Educational Psychology, 83*, 484 – 490.

Mayer. R. E., Heiser, J., & Lonn, S.(2001). Cognitive constraints on multimedia learning: When presenting more material results in less understanding. *Journal of Educational Psychology, 93(1)*, 187 – 198.

Mayer, R. E., & Moreno, R.(1998). A split – attention effect in multimedia learning: Evidence for dual processing systems in working memory. *Journal of Educational Psychology, 90*, 312 – 320.

McGuire, W. J.(1973). Persuasion, resistance and attitude change. In IDe Sola Pool, F. Frey, W. Schramm, N. Maccoby, & E. B. Parker(Eds), *Handbook of communication*(pp.216 – 247). NY: Random House.

McIsaac, M. S., & Blocher, J. M.(1997). How research in distance education can affect practice. *Educational Media International, 35(1)*, 43 – 47.

Mehrabian, A.(1969). Some referents and measures of nonverbal behavior. *Behavior Research Methods and Instrumentation, 1(6)*, 205 – 207.

Mills, J., & Harvey, J.(1972). Opinion change as a function of when information about the communicator is received and whether he is attractive or expert. *Journal of Personality & Social psychology, 21(1)*, 52 – 55.

Moreno, R., & Mayer, R. E.(1999). Cognitive principles of multimedia learning: The role of modality and contiguity. *Journal of Educational Psychology, 91(2)*, 358   368.

Mousavi, S., Law, R., & Sweller, J.(1995). Reducing cognitive load by mixing auditory and visual presentation modes. *Journal of Educational Psychology, 87,* 319 − 334.

Muhlbach, L., Bocker, M., & Prussog, A.(1995). Telepresence in video − communications: A study on stereoscopy and individual eye contact, *Human Factors, 37(2),* 290 − 305.

Najjar, L. J.(1996). Multimedia information and learning. *Journal of Educational Multimedia & Hypermedia, 5,* 129 − 150.

Nass, C., & Moon, Y.(2000). Machines and mindlessness: Social responses to computers. *Journal of Social Issues, 56(1),* 81 − 103.

Nass, C., & Steuer, J.(1993). Voices, boxes and sources of messages: Computers as social actors. *Human Communication Research, 19(4),* 504 − 527.

Nelson, J.(1997). The cultural impact of literacy. *Notes on Literacy, 25(3 −4),* 1 − 10.

New London Group.(1996). *A pedagogy of multiliteracies*: Designing social futures. Harvard Educational Review, 66(1), 60 − 93.

Nguyen, K. B., Watford, W. T., Salomon, R., Hofmann, S. R., Pien, G. C., Morinobu, A., Gadina, M. O'Shea, J. J., & Biron, C. A.(2002). Critical role for STAT4 activation by type 1 Interferons in the Interferon − gamma response to viral Infection. *American Association for Advancement of Science, 5589,* 2063 − 2065.

Olson, C. L.(1979). Practical considerations in choosing a MANOVA test statistic: A rejoinder to stevens. *Psychological Bulletin, 86,* 1350 − 1352.

Ontario Ministry of Education(1989). Media literacy resource guide: Intermediate and senior divisions 1989. Toronto; Ontario Ministry of Education.

Paivio, A.(1971). *Imagery and verbal process.* NY: Holt, Rinehart & Winston.

Paivio, A.(1986). *Mental representation: A dual coding approach.* Oxford, England: Oxford University Press.

Paivio, A.(1991). Dual coding theory: Retrospect and current status. *Canadian Journal of Psychology, 45,* 255 − 287.

Palmiter, S., & Elkerton, J.(1993). Animated demonstrations for learning procedural computer－based tasks. *Human －Computer Interaction, 8(3),* 193.

Pass, R.(2003). Simulation in quasi－polynomial time, and its application to protocol composition. *Lecture notes in computer science, 2656,* 160－176.

Pass, F. & Van Merrienbŏer, J.(1994). Instructional control of cognitive load in the training of complex task. *Educational Psychology Review, 6(4),* 351－371.

Petty, R. E., John, T. C., & Schumann, D.(1983). Central and peripheral routes to advertising effectiveness: The moderating role of involvement. *Journal of consumer research, 10(September),* 135－146.

Peters, O.(1993). Understanding distance education. In K. Harrt, M. John, & D. Keegan(Eds.), *Distance education: New perspective.* London and New York: Rouledge.

Picciano, A. G.(2002). Beyond students perceptions: Issues of interaction, presence and performance in an online course. *Journal of Asynchronous Learning Networks, 6(1),* 21－40.

Picard, R. W.(1997). *Affective computing.* Cambridge, Mass.: MIT Press.

Pintrich, P. R., & Schunk, D.H.(1996). *Motivation in education: Theory, research, and applications.* Englewood Cliffs, Ohio: Merrill, Predtice－Hall.

Prendinger, H., Mayer, S., Mori, J., & Ishizuka, M.(2003). *Persona effect revisited －using hiosignals to measure and reflect the impact of character－based interfaces.* Fourth International Working Conference on Intelligent Virtual Agents(IVA－03), Kloster Irsee, Germany, 283－291.

Reigeluth, C. M.(1999). What is instructional－design theory and how is it changing? In C. M. Reigeluth(Ed.), *Instructional －Design theory and models: A new paradigm of instructional theory*(Volume II. 5－29). Mahwah, NJ: Lawrence Erlbaum.

Rice, R. E.(1993). Media appropriateness: Using social presence theory to compare traditional and new organizational media. *Human Communication Research, 19,* 451－484.

Rogers, C. S., & Sawyer, J. K.(Eds.)(1988). *Play in the lives of children,* Washington, DC: National Association for the education of Young Children.

Ryu, J., & Baylor, A. L.(2005). The Psychometric structure of pedagogical agent persona. *Technology, Instruction, Cognition & Learning, 2(4),* 291 – 319.

Saettler, P.(1990). The evolution of American educational technology. Englewood, CO: Libraries Unlimited.

Salomon, G., & Almog, T.(1998). Educational psychology and technology: A matter of reciprocall relations. *Teachers College Record 100,* 1, 222 – 241.

Schank, R. C.(2002). *Designing world – class e – earning.* NY: McGrow Hill.

Seels, B. B. & Richey, R. C.(1994). *Instructional technology*: The definition and domains of the field. Washington, DC: AECT.

Sharda, N. K.(1999). *Multimedia information networking.* New Jersey: Prentice Hall.

Shin, N.(2003). Transactional presence as a critical predictor of sucess in distance learning. *Distance Education, 24(1),* 69 – 86.

Short, J., Williams, E., & Christie, B.(1976). *The social psychology of telecommunication.* London: Wiley.

Siegel, J., Dubrovsky, S. K., & McGuire, T. W.(1986). Group processes in computer – mediated communication. *Organizational Behavior & Human Decision Processes, 37(2),* 157 – 187.

Slavin, R. E.(1978). Student Teams and Achievement Division, *Journal of Research and Development in Education, 12,* 39 – 49.

Slavin, R. E.(1990). *Cooperative learning: Theory, research, and practice.* Englewood Cliffs, NJ: Prentice Hall.

Smaldino, S. E., Russell, J. D., Heinich, R., & Molenda, M.(2005). *Instruction media and technologies for learning*(8th ed.). Upper Saddle River, NJ: Merrill: 설영환 · 권혁일 · 박인우 · 손미 · 송상호 · 이미자 · 최욱 · 홍기칠(2005). 교육공학과 교수매체(8판). 서울: 아카데미프레스.

Speck, P. S.(1990). The humorous messabe taxonomy; A framework for study of humorous ads. *Journal of Current Issues & Research in Advertising, 13*, 1 − 45.

Sperber, D. Wilson, D.(2002). Pragmatics, modularity and mind − reading. *Mind & language, 17(1 −2)*, 3 − 23.

Stacey, E.(2000). Quality online participation: Establishing social presence. In T. Evans(Ed.), *Research in distance education*(pp.138 − 153). Deakin University, Geelong.

Strong, E. K.(1925). *The psychology of selling.* NY: McGraw − Hill.

Suchman, L.(1996). Constituting shared workspaces. In Y. Engeström, & D. Middleton(Eds.), *Cognition and communication at work*(pp.35 − 60). NY: Cambridge University Press.

Swan, K.(2002). Building communities in on line courses: The importance of interaction. *Education, Communication and Information, 2(1)*, 23 − 49.

Sweller, J.(1988). Cognitive load during problem solving: Effects on learning. *Cognitive Science, 12*, 257 − 285.

Sweller, J.(1993). Some cognitive processes and their consequences for the organization and presentation of information. *Australia Journal of Psychology, 45*, 1 − 8.

Sweller, J.(1998). Cognitive technology: Some procedures for facilitating learning and problem − solving in maths and science. *Journal of Educational Psychology, 81*, 457 − 466.

Sweller, J.(1999). *Instructional design in technical areas.* Stylus Pub Tach, E. C., & Murphy, K. L.(1995). Competencies for distance education professionals. *Educational technology research and development, 43(1)*, 27 − 31.

Takiff, J.(1993). Reality? Well······ Virtually. *Philadelphia Daily News*, April 2. URL: http://www.ascusc.org/jcmc/vol3/issue2/lombard.html.

Tan, A. S.(1985). *Mass communication theory and research..* NY: John Wiley & Sons, Inc.

Tapscott, D.(1998). *Growing up digital: The rise of the net generation.* New York. Ltd.

Taylor, R. P.(1980). Introduction, In R. P. Taylor(Ed.), *The computer in school: Tutor, tool, tutee*(pp.1 − 10). New York: Teachers College Press.

Tergan, S.(1997). Conceptual and methodological shortcomings in hypertext design and research. *Journal of Educational Computing Research, 16,* 209 − 235.

Thoman, E.(19980. Literacy for the 21st century, Center for Media Literacy.

Thomas, C., & Fischer, G.(1997). Using agent to personalize the web. In *Proceedings of the International Conference on Intelligent User Interfaces.*

U. S. Department of Commerce(2002). *Visions 2020: Transforming Education and training through advanced teachnologies.* Washington, DC: Author.

van Mulken, S., Andre, E., & Muller, J.(1998). *The persona effect: How substantial is it?* In Proceedings Human Computer Interaction(HCI − 98) (pp.53 − 66). Berlin: Springer.

Walther, J. B.(1992). Interpersonal effect in computer − mediated interaction: A relational perspective. *Communication Research, 19(1),* 52 − 90.

Webster, J. Trevino, L. K. Ryan, L.(1993). The Dimensionality and Correlates of Flow in Human − Computer Interactions. *Computers in human behavior, 9(4),* 4 − 11.

Webster, J., & Ho, H.(1997). Audience engagement in multimedia presentation. *The DATA BASE for Advances in Information Systems, 28(2),* 63 − 76.

Witkin, C. D., & Liu, Y.(1988). Codes and modalities in multiple resources: A success and qualification. *Human Factors, 30,* 599 − 616.

부록

1. 학습지도안 양식
2. 교수 – 학습지도안 예시

1. 학습지도안 양식

학습지도안(양식 1)

일시:
대상:
지도교사:
실습교생:

1. 단원명:
2. 단원설정 이유:
3. 학습의 실태
4. 지도방침
5. 학습지도안

차시	소단원	학습내용	수업방법	교재 및 교구	유의사항

6. 평가방법:
7. 본시학습지도

본시의 주안점

단계	학습내용 및 학습활동		교재 및 교구	학생의 준비물	시간
	교사	학생			
도입 전개 정리 과제 평가					

학습지도안(양식 2)

1. Lesson 제목:
2. 적용학년:
3. 학습목표:
4. 소요시간:

수업절차		활동	내용	전략 및 기법	학습 자료	시간
도입	1) 동기부여 2) 목표제시 3) 평가기준 및 방법 4) 선수학습Test					
학습 활동 (전개)	5) 정보제시 6) 예 7) 실습 8) 피드백 9) 내재 Test					
정리	10) 사후 Test 11) 요약 및 　　　Follow - up					

학습지도안(양식 3)

1. Lesson 제목:
2. 학습목표:
3. 교육대상 및 인원:
4. 소요시간:

수업절차		수업활동	수업기반	학습 자료	시간
제시 (Presentation)	교수자				
연습 (Practice)	학습자				
피드백 (Feedback)	교수자/동료				

* 수업절차/활동을 결정할 때 수업기법 및 학습 자료를 동시에 결정한다.

2. 교수 - 학습지도안 예시

Ⅰ. 수업의 실제

1. 단원의 설정이유

데이터베이스는 이미 우리 생활에서 이미 밀접한 관련을 맺고 있다. 컴퓨터를 이용한 시스템의 경우 데이터베이스 기반으로 서비스가 운용되며 회원이 관리되고 결제나 통계 성적산출 학교의 학사관리 시스템 등에서 데이터베이스가 광범위하게 사용되고 있다. 모든 기업과 은행 관공서 동사무소 등에서는 전사 시스템은 데이터베이스 기반이다. 따라서 실업계 고등학교 2학년 수업에서 꼭 필요한 내용이다.

2. 단원의 학습 목표

- ■ 데이터베이스의 개념을 설명할 수 있다.
- ■ 데이터베이스가 무엇인지 왜 필요한지 알 수 있다.
- ■ 오라클 데이터베이스를 이용하여 학사관리 프로그램을 설계할 수 있다.
- ■ 시스템의 구조에 대해 이해할 수 있다.

3. 단원의 구성

대단원	중단원	소단원	배정시간
1 데이터베이스	1.1 데이터베이스의 개념	1.1.1 데이터베이스	1주 (주당 2시간)
		1.1.2 데이터베이스관리 시스템	1주 (주당 2시간)
		1.1.3 데이터베이스의 필요성	2주 (주당 2시간)
		1.1.4 데이터모델	2주 (주당 2시간)
	1.2 ORACLE을 이용한 학사 관리시스템 구축	1.2.1 시스템 구조	3주 (주당 2시간)
		1.2.4 오라클데이타베이스 사용	3주 (주당 2시간) 4주 (주당 2시간)
		1.2.2 학사관리 프로그램 설계	5주 (주당 2시간)
		1.2.3 학사관리 프로그램 구현 (과제)	6주 (주당 2시간) 7주 (주당 2시간)

4. 단원의 지도 내용

■ 데이터베이스의 개념, 용도, 필요성, 사용법에 대하여 설명한다.

■ 학사 관리 프로그램 설계를 통하여 데이터베이스에 대해 이해할 수 있도록 한다.

5. 지도상의 유의점

■ 학습목표를 정확히 알 수 있도록 한다.

■ 예시를 통해 학생들의 이해를 높일 수 있도록 한다.

■ 과제를 할 때 조별로 하되 참여율을 알 수 있도록 역할분담 기록부를 만들고 실천사항을 점검한다.

Ⅱ. 본시의 학습지도 계획

1. 단원명

1 데이터베이스
  1.1 데이터베이스의 개념
      1.1.1 데이터베이스
          1.1.1.1 데이터베이스의 개념과 구조
          1.1.1.2 데이터베이스의 구조(물리 논리구조)
      1.1.2 데이터베이스관리 시스템
          1.1.2.1 데이터베이스 관리스시스템의 종류

2. 본시의 학습 목표

■ 데이터베이스의 개념을 설명할 수 있다.
■ 데이터베이스 관리 시스템 요소를 설명할 수 있다.

3. 본시의 교수 – 학습 활동 계획

■ 능동적인 학습 태도를 가지도록 유도한다.
■ 다양한 예시를 사용하여 데이터베이스 시스템에 대한 이해를 돕는다.

4. 학습자 분석

■ 학습자 : 실업고의 2학년 학생들
■ 선수과목 : 컴퓨터의 이해라는 과목에서 데이터와 정보에 대해 배움
■ 전공과목 : 컴퓨터 소프트웨어과 학생들

5. 본시의 교수 – 학습지도안

일 시	2008년 12월 17일	대 상	고등학교 2학년	장소	교 실
단 원	1. 데이터베이스			차 시	1/7차시(1시간 40분 수업 쉬는시간 제외)
학습 주제	데이터베이스의 개념			교과서쪽	20–90page
학습 목표	■ 데이타베이스의 개념을 설명할 수 있다. ■ 데이터베이스 관리 시스템 요소를 설명할 수 있다.				

준비	교 사	교과서, 출석부, 참고자료, 조별평가용지, 파워포인트자료
	학 생	교재, 필기도구

단계	학습과정	교수–학습활동		학습자료	시간 (분)	지도상 유의점
		교수	학생			
도입 6분	주의집중 및 자리배치 확인	상호인사 출결확인 주의를 정돈하고 바른 자세를 갖도록 지도한다. 학습준비 상태를 확인한다.	상호인사와 출결확인에 답한다. 주의를 정돈하고 바른자세로 고쳐 앉는다. 수업자료를 펴고 교사를 주시한다.	출석부 교과서	2	학생들이 수업에 집중할 수 있는 분위기를 조성한다.
	선수학습 확인	1학년때 배운 데이더의 정보에 대해 확인한다.	학생은 질문에 대하여 대답한다.	교과서 파워포인트 자료	1	답변이 없을 경우 반상에게 답하게 한다.
	학습동기 유발	학생들에게 전산시스템에 대해 물어본다. 답변시 그 전산시스템에 어떤 데이터베이스가 있다고 알려준다.	전산시스템들에 대하여 답한다.	교과서	2	대답이 없을시 교과서의 예시를 읽어준다.
	학습목표제시	학습목표를 읽어보라고 한다.	학습할 내용을 인식한다.	교과서 파워포인트 자료	1	학습목표에 관심을 가질수 있도록 유도한다.

단계	학습과정	교수—학습활동		학습자료	시간 (분)	지도상 유의점
		교수	학생			
전개 79분	데이터베이스의 개념	데이터베이스가 무엇인지 맘껏 말하도록 하고 설명을 한다.	데이터베이스가 무언지 얘기하고 교사의 설명을 경청한다.	교과서 파워포인트 자료	7	설명에 집중할 수 있도록 유도한다.
	데이터베이스의 구성요소와 구조	데이터베이스의 구조와 구성요소에 대해 간략히 말한다.	학생들은 스크린을 보면서 교사의 설명을 듣는다.	교과서 파워포인트 자료	10	스크린에서 각 구성요소들을 가르킨다.
	데이터베이스의 특징	데이터베이스의 특징에 대하여 설명한다.	교사의 설명을 경청한다.	교과서 파워포인트 자료	9	학생의 이해력을 돕도록 노력한다.
	보충학습	데이터베이스 구조를 그림을 그려보도록 한다.	데이터베이스 구조를 그린다.	교과서 파워포인트 자료	12	학생들이 떠들지 않도록 한다.
	심화학습	교과서 내용 외의 데이터베이스 종류에 대해 설명한다.	교사의 설명을 경청하고 PPT를 본다.	파워포인트	6	교과서에 없는 내용이므로 파워포인트 이미지 준비를 알차게 한다.
	쉬는 시간 10분					
	물리적 개념이해	데이터베이스를 구성하는 물리적 요소들에 대해 설명한다.	파워포인트 자료를 보면서 교사의 설명을 경청한다.	교과서 파워포인트 자료	2	자칫하면 지루하기 쉬운 내용이므로 학생들의 주의를 집중시키며 졸지는 않는지 잘 살핀다. 재미있게 하도록 한다.
	SGA	공유메모리 영역에 대해 설명한다. 메모리 영역의 역할에 대해 설명한다.	파워포인트 자료를 보면서 교사의 설명을 경청한다.	교과서 파워포인트 자료	4	
	백그라운드 프로세서	데이터베이스 프로그램에서 필요한 프로세서들에 대해 설명한다.	파워포인트 자료를 보면서 교사의 설명을 경청한다.	교과서 파워포인트 자료	2	
	사용자프로세스	사용자 프로세서와 데이터베이스와 사용자의 접속 원리에 대해 설명한다.	파워포인트 자료를 보면서 교사의 설명을 경청한다.	교과서 파워포인트 자료	2	
	데이터파일	데이터파일의 의미와 생성 시기 등을 설명한다.	파워포인트 자료를 보면서 교사의 설명을 경청한다.	교과서 파워포인트 자료	2	
	컨트롤파일	설정파일들에 대해서 설명한다.	파워포인트 자료를 보면서 교사의 설명을 경청한다.	교과서 파워포인트 자료	2	

단계	학습과정	교수-학습활동		학습자료	시간 (분)	지도상 유의점
		교수	학생			
전개 79분	아카이브파일	아카이브 파일들의 역할에 대해서 설명한다. 복구요소이므로 복구에 대해 약간 언급한다.	파워포인트 자료를 보면서 교사의 설명을 경청한다.	교과서 파워포인트 자료	3	자칫하면 지루하기 쉬운 내용이므로 학생들의 주의를 집중시키며 졸지는 않는지 잘 살핀다. 재미있게 하도록 한다.
	논리적개념이해	논리적인 데이터베이스 원리에 대해 설명한다.	파워포인트 자료를 보면서 교사의 설명을 경청한다.	교과서 파워포인트 자료	5	
	테이블스페이스	테이블스페이스의 개념과 실제로 교사 PC를 화면에 연결하여 보여준다.	파워포인트 자료를 보면서 교사의 설명을 경청한다.	교과서 파워포인트 자료	3	
	사용자	사용자의 접속방법과 계정 암호 보안 로그인의 개념을 설명한다.	파워포인트 자료를 보면서 교사의 설명을 경청한다.	교과서 파워포인트 자료	3	
	테이블	테이블의 개념에 대해서 설명하고 관계형 데이터베이스 기반이므로 초점을 RDB에 맞춘다.	파워포인트 자료를 보면서 교사의 설명을 경청한다.	교과서 파워포인트 자료	3	
	조작 명령어 설명	다양한 조작 명령어를 다 설명하기보다 .DML DDL 명령어들에 대해서 설명한다.	파워포인트 자료를 보면서 교사의 설명을 경청한다.	교과서 파워포인트 자료	5	교사가 실습을 해보인다.
	시스템의 용도에 따른 데이터베이스 시스템 종류	ERP OLTP DW 등등 여러가지 데이터베이스 크기에 따른 용도와 업무 분야별 용도에 대해 설명한다.	파워포인트 자료를 보면서 교사의 설명을 경청한다.	교과서 파워포인트 자료	5	지루한내용이므로조는 학생이 없는지 잘 살핀다
정리 9분	자기평기	교과서에 있는 자기 평가를 체크하노록 한다.	발표를 한다.	교과서 파워포인트 사료	5	지적을 하기보다 자원사 위주로 발표를 시키고 정답보다는 한 단계 더 나아간 생각을 하게 한다.
	요점정리노트 참고자료 나누어 줌.	참고자료 및 요점 정리한 것을 나누어준다.	자료를 받는다. 스크랩 노트에다가 스크랩한다.	요점정리 파일	2	컴퓨터 과목은 교과서가 나오는 시기와 새로운 신기술의 탄생시기의 텀이 있으므로 추가 설명과 요점을 정리해준다.
	정리	오늘 배운 내용을 요약 정리해준다.	교사의 설명을 경청한다.	파워 포인트 자료 요점정리 파일	2	

Ⅲ. 학습지도안에 적용된 이론

1. 가네의 9가지 수업사태 적용이론

사태1 : 주의력 획득시키기 – 주변 실례를 든다.

사태2 : 학습자에게 수업목표 알리기

사태3 : 선수학습의 회상 자극하기 – 전공필수로 들은 과목들의 데이터
에 대해 떠오르게 한다.

사태4 : 자극 제시하기

사태5 : 학습 안내 제시하기

사태6 : 수행 유도하기 – 혼자서도 공부할 수 있는 사이트를 소개한다.

사태7 : 피드백 제공하기 – 학생들의 대답이 다양할지라도 그에 따른
다양한 사례들을 소개한다.

사태8 : 수행 평가하기 – 다음시간의 조별 프로젝트를 통하여서 실제로
구축해보도록 한다.

사태9 : 파지와 학습의 전이 증진하기
– 실생활에서 데이터베이스가 사용되는 환경을 떠오르게 하며, 기업체
들 이름을 말하게 하여 어떠한 데이터베이스 시스템이 있을지 전이
해보도록 했다.

2. 캘러의 ARCS 모형

1) 주의(Attention)　　　　　　2) 관련성(Relevance)

3) 자신감(Confidence)　　　　4) 만족감(Satisfaction)

▌약 력

국민대학교 교육대학원 유아교육전공(교육학 석사)
국민대학교 일반대학원 교육학과 교육심리전공(철학 박사)
한국전뇌개발연구소 연구실장, 재능대학 창의성개발연구소 객원연구원 역임
재능대학, 수원여자대학, 청주대학교 외래교수 역임
현) (사) 동북아우의연맹FAFA 부설 파파평생교육원 원장
현) 다문화가족 및 재한외국인 함께센터 센터장
현) 국민대학교 교육연구소 전임연구원
현) 경복대학, 국민대학교 교육대학원, 명지대학교 일반대학원,
    숙명여자대학교 일반대학원 외래교수

▌논문과 저서

고등교육 종료후 교육지속성을 결정하는 배경요인 탐색
멀티미디어학습에서 캐릭터에이전트의 활용이 사회적 실재감에 미치는 영향
Sitimulating the sense of social presence and learning motivation in multimedia learning environment.
통합인지능력검사. 학습심리검사연구소.
학습내용-제시유형에 따른 멀티미디어의 활용이 학습동기에 미치는 영향
완벽주의 척도의 타당도 재검증
청년층의 취업과 미취업을 결정짓는 요인탐색(교육적 관점에서)
취업과 미취업을 구분하는 요인탐색(최종학교 생활을 중심으로)
Use of pedagogical agent for improving social intelligence for child
유아의 사회적 지능을 증진시키는 활동의 교수전략
학교교육에서 메타교육의 함축적 의미
멀티미디어 학습에서 캐릭터와 나레이션이 사회적 실재감과 학습동기에 미치는 영향(박사학위논문)
유전에 대한 아동의 생물학적 이해(석사학위논문)

교육방법론

초판인쇄 | 2010년 2월 26일
초판발행 | 2010년 2월 26일

지은이 | 김은주
펴낸이 | 채종준
펴낸곳 | 한국학술정보㈜
주 소 | 경기도 파주시 교하읍 문발리 파주출판문화정보산업단지 513-5
전 화 | 031) 908-3181(대표)
팩 스 | 031) 908-3189
홈페이지 | http://www.kstudy.com
E-mail | 출판사업부 publish@kstudy.com
등 록 | 제일산-115호(2000. 6. 19)

ISBN   978-89-268-0845-0 13370 (Paper Book)
        978-89-268-0846-7 18370 (e-Book)

이담
Books 는 한국학술정보(주)의 지식실용서 브랜드입니다.

교육방법론